Vera Zingsem

Lilith. Adams erste Frau

Philipp Reclam jun. Stuttgart

RECLAM TASCHENBUCH Nr. 21708

2., bearbeitete und erweiterte Auflage 2003

Reihengestaltung: büroecco!, Augsburg
Umschlaggestaltung: Eva Knoll, Stuttgart unter Verwendung des Freskos *Die Versuchung* von Michelangelo aus dem Deckengewölbe der Sixtinischen Kapelle
Gesamtherstellung: Reclam, Ditzingen
Printed in Germany 2009
RECLAM ist eine eingetragene Marke
der Philipp Reclam jun. GmbH & Co., Stuttgart
ISBN 978-3-15-021708-5

www.reclam.de

Inhalt

Vorwort zur zweiten Auflage

Dialog Adam – Lilith

in
dieser stille
deine stimme
in der
ich
versinke das macht mir angst

dein atem
wenn
du sprichst
wärmt meine Haut

dein duft
den du
verströmst
in der
bleichen luft
macht mich hungrig

meine
glieder schmerzen
willst du
mich nicht berühren

ja

wie das brennt

gott
hat mich verlassen
(sie lieben sich)

warum
drückst
du mich

in den boden
willst du
mich begraben

ja
für
einen
augenblick

du
lass mich los
so
will ich nicht sein
unter dir

ah
du
wehrst dich
willst selbst
oben sein
und
mich bedrängen?

nein

dann
halte still
und
rede nicht
(sie wirft ihn mit einem Schrei von sich)
ein idiot
wie du
macht mir
keine lust
ich
muss mir anders helfen

ja!
und ich
auch –

Neue Töne für einen alten Mythos findet Walter Weyers, der das Textbuch für eine Rockoper mit dem Titel »Lilith« geschrieben hat. Hochbrisant, hochaktuell; Lilith macht Furore. Lilith kommt ins Rampenlicht. Endlich wird es hell um sie. Doch wirft ihr Licht auch einen Schatten: auf Adam und sein Unvermögen, mit einer geistig wachen und zugleich sinnlich aktiven Frau »Liebe machen« zu können. Walter Weyers entlarvt Lilith als die Maske der Aggression des Mannes: So erscheint sie nicht mehr nur als männer- und kindermordende Furie, sondern als eine Liebende, die in ihrem Wunsch, nämlich in ihrem Eigen- und Sosein respektiert zu werden, grausam verraten wird. Weil Adam Angst hat, in der Stärke dieser Liebe und seines eigenen Verlangens unterzugehen, sprich: den Kopf zu verlieren, muß er bekämpfen, was er als Bedrohung empfindet. Ein (arche-)typischer Fall von Schattenprojektion: mann bekämpft an frau, was er an sich selbst nicht leiden kann, und läßt sie dafür büßen. Lilith weist einen solchen »Teufel« von Geliebten zurück, und in der Konfrontation mit Eva sehen wir beide Frauen einen Pakt schließen. Eine neue Vision vielleicht für ein neues Zeitalter, in dem der Konflikt zwischen Adam und Lilith mehr sein kann als nur die endlose (archetypische) Wiederholung der Vergeblichkeit der Liebe?

Lilith wird gesellschaftsfähig. Der Regensburger Autor Wolf Peter Schnetz bringt im Jahr 2002 einen Gedichtzyklus mit dem Titel »Jakob und Lilith« heraus; eine im Oktober 2002 beim Bayrischen Rundfunk ausgestrahlte Sendung über Lilith bringt einen Rekord von 500 Manuskriptanforderungen! Auch in Augsburg startet im Frühjahr 2003 ein kultur- und religionenübergreifendes Lilith-Projekt, aus dem wohl ein weiteres Bühnenstück hervorgehen wird, auf das man gespannt sein kann. Und just mit der Neuauflage dieses Buches erscheint eine Arbeit über den »Lilith-Komplex« aus psychologisch-psychoanalytischer Sicht: Hans-Joachim Maaz erweitert seinen Artikel aus der Zeitschrift »Psychologie heute« (März 2001) zu einem umfangreicheren Opus, das allerdings, wie gewohnt, bei den »Nachtseiten des Weiblichen« steckenbleibt. Der Autor bringt das Kunststück fertig, die freiheitsliebende und dem Patriarchat eine lange Nase drehende Lilith ausgerechnet für die »neue Mütterlichkeit« zu rekrutieren. Und gibt doch selbst zu, daß der Mythos von Männern ersonnen wurde, deren Seelenleben seltsamerweise in keiner psychoanalytischen Theorie über Lilith bisher je zur Debatte gestanden hat – obgleich der Lilith-Mythos doch mindestens ebensosehr ein Problem derer spiegeln müßte, die ihn in die Welt gesetzt haben und ihn mit immer neuen Absonderlichkeiten ausgeschmückt haben.

Dabei stehen mit diesem Mythos noch ganz andere Dinge auf dem Spiel als nur die Mütter. Ob wir es wahrhaben wollen oder nicht: Unsere Kultur hat, betreffs der Erschaffung des ersten Menschenpaares und damit auch der Liebe zwischen Mann und Frau, gleich zwei Leichen im Keller: Lilith, die Adam verläßt, weil er sie in die unterlegene Position zwingen will, und die erste Eva, die von Adam verstoßen wird, weil er »einen unbezwingbaren Widerwillen« gegen sie verspürte; obwohl diese Frau bereits ein Wesen aus Fleisch und Blut war und nicht mehr »nur« aus Erde geformt. Die zweite Eva (der dritte Versuch!) ist genau genommen, da sie ja aus Adam hervorgeht, seine Tochter. Nicht Ödipus steht an der Wiege unserer Beziehungskultur, sondern ein Vater, der sein Begehren auf die Tochter richtet. Wenn es kulturell und in psychologischer Hinsicht *etwas* aufzuarbeiten gilt, dann sollten wir die Blicke vielleicht einmal auf diesen interessanten Zusammenhang lenken! Hat erstens noch keiner ernsthaft versucht, und wäre zweitens sicher ein dankbares Feld!

In bestimmten Fantasygeschichten und Rollenspielkreisen ist Lilith inzwischen zur Urmutter der Vampire avanciert. Auch das eine bedenkliche Entwicklung, wie mir scheint. Denn hier macht man wieder das düstere, blutrünstige Monster aus ihr, das schon über Jahrhunderte die schrägsten Männerphantasien angeheizt hat. Dem wollte ich mit der Verbindung von Lilith und Aphrodite eine positivere (und aus den Texten durchaus belegbare) Vision entgegenhalten. Lilith und Liebe, das geht – auch wenn man es auf den ersten Blick für unwahrscheinlich hält – gut zusammen. Und auch die Liebe entwickelt dabei ganz überraschende Nuancen.

Das Kapitel über diese beiden ungleich-gleichen Schwestern ersetzt im nun vorliegenden Band den Artikel der Erstausgabe »Wie kommt der Turm ins Wasser?«. Hier wie da geht es um eine andere Sichtweise von Liebe und Eros, nur daß dieses Thema nun in direkter Weise auf Lilith zugeschnitten ist. Kein Verlust mithin, sondern eine Konzentration auf die Hauptperson des Buches, die hoffentlich neugierig macht.

Lilith – Göttin oder Dämonin?

Etymologien des Wortes *Lilith*:

Im alten Sumer (Mesopotamien) bedeutete *Lil* Sturm oder Wind. Dem entspricht das babylonisch-assyrische Wort *lilitu,* »ein weiblicher Dämon oder Windgeist«. Auch das Wort *Laila,* das hebräische (und arabische) Wort für Nacht, wird etymologisch damit in Zusammenhang gebracht, weshalb man traditionsgeschichtlich den Namen Lilith auch gerne mit Nachtgespenst über- und ersetzt findet.[1]

Eine andere Assoziation legt Barbara G. Walker nahe: Sie leitet den Namen Lilith »von dem sumerisch-babylonischen Wort *lilu* für ›Lotus‹« ab. Damit setzt sie Lilith in Verwandtschaft zu den Lotusgöttinnen Ägyptens und Indiens. Nach Raphael Patai soll ›Kali‹ ein Beiname Liliths gewesen sein.[2] In Indien galt der Lotus ebensosehr als Symbol der Fruchtbarkeit (vor allem der weiblichen Yoni) und Wiedergeburt wie auch als Symbol spiritueller Reinheit.

Die Rolle der Lilith bei der Erschaffung der Welt

Inanna, Lilith und der *Huluppu*-Baum

In den ersten Tagen, in den allerersten Tagen,
In den ersten Nächten, in den allerersten Nächten,
In den ersten Jahren, in den allerersten Jahren,

In den ersten Tagen, als alles, was zum Leben nötig war, ins
  Sein gebracht wurde,
In den ersten Tagen, als alles, was zum Leben nötig war,
  angemessen ernährt wurde,
Als Brot gebacken wurde in den Schreinen des Landes,
Als Brot gekostet wurde in den Häusern des Landes,
Als der Himmel sich von der Erde fortbewegt hatte,
Und die Erde sich vom Himmel getrennt hatte,
Und der Name des Menschen festgelegt wurde;
Als der Himmelsgott, An, die Himmel davongetragen hatte,
Als der Luftgott, Enlil, die Erde davongetragen hatte,
Als die Königin des Großen Unten, Ereschkigal, die
  Unterwelt als ihren Herrschaftsbereich erhalten hatte,

Da hißte er die Segel; der Vater hißte die Segel,
Enki, der Gott der Weisheit, hißte die Segel und nahm Kurs
  auf die Unterwelt.
Kleine Windsteine wurden gegen ihn aufgeworfen;
Große Hagelkörner wurden gegen ihn hochgeschleudert;
Wie anstürmende Schildkröten,
Sie belasteten den Kiel von Enkis Boot.
Wie Wölfe verschlangen die Wasser des Meeres den Bug
  seines Schiffes;
Wie Löwen peitschten die Wasser des Meeres gegen das
  Heck seines Bootes;

In diesen Zeiten pflanzte sich ein Baum, ein einzelner
  Baum, ein *huluppu*-Baum
An den Ufern des Euphrats ein.

Der Baum wurde von den Wassern des Euphrats genährt.
Der wirbelnde Südwind erhob sich, zog an seinen Wurzeln
Und zerrte an seinen Ästen,
Bis die Wasser des Euphrats ihn davontrugen.

Eine Frau, die in Ehrfurcht vor den Worten des Himmelsgottes
An wandelte,
Die in Ehrfurcht vor den Worten des Luftgottes Enlil lebte,
Riß den Baum aus dem Fluß und sprach:
»Ich werde diesen Baum nach Uruk bringen,
Ich werde diesen Baum in meinen heiligen Garten pflanzen.«

Mit eigener Hand sorgte Inanna für den Baum.
Mit ihren Füßen stampfte sie die Erde um den Baum herum fest.
Sie sprach zu sich selbst:
»Wie lange wird es wohl dauern, bis ich einen leuchtenden Thron habe, auf dem ich sitzen kann?
Wie lange wird es wohl dauern, bis ich ein leuchtendes Bett besitze, auf dem ich liegen kann?«

Die Jahre gingen dahin; fünf Jahre, zehn Jahre.
Der Baum wurde dick,
Doch seine Rinde sprang nicht auf.

Dann schlug eine Schlange, die nicht bezähmt werden konnte,
Ihr Nest in den Wurzeln des *huluppu*-Baumes auf.
Der *Anzu*-Vogel setzte seine Brut in die Zweige des Baumes.
Und die dunkle Jungfrau *Lilith* baute ihr Haus in seinem
Stamm.

Die junge Frau, die gerne lachte, weinte.
Und wie Inanna weinte!
(Doch sie alle wollten ihren Baum nicht verlassen.)

Bei Anbruch der Morgendämmerung, als die Vögel zu singen
anfingen,
Verließ der Sonnengott Utu sein königliches Schlafgemach.
Inanna rief ihren Bruder herbei und sagte:

»O Utu, in den Tagen, als die Schicksale beschlossen wurden,
Als Überfluß das Land durchströmte,
Als der Himmelsgott die Himmel und der Luftgott die Erde davontrugen,
Als Ereschkigal das Große Unten als ihren Herrschaftsbereich erhielt,
Da segelte der Gott der Weisheit, Vater Enki, hinab in die Unterwelt,
Und die Unterwelt stand auf gegen ihn und griff ihn an …
In diesen Zeiten wurde ein Baum, ein einzelner Baum, ein *huluppu*-Baum
An den Ufern des Euphrats eingepflanzt.
Der Südwind zog an seinen Wurzeln und zerrte an seinen Zweigen,
Bis die Wasser des Euphrats ihn davontrugen.
Ich riß den Baum aus dem Fluß heraus;
Ich brachte ihn in meinen heiligen Garten.
Ich hegte den Baum, derweil ich auf meinen leuchtenden Thron und mein leuchtendes Bett wartete.

Dann schlug eine Schlange, die nicht bezähmt werden konnte,
Ihr Nest in den Wurzeln des Baumes auf,
Und der *Anzu*-Vogel setzte seine Brut in die Zweige des Baumes,
Und die dunkle Jungfrau *Lilith* baute ihr Haus in seinem Stamm.
Ich weinte.
O wie sehr weinte ich!
(Doch sie alle wollten den Baum nicht verlassen.)«

Utu, der tapfere Krieger Utu,
Wollte seiner Schwester Inanna nicht helfen.

Beim Anbruch der Morgendämmerung, als die Vögel zu singen anfingen,
Rief Inanna ihren Bruder Gilgamesch herbei und sprach zu ihm:

»O Gilgamesch, in den Tagen, als die Schicksale beschlossen wurden,
Als Überfluß das Land durchströmte,
Als der Himmelsgott die Himmel und der Luftgott die Erde davontrugen,
Als Ereschkigal das Große Unten als ihren
Herrschaftsbereich erhielt,
Da segelte der Gott der Weisheit, Vater Enki, hinab in die Unterwelt,
Und die Unterwelt stand auf gegen ihn und griff ihn an …
In diesen Zeiten wurde ein Baum, ein einzelner Baum, ein *huluppu*-Baum
An den Ufern des Euphrats eingepflanzt.
Der Südwind zog an seinen Wurzeln und zerrte an seinen Zweigen,
Bis die Wasser des Euphrats ihn davontrugen.
Ich riß den Baum aus dem Fluß heraus;
Ich brachte ihn in meinen heiligen Garten.
Ich hegte den Baum, derweil ich auf meinen leuchtenden
Thron und mein leuchtendes Bett wartete.

Dann schlug eine Schlange, die nicht bezähmt werden konnte,
Ihr Nest in den Wurzeln des Baumes auf,
Und der *Anzu*-Vogel setzte seine Brut in die Zweige des Baumes,
Und die dunkle Jungfrau *Lilith* baute ihr Haus in seinem Stamm.
Ich weinte.
O wie sehr weinte ich!
(Doch sie alle wollten den Baum nicht verlassen.)«

Gilgamesch, der tapfere Krieger Gilgamesch,
Der Held von Uruk, stand Inanna zur Seite.

Gilgamesch befestigte eine Rüstung von fünfzig Minas Gewicht an seinem Oberkörper.
Die fünfzig Minas wogen so wenig für ihn wie fünfzig Federn.

Er schwang seine Bronze-Axt, die Axt der Landstraße,
Die sieben Talente und sieben Minas schwer wog, über die
Schulter.
Er betrat Inannas heiligen Garten.

Gilgamesch erschlug die Schlange, die nicht bezähmt
werden konnte.
Der *Anzu*-Vogel flog mit seinen Jungen in die Berge;
Und *Lilith* zertrümmerte ihr Haus und entfloh an wilde,
unbewohnte Orte.
Dann lockerte Gilgamesch die Wurzeln des *huluppu*-Baumes;
Und die Söhne der Stadt, die ihn begleiteten, schnitten die
Zweige ab.

Aus dem Stamm des Baumes schnitzte er einen Thron für seine
heilige Schwester.
Aus dem Stamm des Baumes schnitzte er ein Bett für
Inanna.
Aus den Wurzeln des Baumes formte sie ein *pukku* für ihren
Bruder.
Aus der Krone des Baumes formte sie ein *mikku* für Gilgamesch,
den Helden von Uruk.[3]

pukku und *mikku,* deren wörtliche Übersetzung bis heute nicht entschlüsselt ist, bringen Gilgamesch im Fortgang der Ereignisse allerdings kein Glück. Seine eitle Selbstüberheblichkeit beim Gebrauch des *pukku* bringt Bitterkeit und Tränen über die Frauen und jungen Mädchen von Uruk, die er an Hals und Hüften verletzt. Darauf öffnet sich die Erde und und verschlingt *pukku* und *mikku* in die untere Welt.[4]

Der Name *Inanna* heißt wörtlich übersetzt »Himmelskönigin« und wurde schon bald in der Bedeutung erweitert auf »Königin von Himmel und Erde«. In Sumer, einer der ältesten Hochkulturen des Zweistromlandes – Mesopotamien – (im dritten Jahrtausend v. Chr.) galt sie als Göttin der Liebe und des Krieges und wurde symbolisch im Morgen- und Abendstern (Venusstern bis heute) verehrt. Ihre Embleme waren der achtzackige Stern oder die achtblättrige Rosette. Das Motiv vom Abstieg in die Unterwelt geht auf *ihre* Geschichten zurück. Nach drei Tagen kam die »Tote« frei und auf die obere Welt zurück. Von da an feierte der gesamte Vordere Orient in wechselnder gött(in)licher Besetzung das jährlich im Naturkreislauf wiederkehrende Fest von Tod und Auferstehung. In Akkad und Babylon, den sumerischen Nachfolgekulturen im Zweistromland, wurde diese selbe Göttin Ischtar (Astarte, Aschtoreth) genannt, die wir natürlich besser unter dem Namen Aphrodite oder Venus kennen.[5]

Die Rolle der Lilith in dieser Geschichte bleibt dunkel. Sie erscheint in keinem weiteren sumerischen Text, was ihre Einordnung zusätzlich erschwert. Ihre düstere Gestalt hier bildet einen Kontrast zur strahlenden Göttin Inanna, die mit ihrem Glanz (als Venusstern) alle Weltgegenden erhellt. Inanna – dereinst Königin von Himmel und Erde – steht dieser Gegenspielerin hilflos gegenüber. Wobei bemerkenswert ist, daß Lilith hier nicht direkt aggressiv erscheint. Sie erregt Unwillen durch ihr bloßes Dasein. Inanna jedenfalls sieht sich veranlaßt, Hilfe zu holen. Die findet sie nicht bei ihrem Bruder, dem Sonnengott Utu, sondern bei Gilgamesch, dem »Helden von Uruk«, Inannas angestammter heiliger Stadt. Mir scheint, die Geschichte wird auch um seinetwillen erzählt. Um seine Königsherrschaft an der Seite von Inanna zu rechtfertigen, macht es sich gut, wenn er sie »rettet«. Um als rechtmäßiger König anerkannt zu werden, muß er zeigen, daß er auf ihrer Seite steht, daß er ein Held ist, der nach der Inthronisation auch ihre volle Unterstützung verdient. Denn in Sumer galt Gilgamesch als eine Inkarnation des Dumuzi, des göttlichen Geliebten der Himmelskönigin Inanna, mit dem jeder amtierende König symbolisch eins wurde. Ohne Akzeptanz durch die Göttin konnte kein König regieren. Im Ritual der sog. Heiligen Hochzeit, anläßlich der Inthronisation eines Königs, wurde das Band zwischen Inanna (vertreten durch eine Hohepriesterin) und dem jeweils aktuell regierenden »Dumuzi« symbolisch neu gefestigt. Gilgamesch handelt in dieser Geschichte also sozusagen mit Heiratsabsichten. Und so etwas wie Hochzeit bahnt sich am Ende ja wirklich an. Aus dem gefällten Baum fertigt der neue Held seiner Geliebten einen leuchtenden Thron und ein Bett, beides Vorbedingungen für die Heilige Hochzeit, und sie verschafft ihm im Austausch dafür *mikku* und *pukku*, die vielleicht zu seinen Herrschaftsinsignien gehörten. Dennoch geht die Geschichte nicht gut aus. Der Held von Uruk richtet mit den neuen Gegenständen mehr Schaden als Nutzen an, insbesondere unter der weiblichen Bevölkerung des Landes, so daß sich die Erde selbst gezwungen sieht, einzuschreiten und *mikku* und *pukku* zurückzufordern.

Es ist sicher sinnvoll, diese Geschichte nicht isoliert zu deuten, sondern im Gesamtzusammenhang aller bis jetzt bekannten Inanna-Geschichten zu sehen. Für mich stellt sich die Frage, von wem erbittet Inanna in den verschiedenen Erzählungen Hilfe und von wem erhält sie sie wirklich und uneingeschränkt? Dabei ist an erster Stelle Ninschubur, die Königin des Ostens zu nennen, »meine treue und zuverlässige Stütze, meine *sukkal*, die mir weisen Rat erteilt, meine Kriegerin, die an meiner Seite kämpft«, wird sie von der Göttin selbst in den Texten genannt. Und Ninschubur ist in der Tat überall, ob sie für Inanna die *me*-Kräfte (die Kräfte allumfassender Weisheit) rettet, ob sie Dumuzi zum Brautbett führt, ob sie Wache hält während Inannas Abstieg in die Unterwelt, auf sie ist – so scheint es – in allen Lebenslagen Verlaß, ein frühes Beispiel für eine starke Frauenfreundschaft! Von ihrer Mutter Ningal (die sie »jublend zur Freude geboren« hat) erhält Inanna vor allem Rat in Liebesdingen. Von den männlichen Gottheiten ist es allein Enki, auf den sie rückhaltlos bauen kann, und Enki, der Gott der Weisheit und der Wassertiefe, ist wohl nicht zufällig nach der sumerischen Göttergenealogie ihr Großvater mütterlicherseits. Als sie während ihres Abstiegs in die Unterwelt in ausweglose Gefahr gerät, verweigern sowohl ihr Vater, der Mondgott Nanna, als auch ihr Großvater väterlicherseits, der Himmelsgott Enlil, jegliche Hilfe. Allein Enki, von Ninschubur alarmiert, erklärt sich ohne Zögern bereit, ihr aus Todesnöten herauszuhelfen. Selbst ihr Geliebter Dumuzi läßt sie in dieser Gefahr im Stich. Gilgamesch ist (im Unterschied zu Dumuzi) mit Inanna überhaupt nicht verwandtschaftlich verbunden. In Sumer galt er als eine teils legendäre und göttliche, teils menschliche Gestalt, von der inzwischen erwiesen ist, daß sie tatsächlich gelebt und – um die Mittte des dritten vorchristlichen Jahrtausends – wirklich regiert hat.[6] Seine Rettungstat erscheint allerdings auf den zweiten Blick recht zwiespältig. Er geht mit Brachialgewalt ans Werk, und das weist darauf hin, daß es ihm mehr um die eigene Machtsicherung geht als um Inannas Wohl. Er berät sich nicht mit ihr über sein Vorgehen gegen die Dämonen, sondern schlägt gleich drauf los. Und selbst *mikku* und *pukku*, die persönlichen Geschenke der Göttin, benutzt er in gewalttätiger Weise, so daß er sie am Ende verliert. Dennoch scheint der Erfolg ihm zunächst recht zu geben. Inanna erhält, was sie sich wünschte, und die Dämonen sind besiegt.

Auch Lilith macht sich davon. Sie weicht der Gewalt. Ob man sich in Sumer noch eine andere Weise des Umgangs mit ihr vorstellen konnte, erfahren wir leider nicht. Die bisher gefundenen Geschichten um Inanna scheinen, so wie sie konzipiert sind, vor allem die Zuverlässigkeit der weiblichen Verwandtschafts- oder Freundschaftslinien betonen zu wollen. Während Dumuzi, als er in Not ist, von seinem Freund sofort im Stich gelassen wird, findet er in seiner Schwester Geschtinanna selbstlose und tatkräftige Unterstützung. »Wer – seit Beginn der Zeiten – hat jemals eine Schwester gekannt, die das Versteck ihres Bruders verraten hätte?« kommentieren die Texte dazu. Während Dumuzi von seinem Freund verraten wird, bilden Inanna und ihre Freundin Ninschubur als hervorgehobenen Kontrast dazu ein geradezu unverbrüchliches Paar, das gemeinsam durch dick und dünn geht. Mir scheint, daß im vorliegenden Text weniger die Gestalt der Lilith verunglimpft werden soll, als vielmehr das brutale Vorgehen des Gilgamesch, der ohne Rücksicht auf Verluste alles kurz und klein schlägt. Daß auf seinen Taten kein Segen ruht, bestätigt der fatale Ausgang des Geschehens.

Einen interessanten Kontrast zu Gilgameschs Vorgehen bildet auch Enkis Rettungstat in der Geschichte von »Inannas Abstieg in die Unterwelt«, wo es ja in gewisser Weise darum geht, Ereschkigal, die Göttin der tiefsten Tiefe, zu besiegen. Ich habe mir in Seminaren manches Mal den Spaß erlaubt, die Geschichte bis zu dem Punkt zu erzählen, an dem Enki ins Geschehen eingreift, und dann die ZuhörerInnen selbst überlegen lassen, wie sie das Problem mit Ereschkigals Unnachgiebigkeit (daß sie Inanna bei sich, unten, in der Welt der Toten behalten will) lösen würden. In beinahe allen Fällen wurde eine gewalttätige Lösung vorgeschlagen, nach dem Muster des Drachenkampfs. Was Enki, Inannas Großvater aus der mütterlichen Linie, hier jedoch demonstriert, ist ausgeklügelte psychologische Finesse. Nicht töten, sondern mitleiden und Ereschkigals Leiden versprachlichen (damit zu Bewußtsein bringen), heißt sein Mittel, das Verwandlung und Neubeginn ermöglicht. Und die beiden Figürchen, die er dazu in die Unterwelt hinabschickt (aus dem Schmutz unter seinen Fingernägeln erschaffen) sind so winzig, daß sie allein dadurch schon einen äußerst gewitzten Kontrast zu Gilgameschs tonnenschwerer Rüstung bieten. Man kann eben auch anders kämpfen, scheinen die Geschichten sagen zu wollen, kleine Ursache, große Wirkung. Was Enki, und mit ihm Inanna erreicht, ist Integration des Dunklen. Ereschkigal, die Todesgöttin, wird nicht ausgeschlossen, sondern in ihrer lebensfördernden Seite erkannt und angenommen. Ein solcher Prozeß steht für Lilith noch aus.

So wenig Lilith in den sumerischen Texten erscheint, so selten wurde sie auch abgebildet. Genau genommen gibt es nur ein wirklich aussagekräftiges Bild von ihr, das berühmte Terrakottarelief aus dem 2. Jahrtausend v. Chr. (siehe Abb. S. 22). Seine Herkunft ist unbekannt. Auf Anhieb wird klar, daß wir es hier mit einer anerkannten Göttin zu tun haben, denn auf dem Kopf trägt sie eine gehörnte Tiara, und derlei »Kronen« waren in der sumerisch-akkadischen Ikonographie allein Gottheiten vorbehalten.[7] Ob die ganze Gestalt bedrohlich wirkt oder ob man sich nur angewöhnt hat hineinzuinterpretieren, was man dort sehen will, darüber mag man sich streiten.

Auf mich persönlich wirkt diese Göttin nicht im mindesten dämonisch, bedrohlich oder auch nur dunkel. Majestätisch und erhaben, vor allem aber numinos, wären wohl passendere Beschreibungen ihres Erscheinungsbildes. In ihren wie zur Gebets- und Segenshaltung erhobenen Händen hält sie zwei Ringe, die allgemein als »Lebenssymbole« gedeutet werden. Sie gleichen aufs Haar den ägyptischen *Schen*-Symbolen, jenen Symbolen »des ewigen Kreislaufs, der Verknüpfung der beiden Ewigkeiten«, die als Schutzzeichen auch zahlreiche ägyptische (Privat-)Gräber schmücken.[8] Auf einer Wandmalerei im Grabe des Chabechenet in Deir-el-Medine in Theben (13. Jh. v. Chr.) finden wir diese *Schen*-Zeichen direkt in den Händen der beiden Göttinnen Isis und Nephthys, die hier den Toten zu beiden Seiten bewachen, um ihm zur Auferstehung in Gestalt von Horus/Osiris zu verhelfen.

Vermeintlich erste bildliche Darstellung der Lilith, Terrakotta-Relief, Originalgröße 37 × 49,5 cm, Sumer um 2000 v. Chr., nach seinem Besitzer Sydney Burney in der Wissenschaft als »Burney-Relief« bezeichnet. Inschriftlich ist allerdings nicht bezeugt, daß es sich um Lilith handelt!

Lilith steht auf dem Rücken von Löwen. Auch dies ein machtvolles Symbol großer Göttinnen. Inanna selbst wird häufig auf einem Löwenthron stehend abgebildet. Löwen sind die Begleittiere der größten und bedeutendsten unter den Göttinnen. In Indien sehen wir die Große Maya auf einem Löwen reiten, der Wagen der kleinasiatischen Göttin Kybele wird von Löwen gezogen, Isis, in ihrer zornvollen Gestalt, erscheint als löwenköpfige Sachmet, Aphrodite wird am Löwentor zu Mykene verehrt ... Löwen gelten allgemein als Symbol einer machtvollen Potenz, die in jenen fernen Zeiten offensichtlich noch problemlos mit weiblicher Stärke verbunden erscheinen konnte.

Die beiden großen Eulen, die Liliths Löwenthron einrahmen, werden oft als Botinnen von Unheil und Tod gedeutet. Eulen gelten jedoch ebensosehr als Symbole von Weisheit und Wissen, weshalb wir sie auch klassischerweise mit der Weisheitsgöttin Athene verbinden (und bis heute noch sprichwörtlich davor gewarnt werden, Eulen nach Athen zu tragen!). Eulen sind Vögel der Weisheit und des Todes gleichermaßen, und ist nicht letztlich nur weise, wer dem Tod ins Auge zu schauen gelernt hat, nicht erst am Ende seines Lebens, sondern möglichst schon vorher sich mit dem (eigenen) Sterben auseinandergesetzt hat? So wie in den antiken Mysterienkulten die Einweihung in den Tod gleichzeitig als Einweihung ins Leben erfahren und gefeiert wurde: »Glücklich, wer dies gesehen hat, bevor er unter die Erde geht; denn er weiß um das Ende des Lebens, und er weiß um den gottgegebenen Anfang«, schreibt Pindar über seine Einweihung in die Demetermysterien. Und auf einer in Eleusis gefundenen Inschrift lesen wir: »Wundervoll ist fürwahr das Mysterium, das uns von den seligen Göttern gegeben wurde; der Tod ist für die Sterblichen nicht länger ein Übel, sondern ein Segen«.[9] Mit dem Tod umgehen zu können ist die höchste aller Weisheiten, so könnte man sagen, weshalb es wohl überflüssig ist zu fragen, ob die Eule eher ein Todes- oder ein Weisheitsvogel ist. Eulen können sich in finsterster Nacht orientieren. Diese Fähigkeit, das Dunkel mit Erkenntnis zu durchdringen, macht sie, symbolisch gesehen, zu idealen Wahrsagevögeln und Wappentieren von PhilosophInnen. Eulen sehen, was wir nicht sehen können und uns deshalb als Dunkel ängstigt. Sie wissen etwas von der Welt der Schatten. Das läßt sie uns schließlich selbst als geheimnisvoll erscheinen. Da Eulen nachtaktiv sind, werden sie uns wohl immer unsere Ängste vor dem Dunkel spiegeln. Dieselben Ängste, mit deren Hilfe wir vielleicht auch aus dem Dunkel herausfinden.

Lilith ist nicht nur von Eulen umgeben, sie trägt auch selber Flügel, die sie wie ein Schutzmantel umhüllen. Normalerweise wird das so gedeutet, als hätte sie selber Eulenschwingen. Dies scheint mir allerdings keineswegs gesichert, denn die Flügel sind an sich neutral, d. h. sie könnten zu jedem größeren Raubvogel gehören. Solchermaßen beflügelt erscheint übrigens auf anderen Abbildungen (Rollsiegeln) auch die Himmelskönigin Ischtar, ohne daß man in derlei Darstellungen etwas Bedrohliches hineinlesen würde. Raubvogelschwingen gehören, ganz ähnlich wie begleitende Löwen, zu den Attributen bedeutender Göttinnen. Keine große Göttin, die nicht »fliegen« könnte, wobei ihre Fähigkeit zu fliegen durchweg gleichgesetzt wird mit ihrem Vermögen, die Grenzen von Raum und Zeit zu überschreiten. Welche von den Göttinnen kein Vogelkleid ihr eigen nennen kann, fliegt statt dessen mit einem entsprechend ausgestatteten Wagen durch die Lüfte (worin die Götter ihren Göttinnen übrigens nicht nachstehen. Selbst den christlichen Gott stellt man sich ja noch mit Adlerflügeln vor!).

Lilith erscheint nackt, mit einem äußerst wohlgeformten Frauenkörper, der eigentlich auch alles andere als furchteinflößend wirkt. Nackt könnte ja durchaus auch ein Sinnbild von unverfälschter Reinheit und Erkenntnis sein. Wer nackt ist, kann nichts verbergen! Auch Ischtar (Göttin der Liebe und des Krieges wie Inanna) kann nackt dargestellt werden, nur mit einem goldenen Halsband »bekleidet«, wie es im Vorderen Orient allen Aphroditestatuen zukam. Mit einer solchen Halskette ist auch Lilith geschmückt – ein weiteres Indiz für ihre geheime Identität mit der Liebesgöttin, die in all ihren Erscheinungsformen immer auch Todesgöttin war. Auch Liliths Gesicht ist keineswegs das einer erbarmungslosen Furie. Eher ist es von heiterer Entschlossenheit. Doch ja, ihre Füße enden in Vogelkrallen. Zeigt sie uns hier endlich ihre nefaste, tierisch-teuflische (weil tierisch gleich teuflisch?) Seite?

Ich möchte hier den Blick noch einmal auf Inanna lenken. Als sie in die Unterwelt hinabsteigt, zur Totengöttin Ereschkigal, da muß sie an jedem der sieben Tore zur Unterwelt eines ihrer Herrschaftsinsignien und selbstverständlich auch ihre königliche Robe ablegen, bis sie endlich nackt und tief gebeugt vor Ereschkigal, der Herrin des großen Unten, erscheint. Es scheint, als werde sie hier auf ihren nackten Kern, ihre unverstellte Wahrheit zurückgeführt. Sie hat nichts mehr, womit sie sich verteidigen, nichts mehr, woran sie sich halten kann, nur noch sich selbst. Nackt aber, und das scheint hierzu durchaus zu passen, heißt in einigen tantrischen Schriften »himmelsbedeckt«. Die Königin des Himmels am tiefsten Punkt ihrer Möglichkeiten und dennoch – oder gerade deshalb – dem Himmel so nah? Eine geheime Verwandtschaft zwischen Lilith und Inanna auch hier?

Ich will hier keine endgültige Interpretation dieser Gestalt vorlegen, von der es in dieser alten Zeit so gut wie keine Abbildungen und Texte gegeben hat und die daher um so mehr Anlaß zu ausufernden Phantasien bot. Nach all dem, was ich an Indizien über sie zusammengetragen habe, scheint sie mir jedoch am ehesten deutbar als eine Leben-im-Tod-Göttin nach klassisch vorderorientalischem Muster. Eine, die den Tod vor Augen führt, aber auch die Mittel zu Wiedergeburt und neuem Leben in Händen hält.

Nach der Geschichte vom *huluppu*-Baum ist die junge Inanna der ebenfalls als junge Frau geschilderten Lilith nicht gewachsen. Dennoch haben sie, wie ich soeben aufzeigen konnte, vieles gemeinsam. Was Lilith für Inanna dunkel erscheinen läßt, wird nicht gesagt, wahrscheinlich, weil es für die damalige Zeit selbstverständlich war. In gewisser Weise wirkt sie wie Inannas dunkles Spiegelbild. Doch könnte es auch sein, daß Lilith im sumerischen Pantheon einst die Stellen ausfüllte, die nun Inanna und Ereschkigal getrennt zugesprochen werden. Daß die Gottheiten früherer Epochen zu DämonInnen der späteren werden, ist ja ein religionsgeschichtlich durchgängiges Motiv. Die Texte allerdings geben darüber keine Auskunft. (Es gibt noch ein anderes, kleineres Terracotta-Relief, das gemeinhin mit Lilith identifiziert wird, das allerdings gegenüber dem hier beschriebenen kaum Neuerungen aufweist. Lilith steht in genau gleicher Haltung, die Hände wie zum Segnen erhoben, ihr Haupt wird von einer gehörnten Tiara gekrönt, ihre Vogelschwingen erscheinen noch breiter, sie ist nackt und hat Vogelklauen statt Füße. Sie steht allerdings nicht auf einem Thron aus Löwen, sondern auf zwei gehörnten Tieren, die Rücken an Rücken liegend in zwei entgegengesetzte Richtungen blicken; allfälliges Sinnbild der beiden Seiten des Lebens, die sich in ihrer Herrin symbolisieren, Kräfte, die sie aber auch gleichzeitig lenkt und regiert?)[10]

Obwohl Lilith durchaus nicht als reine Todesgöttin auftritt, scheint ihre Beziehung zur Unterwelt unbestritten. Für die noch lebensunerfahrene Inanna, wie sie uns zunächst in den Erzählungen vorgeführt wird, stellt sie damit eine große Herausforderung dar. Offensichtlich scheut die Himmelskönigin die Auseinandersetzung mit den Schattenseiten des Lebens. Statt dessen delegiert sie: An Gilgamesch, der sich bereitwillig zur Verfügung stellt, um eigenen Ruhm zu erwerben. Lilith flieht darauf an einsame unbewohnte Orte. Fast scheint es, als sei hier eine Initiation, eine Einweihung verpaßt worden. Denn später wird und muß Inanna sich stellen. Zur Göttin der Weisheit und Gerechtigkeit, zum moralischen Leitstern der Menschen, als die sie im Zweistromland unter anderem auch verehrt wurde, konnte sie nur werden, wenn sie die verwandelnde Kraft von Tod und Unterwelt am eigenen Leib erfahren hatte. Jetzt jedoch geht sie aus eigenem Antrieb. »Ihr Herz verlangte aus der höchsten Höhe nach der Erde tiefstem Grund«, so fängt die Geschichte von Inannas Abstieg in die Unterwelt an. Das, was sie tun muß, kann niemand an ihrer Stelle tun. Sie liefert sich aus, stellt keine Bedingungen, nur ihre treue Freundin Ninschubur hält Wache, wie ein erweiterter Teil ihres eigenen Bewußtseins, das sich nicht von drohender Todesgefahr überwältigen läßt. Eine bewußte Handlungsweise, die Licht in das Dunkel des Todes bringt, die auch lebensfördernde Seite der Unterwelt zutage treten läßt. Im Austausch dafür kann Inanna fortan selbst mit den Augen des Todes auf die Welt schauen. Womit sie Lilith im letzten wieder ähnlich wird! Die Unterwelt, so könnte man aus den beiden unterschiedlichen Auseinandersetzungsweisen mit Lilith und Ereschkigal folgern, läßt sich nicht besiegen, nur verstehen. Gewalt ist keine Antwort, wo es um die Gesetze von Tod und Leben geht.

Wie Lilith muß auch Inanna-Ischtar, mythologisch gesehen, schließlich der Gewalt des Gilgamesch weichen. Das berühmte *Gilgamesch-Epos* zeigt uns den Helden im Kampf mit der Göttin Ischtar. Er weist ihre Liebe zurück und fällt statt dessen (zusammen mit seinem Busenfreund Enkidu) im heiligen Hain die der Göttin geweihte Zeder:

Still standen sie am Rande des Waldes,
Staunen immer wieder an die Höhe der Zedern,
Staunen zugleich an den Eingang des Waldes.
Wo Chumbaba zu gehen pflegte, war eine Fußspur,
Die Wege sind gerichtet, schön gemacht ist die Bahn.
Sie sehen den Zedernberg, die Wohnstatt der Götter, Irninis (Inanna/Ischtar) Weihesitz.
Angesichts dieses Berges trägt die Zeder ihre Fülle,
Ist ihr Schatten wonnig, reich an Erquickung.[11]

… die Zeder fällten sie
… ›Schlag‹ ihres Abfallholzes.
Gilgamesch fällt die Bäume,
Enkidu durchsucht das Wurzelwerk.
Enkidu tat zum Reden den Mund auf und sprach zu Gilgamesch:
»Mein Freund, gefällt haben wir nun die hochragende Zeder,
Deren Wipfel den Himmel durchstieß!
Zimmere daraus eine Tür, deren Höhe sechs Doppelruten beträgt, der Breite zwei Doppelruten,
Deren Dicke eine Elle; ihre Türstange, ihre untere und obere Türangel werden aus einem Stück gefertigt.«[12]

Gilgamesch, der Held von Uruk, ein Fäller heiliger Bäume, aus denen dann etwas Nützliches hergestellt werden kann? Und Lilith (wie hier Chumbaba) als die dunkle, unheilkündende Gestalt, die genau das verhindern will? – Die heilige Zeder wird zu Holz, zum Stoff, aus dem man eine Tür fertigen kann. Doch liegt darauf so wenig Segen wie auf *pukku* und *mikku*:

»Dafür, daß sie getötet den Himmelsstier,
Auch den Chumbaba getötet haben,
Soll«, sprach Anu (der Himmelsgott), »von ihnen sterben
Der, der den Bergen die Zeder entrissen!«[13]

Nach göttlichem Ratschluß soll Enkidu sterben. Er muß erleben, daß selbst die von ihm aus der Zeder geschreinerte Tür noch genug Leben in sich trägt, um sich gegen ihn zu wenden. Jedenfalls schreibt er im Epos dieser Tür die Schuld an seiner Krankheit zu, die zu seinem Tod führen wird. Auch Gilgamesch kann seinem Tod nicht entgehen. Und dennoch: In der neuen Zeit, die von Helden wie Gilgamesch eingeläutet werden wird, wird Ischtar eines Tages das Schicksal der Lilith teilen: Hier werden beide nur noch Nachtgespenster sein, vertrieben aus unserer bewußten Geschichte, dafür in unseren (Alp-)Träumen nur allzu lebendig!

Wie weit wir die Lilith aus der biblischen Schöpfungstradition mit der sumerischen Göttin gleichen Namens überhaupt zusammenbringen dürfen, scheint mir – obwohl es immer wieder anvisiert wird – noch fraglich. Schon gar nicht können wir – wie es sich eingebürgert hat – die sumerische Lilith mit Hilfe der biblischen erklären.[14] Nicht nur, daß die biblischen Überlieferungen erst 1000–2000 später einsetzen, sondern auch, daß die Gestalt hier von vorneherein in anderen Zusammenhängen auftaucht, sollte zumindest einer allzu voreiligen Parallelisierung entgegenwirken. Erschien Lilith im alten Sumer noch als eigenständige Göttin, so wird sie biblischerseits zur ersten Frau Adams degradiert, der Ebenbürtigkeit schon von der Substanz ihrer Schöpfung her von vorneherein verweigert wird: Zunächst erscheint sie wie Adam aus reinem Staub gebildet, später nur noch aus Schmutz und Sedimentgestein geformt, mithin von deutlich minderem Wert. Was in der Folge ihre Aufmüpfigkeit und mangelnde Unterwürfigkeit begründen soll. Doch andererseits: Sie kann »fliegen«, sie allein kennt den spezifischen und geheimen Namen Gottes, sie bleibt unsterblich, weil sie sich vor dem Sündenfall von Adam trennt. Also doch eine Göttin?!

Lilith – Adams erste Frau – nach Texten der hebräischen Mythologie

Als Gott den ersten Menschen erschaffen hatte, sagte er: »Es ist nicht gut, daß der Mensch allein sei« und schuf ihm eine Frau – gleich ihm – aus Erde und nannte sie Lilith. Bald begannen sie, miteinander zu streiten: Sie sagte zu ihm »Ich will nicht unter dir liegen.« Und er sagte: »Ich will nicht unter dir liegen, sondern auf dir, weil du verdienst, die Unterlegene zu sein und ich, der Überlegene

zu sein.« Sie sagte zu ihm: »Wir sind beide gleich, weil wir beide aus Erde gemacht sind.« Und sie wollten nicht aufeinander hören.
Als Lilith das gewahr wurde, rief sie den spezifischen Namen Gottes aus und *erhob sich in die Lüfte der Welt.* Adam (Mensch) rief seinen Schöpfer an und sprach: »Gott der Welt, die Frau, die du mir gabst, ist mir weggelaufen.« Daraufhin schickte Gott der Allmächtige, gebenedeiet sei er, ihr sofort drei Engel nach, um sie zurückzuholen. Der Allmächtige, gebenedeiet sei er, sagte zu Adam: »Wenn sie zurückkehren will, gut. Wenn nicht, muß sie es auf sich nehmen, daß tagtäglich hundert ihrer Söhne sterben müssen.« Sie folgten ihr und holten sie ein, mitten auf dem Grund des großen Wassers, in dem die Ägypter eines Tages ertrinken sollten. Sie teilten ihr Gottes Worte mit. Sie wollte nicht zurückkehren (das hier verwendete hebräische Wort meint die Rückkehr zu den Werten, die man verworfen hat). Sie sprachen zu ihr: »Wir werden dich im Meer ertränken.« Sie sprach zu ihnen: »Laßt mich allein, denn ich bin für nichts geschaffen worden, außer Kinder zu schwächen; männliche Kinder von der Geburt bis zum 8. Tag, weibliche von der Geburt bis zum 20. Tag.« Und als sie hörten, was sie sprach, bestanden sie darauf, sie zu ergreifen; »ich schwöre euch beim Namen Gottes (El), dem Lebendigen und Seienden, daß ich, wenn ich eure Namen oder Antlitze in einer *Camea* erblicke, über das betreffende Kind nicht herrschen werde.«
Und sie nahm es auf sich, daß tagtäglich hundert ihrer *Teufel* sterben. Und daher kommt es, daß wir ihren Namen in die *Camea* von kleinen Kindern schreiben. Und sie erblickt sie, erinnert sich ihres Versprechens, und das Kind ist geheilt.[15]

*

Einige sagen, daß Gott Mann und Frau am sechsten Tage nach seinem Bilde schuf und die Welt unter ihre Obhut stellte, daß Chawah (Eva) aber noch nicht existierte. Nun hatte Gott Adam aufgetragen, jedem Tier, Vogel und anderem Lebewesen einen Namen zu geben. Als sie paarweise – Männchen und Weibchen – vor ihn traten, verspürte Adam, der schon ein zwanzigjähriger Mann war, Eifersucht, weil sie sich liebten, und obwohl er versuchte, sich nacheinander mit jedem Weibchen zu paaren, befriedigte ihn der Akt nicht. Daher rief er aus: »Jedes Geschöpf außer mir hat eine passende Gefährtin!« und bat Gott, diese Ungerechtigkeit wiedergutzumachen.

Dann formte Gott Lilith, die erste Frau, genauso wie Er Adam geformt hatte, nur daß Er statt reinen Staubes Schmutz und Sediment verwendete. ...

Adam und Lilith konnten niemals in Frieden miteinander leben, denn wenn er ihr beiliegen wollte, fühlte sie sich durch die liegende Position, die er von ihr verlangte, beleidigt. »Warum muß ich unter dir liegen?« fragte sie. »Auch ich wurde aus Staub gemacht und bin dir also ebenbürtig.« Da Adam versuchte, ihren Gehorsam gewaltsam zu erzwingen, sprach Lilith wutentbrannt Gottes magischen Namen aus, erhob sich in die Lüfte und verließ ihn.

Adam beschwerte sich bei Gott: »Ich bin von meiner Gehilfin verlassen worden.« Gott entsandte sofort die Engel Senoi, Sansenoi und Semangelof, damit sie Lilith zurückholten. Sie fanden sie in der Nähe des Roten Meeres, in einer Gegend, die von lüsternen Dämonen wimmelte, denen sie jeden Tag hundert *lilim* gebar. »Kehre unverzüglich zu Adam zurück«, sagten die Engel, »oder wir ertränken dich!« Lilith fragte: »Wie kann ich zu Adam zurückkehren und nach meinem Aufenthalt am Roten Meer wie eine ehrbare Hausfrau leben?« – »Wenn du dich weigerst, bedeutet das deinen Tod!« antworteten sie. »Wie kann ich sterben«, fragte Lilith erneut, »wenn Gott mir befohlen hat, alle neugeborenen Kinder in meine Obhut zu nehmen – Knaben bis zum achten Lebenstag, dem Tag der Beschneidung, und Mädchen bis zum zwanzigsten Tag? Doch sollte ich jemals eure drei Namen oder Bilder auf einem Amulett an einem neugeborenen Kind sehen, verspreche ich, es zu schonen.« Damit waren sie einverstanden. Gott aber bestrafte Lilith, indem Er täglich hundert ihrer Dämonenkinder umkommen ließ.

Gott verzagte nicht, weil es ihm nicht gelungen war, Adam eine passende Gehilfin zu geben. Er unternahm einen neuen Versuch und ließ ihn zusehen, während Er die Anatomie einer Frau aufbaute; dafür benutzte Er Knochen, Gewebe, Muskeln, Blut und Drüsenabsonderungen, überzog dann das Ganze mit Haut und fügte an verschiedenen Stellen Haarbüschel hinzu. Der Anblick widerte Adam so sehr an, daß er, selbst dann, als diese Frau, die *erste Chawah,* in ihrer vollen Schönheit dastand, einen unbezwingbaren Widerwillen verspürte. Gott erkannte, daß Er erneut versagt hatte,

und entfernte die *erste Chawah*. Wo sie blieb, weiß niemand mit Sicherheit.
Gott versuchte es ein drittes Mal und ging behutsamer vor. Nachdem Er eine Rippe aus Adams Seite genommen hatte, während dieser schlief, formte er sie zu einer Frau; dann flocht Er, ehe Er ihn aufweckte, ihr Haar und schmückte sie wie eine Braut mit vierundzwanzig Schmuckstücken. Adam war entzückt. (Einer anderen Version zufolge handelt Gott diesmal insofern umsichtiger, als Er etwas von Liliths Verführungskraft in die Erschaffung der zweiten Chawah einbezog!)
Andere sagen, Gott habe ursprünglich beabsichtigt, zwei menschliche Wesen, ein männliches und ein weibliches, zu erschaffen. Statt dessen aber entwarf Er ein einziges mit einem männlichen, nach vorn blickenden Gesicht, und mit einem weiblichen, nach hinten blickenden Gesicht. Er besann sich wiederum anders, entfernte Adams rückwärtsblickendes Gesicht, und baute für dieses Gesicht den Körper einer Frau.
Wieder andere meinen, daß Adam ursprünglich als ein Zwitter mit einem männlichen und einem weiblichen Körper erschaffen wurde, die Rücken an Rücken miteinander verbunden waren. Da diese Position die Fortbewegung erschwerte und Gespräche mühsam machte, halbierte Gott den Zwitter und gab jeder Hälfte ein neues Hinterteil. Diese getrennten Wesen brachte Er nach Eden und verbot ihnen, sich zu paaren.
Einige sagen, daß Lilith als Königin in Smaragd und dann in Saba herrschte und daß sie die Dämonin war, die Jobs Söhne tötete.
Doch sie entging dem Fluch der Sterblichkeit, der Adam traf, weil sie sich lange vor dem Sündenfall getrennt hatten.
Lilith und Naama erdrosseln nicht nur kleine Kinder, sondern verführen träumende Männer, die ihnen alle, wenn sie allein schlafen, zum Opfer fallen können.[16]
Das Weibliche war mit Adams Seite verbunden, bis Adam alle Tiere benannt hatte. Dann versenkte Gott Adam in einen tiefen Schlaf und löste das Weibliche von Adams Seite. Gott schmückte das Weib wie eine Braut und brachte sie dann zu Adam.
Rabbi Simeon erklärt dazu: »Ich habe in einem alten Buch die Feststellung gefunden, daß dieses Weib kein anderes als die ursprüngliche Lilith war, die bei ihm war und von ihm empfing.« *(Sohar I 34b)*

Nun gibt es in der Tiefe des großen Abgrundes einen gewissen heißen, feurigen, weiblichen Geist namens Lilith, der zuerst dem Manne beiwohnte. Denn als der Mann geschaffen und sein Körper vollendet war, versammelten sich von der linken Seite (der Seite des Bösen) eintausend Geister um den Körper, und jeder versuchte in ihn einzudringen, bis sich schließlich eine Wolke herabsenkte und sie fortjagte und Gott sprach: »Die Erde bringe eine lebende Seele hervor« (Gen 1,24), und *dann brachte sie einen Geist hervor, um ihn dem Mann einzugeben, der so vollständig wurde, mit zwei Seiten*, so wie es heißt »er blies in seine Nasenlöcher Hauch des Lebens, und der Mensch wurde zum lebenden Wesen« (Gen 2,7). Als der Mann sich erhob, war sein Weib an seine Seite geheftet, und der heilige Geist in ihm breitete sich nach beiden Seiten aus, indem er sich so vollendete.
Später sägte Gott den Mann in zwei Teile und formte sein Weib und brachte sie zu ihm wie eine Braut zum Brautbett. Als Lilith dies sah, floh sie, und sie ist immer noch in den Städten der Meeresküste und versucht, die Menschheit zu umstricken. Und wenn der Allmächtige das böse Rom zerstören wird, wird Er Lilith zwischen den Ruinen ansiedeln, denn sie ist der Ruin der Welt (Jes 34,14; s.u.!). In alten Büchern heißt es, sie sei vor diesem allem von dem Manne geflohen, doch wir haben es anders erfahren, nämlich daß sie sich dem Manne verband, bis seine Seele (*neshamah*) in ihn gelegt wurde, und dann floh sie an die Meeresküste, wo sie versuchte, der Menschheit zu schaden. *(Sohar III 19a)*

Spätere jüdische Traditionen bringen bemerkenswerterweise selbst solche Textstellen mit Lilith in Verbindung, in denen sie ursprünglich nicht einmal andeutungsweise vorkam. So soll die legendäre *Königin von Saba*, die eigens zu Salomo kam, um sich von seiner vielgerühmten Weisheit zu überzeugen (1 Kön 10,1–13), keine andere als Lilith gewesen sein:

> Als Lilith, in ihrer Verkleidung der Königin von Saba, versuchte, ihn zu verführen, befahl Salomo einen Thronsaal mit einem gläsernen Fußboden zu bauen. Als die Königin von Saba (Lilith) den König sah, dachte sie bei sich, daß sein Thron auf dem Wasser steht, und sie hob ihre Gewänder, um

das Wasser zu überqueren und sich ihm zu nähern. Auf diese Weise wurden ihre haarigen Beine enthüllt. Salomo sagt darauf zu ihr: »Deine Schönheit ist die einer Frau; deine Haare sind die eines Mannes. Die Haare sind des Mannes Schönheit, aber eine Schande für eine Frau.[17]

Auch die beiden Dirnen, die vor Salomo erschienen, damit er entscheiden sollte, welche von beiden die Mutter des Neugeborenen war, das sie sich gegenseitig streitig machten, sollen der Legende nach Lilith und und ihre Tochter Naamah gewesen sein, obgleich in der Bibel die Namen der Frauen nicht genannt werden! Beide Frauen hatten im Abstand von drei Tagen im selben Haus ein Kind zur Welt gebracht. Als der Sohn der einen nachts starb, nahm sie ihn und vertauschte ihn heimlich mit dem lebenden Sohn der anderen, der sie dann das tote Kind an die Brust legte. Salomo entschied, daß man das Baby in zwei Teile zerschneiden sollte. Als er sein Schwert erhob, um sein Urteil auszuführen, rief die wirkliche Mutter: »Gib es ihr, doch töte das Kind nicht!« (1 Kön 3,16–28).[18]

Die Bibel über Lilith

Die biblischen Schöpfungsgeschichten schweigen über Lilith. Dennoch scheint das Wissen um diese als bedrohlich empfundene Gestalt ab und zu noch in den Texten auf, so z. B. bei dem vom Propheten Jesaja angekündigten

Strafgericht Jahwes über Edom, Jes 34,9–15

Da wandeln sich seine Ströme in Pech und sein Staub in Schwefel, sein Land wird zu brennendem Pech.

Bei Tag und Nacht verlischt es nicht, sein Rauch steigt ewig auf, von Geschlecht zu Geschlecht liegt es wüst, auf ewige Zeiten wandert keiner mehr hindurch.

Pelikan und Igel wohnen dort, darinnen hausen Eule und Rabe. Die Meßschnur der Leere spannt er darüber aus und das Senkblei der Verödung. Bocksgeister hausen dort, seine Edlen werden nicht mehr sein; dort wird es kein Königtum mehr zum Ausrufen geben, alle seine Fürsten sind dahin.

> In seinen Schlössern schießen Dornen auf, Disteln und Nesseln in seinen Burgen; sie werden zur Behausung der Schakale und zum Lager der Strauße. Dort begegnen sich wilde Katzen und Wüstenhunde, Bocksgeister halten dort ihr Stelldichein; *dort rastet Lilith* und findet einen stillen Ort für sich.
> Dort nistet die Pfeilschlange, legt, brütet und hegt ihre Eier. Dort versammeln sich die Geier, sie alle finden sich wieder.

In ähnlich bedrohlicher Weise erscheint sie bei Hiob 18,15. 21

> Jetzt läßt im Zelt sich Lilith nieder, und über seine Wohnstatt streut man Schwefel.
> Fürwahr, so geht's der Wohnung eines Frevlers, der Stätte dessen, der auf Gott nicht achtet.

Beide Texte sind der Jerusalemer Bibel entnommen. Interessant ist nämlich, daß Lilith seit der Reformationszeit aus den christlichen Bibelausgaben verschwindet. So finden wir z. B. auch in der Lutherbibel das Wort Lilith durch Kobold ersetzt.

Der Talmud über Lilith

Lilith, eine berüchtigte Dämonin der Nacht, hat langes Haar. *(B. Er. 100b)*
Lilith, eine Nachtdämonin, sieht aus wie ein Mensch, doch sie hat auch Flügel. *(B. Nido 24b)*
Rabbi Jerimia ben Eleazar stellte weiterhin fest: »In jenen Jahren, nach der Vertreibung aus dem Paradies, als der erste Mensch Adam unter dem Bann stand, zeugte er Geister und männliche Dämonen und weibliche Nachtdämonen oder Liliths.« Rabbi Meir sagte: »Adam … unterbrach seine Beziehung zu seinem Weib für einhundertunddreißig Jahre und trug einhundertunddreißig Jahre lang Feigenblätter als Kleidung am Körper … Jene Bemerkung über Adam, der Lilim zeugte, bezog sich auf den Samen, den er unabsichtlich ausstieß.« *(B. Er. 18b)*
Rabbi Hanina sprach: »Man darf nicht allein in einem Hause schlafen, denn wer auch immer allein in einem Hause schläft, wird von Lilith erfaßt.« *(B. Shab. 151b)*

Lilith, die weibliche Seite Gottes

nach dem Sohar, dem Heiligen Buch der Kabbala

Der Sohar, auch »Buch des Glanzes« genannt, gilt als das bedeutendste kabbalistische Werk überhaupt und ist im 13. Jh. in Spanien entstanden. Er erscheint in fünf Bänden als eine großangelegte und großartige Meditation über das Alte Testament, die in der Tradition jüdischer Mystik steht, deren Hauptzüge sie gleichzeitig aufnimmt und weiter inspiriert. Im Sohar begegnet uns Lilith in nicht mehr zu überbietender und damit gleichwohl entlarvender Widersprüchlichkeit.

Bemerkenswert ist vor allem, daß Lilith hier u.a. als ein Teil des göttlichen Selbst erscheint. Danach ist sie entstanden aus dem machtvollen Aspekt Gottes, der sich in strenger Beurteilung und Bestrafung äußert. Als Geißel Gottes tobt sie seither, in seinem Auftrag, durch die Welt.

Daß Lilith als einem geflügelten Wesen der Sinn nach den Höhen der spirituellen Welt stand, schildert bereits der Text aus Ben Siras Alphabet. Wie wäre es ihr möglich gewesen, den magischen Namen Gottes zu kennen und auszusprechen, wenn sie nicht in innigster, intimster Verbindung zu ihm gestanden hätte? Im Namen, so glaubte man früher, drückt sich das Wesen einer Persönlichkeit aus. Wer einen Namen, erst recht einen an sich geheimen Namen kennt, übt von da an Macht über den Betreffenden aus. In der ägyptischen Geschichte vom alternden Sonnengott Re (*Die List der Isis*) geht dessen gesamte Machtfülle in dem Augenblick auf die Göttin Isis über, als er ihr seinen allergeheimsten und eigentlichen Namen verrät. So sind auch Liliths Züge bei Ben Sira durchaus im Stile einer machtvollen Göttin gezeichnet, die dann allerdings auf reichlich brutale Weise vom Himmel herabgestürzt wird. »Beim Namen zu nennen, heißt, zu entmachten«, schreibt Hannelore Traugott. »Denken wir nur an Rumpelstilzchen. In der Magie ist die Anrufung des Namens eminent wichtig, um sich eine Kraft dienstbar zu machen. Der Name macht lebendig.«[19] Wenn wir diesem Gedankengang folgen, dann stellt Lilith in der Schöpfungsgeschichte letztlich einen Anspruch auf Gott-Ebenbürtigkeit; ein bedrohlicher Angriff auf die All-Macht des sich neu etablierenden Vatergottes. Daher ihr Sturz durch einen Gott, der keine anderen Gottheiten mehr neben – höchstens noch in sich – dulden will, was dann ein gravierender Unterschied wird. Kein Wunder auch, daß diese Tradition jahrhundertelang nur hinter vorgehaltener Hand weitererzählt wurde. Die schriftliche Fixierung hätte ihr ja noch wesentlich mehr Leben eingehaucht und ihr damit noch mehr Macht verliehen, als sie ohnehin schon hatte.

Der Sohar schildert uns Lilith als ein Wesen mit Bestimmung zur »oberen« spirituellen Welt; doch all ihre Bemühungen, sich der oberen Welt zu verbinden, werden – zunächst – vom Schöpfergott mit Gewalt vereitelt:

> Sobald Lilith hervorkam, ging sie auf und ab, bis sie die »kleinen Gesichter« (Cherubim) erreichte. Sie wollte bei ihnen bleiben und wie sie gestaltet sein, und sie haßte es, von ihnen fortzugehen. Doch der Herr, gepriesen sei Er, nahm sie fort und hieß sie hinabgehen.
>
> Dann schuf er Adam und gab ihm eine Gefährtin, und sobald Lilith Eva an seine Seite geheftet sah, wurde sie durch seine Gestalt an die himmlische Schönheit erinnert und flog von dort hinauf und versuchte, sich wieder den »kleinen Gesichtern« anzuschließen. Die himmlischen Torwächter erlaubten es ihr jedoch nicht. Der Herr, Er sei gepriesen, schalt sie und warf sie in die Tiefen des Meeres, wo sie blieb bis zu der Zeit, als Adam und seine Frau sündigten. Dann brachte die der Herr, Er sei gepriesen, aus den Tiefen des Meeres hervor und gab ihr Macht über alle jene Kinder, die »kleinen Gesichter« der Menschensöhne, die der Bestrafung für die Sünden ihrer Väter unterliegen.
> Sie wanderte dann die Welt auf und ab. Sie näherte sich den Toren des irdischen Paradieses, wo sie deren Wächter, die Cherubim, sah, und setzte sich neben das lodernde Schwert, dem sie im Ursprung verwandt war. Als sie das lodernde Schwert kreisen sah, was anzeigte, daß der Mensch gesündigt hatte, entschwand sie und wanderte über die Welt, und wenn sie Kinder fand, die der Bestrafung unterlagen, mißhandelte und tötete sie sie. *(Sohar I 19b)*

Hier sehen wir also Lilith mit dem »Lodern des kreisenden Schwertes« (nach anderer Übersetzung das »zuckende Flammenschwert«) verbunden, wie es in Gen 3,24 (nach der Buberübersetzung) heißt: »Er vertrieb den Menschen und ließ vor dem Garten Eden ostwärts die Cherubim wohnen und das Lodern des kreisenden Schwerts, den Weg zum Baum des Lebens zu hüten.« Hier wird Lilith sogar zur Wächterin an den Toren des Paradieses. In dieser Eigenschaft wird sie von Gott ausgesendet, um – an seiner Stelle – die sündigenden Menschen zu bestrafen:

> Nun bekamen sie an jenem Tag einen Befehl in bezug auf einen gewissen Baum. Und da die Frau als erste sündigte, wurde festgelegt, daß der Mann über sie herrschen solle. Und seit jener Zeit werden, wann immer Menschen vor Gott sündigen, jene Frauen (Lilith) von seiten des strengen Gerichts damit beauftragt, über sie zu herrschen – jene, die das »Lodern des kreisenden Schwerts« genannt werden. *(Sohar III 19b)*

Feuer gilt als das genuine Element der Lilith. Man stellte sich Lilith vor als eine Gestalt, die vom Kopf bis zum Nabel mit dem Körper einer schönen Frau, vom Nabel abwärts jedoch als flammendes Feuer in Erscheinung tritt.[20]

Als weibliche Seite und Geliebte Gottes gilt im (mystischen) Judentum allgemein die *Schekina*. Sie repräsentiert zugleich auch seine weltzugewandte Seite, wie sie etwa Wohnung genommen hat im Jerusalemer Tempel. Hier kennt der Sohar sogar eine Tradition, derzufolge Lilith und die Schekina ihre Plätze tauschten. Dies geschah in der Zeit nach der Zerstörung des Tempels, als die Schekina im Auftrag ihres Herrn hinabgestiegen war, um den »Fußstapfen ihrer Herde« (des Volkes Israel) zu folgen:

> (Gott der) König hat die Schekina fortgeschickt und die Magd, Lilith, an ihren Platz gestellt. Diese Magd, Lilith, wird eines Tages über das Land unten regieren, wie die Schekina einst darüber regierte, doch der Herr, Er sei gepriesen, wird die Herrin eines Tages wieder in seine Stellung einsetzen, und wer wird sich darüber so freuen, wie der König und die Herrin? – der König, weil er zu ihr zurückgekehrt ist und sich von der Magd

getrennt hat, und die Schekina, weil sie wieder mit dem König vereint sein wird. Also steht geschrieben: »Freue dich sehr, o Tochter Zion« ... Bedenkt auch, daß geschrieben steht: »Auch soll euch dies eine ewige Ordnung sein«. Dieses Versprechen ist eine Verfügung des Königs, festgelegt und gesiegelt. *(Sohar III 69a–b)*

Die Schekina aber erleidet das Schicksal willkürlicher Verstoßung durch ihren Gefährten nur wegen der Sünden Israels:

Bevor das Volk Israel in die Gefangenschaft ging und während die Schekina noch bei ihnen war, befahl Gott dem Volk Israel: »Die Blöße deiner Mutter mache nicht bar« Lev 18, 7. Doch die Söhne Israels gehorchten nicht und machten die Blöße der Schekina bar; also steht geschrieben, »eure Mutter ist um eurer Abtrünnigkeit willen entlassen« Jes, 50, 1, das heißt, für die Sünde der Unkeuschheit wurde das Volk Israel in die Gefangenschaft gesandt und ebenso die Schekina, und dies ist das Barwerden der Blöße der Schekina. Diese Unkeuschheit ist Lilith, die Mutter der »gemischten Vielzahl«. *(Sohar I 27b)*

Mit anderen Worten, und betont sarkastisch formuliert: Männer – Gott, der Herr, die »Söhne Israels« – agieren, die Frauen und »weiblichen Seiten« dürfen es ausbaden, ja werden, wie Lilith, letztendlich für alles verantwortlich gemacht. Gott, der König, schafft sich so eine herrliche Entlastungsfunktion.

Der Sohar bietet allerdings noch einen weiteren Mythos von Liliths Uranfängen, und das ist ihre Verbindung mit dem Teufel, mit Samael-Satan. Beide zusammen gehen sie danach aus dem strengen und strafenden Aspekt Gottes hervor, bilden damit einen kompletten »unteren« Spiegel für das »obere« Paar Gottvater/Schekina und letztlich auch für das »mittlere«, dazwischenstehende Paar Adam und Eva. Dabei ist bezeichnend, daß alle weiblichen Seiten stets als den männlichen Gestalten innewohnende Aspekte erscheinen. Lilith gilt als in Samael enthalten wie Eva in Adam, wie die Schekina in Jahwe/Adonai. Weiblichkeit erscheint hier prototypisch nicht als eigenständige Größe, sondern nurmehr als Teilaspekt am Männlichen.

> Ein Mysterium der Mysterien: Aus dem Machtglühen der Geburah (des strafenden Aspektes Gottes), aus dem Bodensatz des Weines, kam ein gewundener Keim hervor, der sowohl das Männliche wie auch das Weibliche beinhaltet. Sie sind rot wie die Rosen und breiten sich zu verschiedenen Seiten und Pfaden aus.
> Das Männliche heißt Samael, und sein Weib Lilith ist immer in ihm enthalten. So wie es auf der Seite des Heiligen ist, so sind auch auf der anderen (bösen) Seite das Männliche und das Weibliche ineinander enthalten. Das Weib des Samael heißt Schlange, Hurenweib, Ende allen Fleisches, Endes des Tages. *(Sohar I 148a)*

In einem früheren Werk, das dem Sohar um einige Jahrzehnte vorausging, wird für Lilith und Samael ein ähnlicher Geburtsvorgang geschildert:

> Lilith und Samael sind hervorgegangen »aus einer Emanation unter dem Thron des Glanzes in Form eines androgynen, doppelgesichtigen Wesens, gemäß der Geburt von Adam und Eva im spirituellen Bereich, die ebenfalls als Hermaphrodit geboren wurden. Die zwei androgynen Zwillingspaare ähnelten nicht nur einander, sondern ›glichen dem Bild dessen, was Oben ist‹, das als Bildnis der androgynen Gottheit in sichtbarer Form nachgebildet wird.«[21]

Eine andere Tradition weiß von einer Verbindung Samaels mit Lilith am Roten Meer, dem Ort des Auszugs aus Ägypten, der von Israel ambivalent erfahren wurde, als Stätte höchster Bedrohung und Befreiung zugleich. Wenn Lilith vom Grund das Roten Meeres aus wirkte (wohin sie vom Schöpfergott verstoßen wurde), dann konnte Jahwes Rettungstat durchaus auch als ein prinzipieller Sieg über die widergöttliche Macht der Lilith gefeiert werden.

Die Vermählung von Lilith und Samael wird, den Geschichten zufolge, von einem blinden Drachen arrangiert:

> Der obere Drache ist der blinde Prinz, der die Gestalt eines vermittelnden Brautführers zwischen Lilith und Samael an-

nimmt, und sein Name ist Blinddrache. Und er ist wie ein blinder Drache, und er ist es, der die Verbindung und Paarung zwischen Lilith und Samael herbeiführt. Wäre er heil erschaffen worden, in der Vollendung seiner Emanation, hätte er die Welt in einem Augenblick zerstört.

Und der blinde Drache ist kastriert, so daß er nicht zeugen kann, damit nicht seine Nachkommen die Welt vernichten. Der blinde Drache reitet Lilith, die sündige – mag sie in unseren Tagen bald ausgelöscht werden, Amen! – Und dieser blinde Drache führt die Vereinigung zwischen Samael und Lilith herbei. Und gerade so wie der Drache, »der im Meere ist« Jes 27, 1, keine Augen hat, ebenso ist auch der obere, blinde Drache als Abbild einer spirituellen Gestalt ohne Augen, das heißt ohne Farben.[22]

Und wenn wir mit Lilith einmal am Meer angelangt sind, so ist auch ihre Verbindung mit Leviathan, dem teuflischen Meerungeheuer, nicht fern:

Und wir fanden es geschrieben, daß der üble Samael und die böse Lilith das Aussehen eines Paares haben, das, mit der Verbindung durch den blinden Drachen als Brautführer, eine Emanation des Bösen und der Anmaßung empfängt, die von einem zum anderen fließt. Und über dieses Mysterium steht geschrieben: »An jenem Tag sucht Er heim mit seinem Schwert, dem harten, dem großen, dem starken, den Lindwurm flüchtige Schlange und den Lindwurm geringelte Schlange, er erwürgt den Drachen, den am Meer« (Buber, Jes, 27, 1; die Jerusalemer Bibel übersetzt Lindwurm mit *Leviathan* und spricht vom Drachen *im* Meer). Leviathan besteht aus der Verbindung und Verknüpfung zwischen den beiden, die das Aussehen von Schlangen haben. Daher ist er verdoppelt: Die flüchtige Schlange entspricht Samael, und die geringelte Schlange entspricht Lilith.[23]

Auch der Sohar, I 34a, ordnet Lilith den Meeresungeheuern zu:

> Dies sind der Leviathan und sein Weib. Und jede lebende Kreatur, die kriecht. Dies ist die Seele des Geschöpfs, das in alle vier Gegenden der Welt kriecht, nämlich Lilith.
> Das Wasser ernährt Lilith, und der Südwind verbreitet ihren Einfluß und verleiht ihr Macht über alle Tiere des Feldes. Man kann sie zu jeder der drei Nachtwachen für sie singen hören.

Und schon wieder erhält Lilith göttinnenähnlichen Charakter, denn viele große Göttinnen erschienen als Herrinnen der Tiere. Dazu paßt auch eine Legende, derzufolge sie in der Wüste gegen die Söhne Hiobs zu Felde gezogen ist, in der Absicht, alle Tiere zu befreien, die sie gefangenhielten.

Der englische Maler Dante Gabriel Rossetti (1828–1882) malte viele Frauenporträts, denen er in Erinnerung an seine geliebte Frau, die er nach nur zwei Ehejahren verloren hatte, eine sinnlich-mystische Note verlieh. Das »Lady Lilith« betitelte Bild der Dame mit dem herrlichen Haar ist eine Neudeutung der vorbiblischen Lilith. Für Rossetti ist Lilith kein böser Dämon, sondern die Urfrau, in der sich irdische und himmlische Liebe vereinen.

Lilith, Verführerin der Männer

> Man sagt von Lilith, Adams erster Frau,
> der, die er liebte, ehe Eva kam,
> daß ihrer Zunge süße Nachtigall
> ihn tiefer täuschte als der Schlange Wort.
> Und ihre Locken waren rotes Gold.
> Die alte Erde sieht sie ewig jung.
> Mit Mohn und Rosen ist ihr Hals umkränzt.
> Verloren in des Sinnens Dunkelheit
> knüpft sie ein starkes Netz aus mildem Licht,
> in dem sie Leib und Sinn der Männer fängt.
>
> Wo ist er, Lilith, der sich nicht dem Duft,
> den sanften Küssen, sanftem Schlaf ergibt?
> Schau, wie des Jünglings Blick in deinem brennt:
> dein Zauber macht ihn zahm, beugt seinen Stolz,
> umschnürt sein Herz mit einem goldnen Haar.
>
> *Dante Gabriel Rossetti (1828–1882), Lilith. Für ein Gemälde*

> Lilith ist das, Adams erste Frau.
> Nimm dich in acht vor ihren schönen Haaren,
> Vor diesem Schmuck, mit dem sie einzig prangt.
> Wenn sie damit den jungen Mann erlangt,
> So läßt sie ihn so bald nicht wieder fahren.
>
> *J. W. Goethe, Faust I, Walpurgisnacht, 4119–4123*

Auf diesen kurzen Text in Goethes *Faust* nimmt beinahe wortwörtlich Thomas Mann in seinem Roman »Der Zauberberg« Bezug. In dem Kapitel, das er mit *Walpurgisnacht* überschrieben hat, läßt er es zu folgender Szene kommen:

> Auch Frau Chauchat hatte sich mit einer Faschingsmütze geschmückt, – es war nicht einmal eine gekaufte, ... und kleidete sie übrigens, quer aufgesetzt, vorzüglich. Das dunkelgoldbraune Seidenkleid war fußfrei, der Rock etwas bauschig gearbeitet.

Wir sagen von den Armen hier nichts mehr. Sie waren nackt bis zu den Schultern hinauf.

»Betrachte sie genau!« hörte Hans Castorp Herrn Settembrini wie von weitem sagen, während er ihr, die bald weiterging, gegen die Glastür, zum Saal hinaus, mit den Blicken folgte. »Lilith ist das.«

»Wer?« fragte Hans Castorp.

Der Literat freute sich. Er replizierte:

»Adams erste Frau. Nimm dich in acht ...«

Außer ihnen beiden saß nur noch Dr. Blumenkohl am Tische, an seinem entfernten Platz. Die übrige Speisegesellschaft war in die Konversationsräume übergesiedelt. Hans Castorp sagte:

»Du steckst heute voller Poesie und Versen. Was ist nun das wieder für eine Lilli? War Adam also zweimal verheiratet? Ich hatte keine Ahnung ...«

»Die hebräische Sage will es so. Diese Lilith ist zum Nachtspuk geworden, gefährlich für junge Männer besonders durch ihre schönen Haare.«

»Pfui Teufel! Ein Nachtspuk mit schönen Haaren. So etwas kannst du nicht leiden, was? Da kommst du und drehst das elektrische Licht an.«[24]

Die Kunde von Liliths (zerstörerischer) Verführungskraft hallt durch die Jahrtausende und scheint Männerphantasien zu beflügeln.

Die Kabbalisten beschreiben sie als Hure, gewundene Schlange, die Männer dazu verführt, gewundene Wege zu gehen. »Sie ist die Fremde Frau, die Süße der Sünde und die böse Zunge, ... das unreine Weib.«[25] Ihr erstes Opfer ist selbstverständlich Adam in seiner Unschuld. Dem Sohar (I 54b) zufolge beschloß Adam nach dem Sündenfall, seine Sünde zu sühnen, indem er 130 Jahre lang sexuell enthaltsam lebte. Um nicht in Versuchung zu kommen, wickelte er sich dornige Feigenzweige um die Hüfte. Doch ausgerechnet während dieser Zeit, da er allein schlief und träumte, besuchte ihn Lilith und wußte ihr Verlangen an ihm zu befriedigen, indem sie ihn bestieg und dadurch seine nächtlichen Ergüsse hervorrief. Aus diesen Vereinigungen gebar Lilith Wesen, die man »die Plagen der Menschheit« nannte. Es ist ihr Ziel, »Krieg und alle Arten von Zerstörung herbeizuführen. Sie ist nichts als Hurerei in der Welt.[26]« Man beachte die Parallele zur Geschichte von der *Büchse der Pandora*!

Adam ist auch hier nur wieder Prototyp für alle Männer, wobei im folgenden die Gleichsetzung zwischen Mensch und Mann nur wieder allzu offensichtlich ist:

> Lilith wandert während der Nacht umher, belästigt die Menschensöhne und bewirkt, daß sie sich selbst beschmutzen. Immer wenn sie Menschen findet, die allein in einem Haus schlafen, schwebt sie über sie, legt Hand an sie und klammert sich an sie, erzeugt Lust in ihnen und empfängt von ihnen. Sie bringt ihnen auch Krankheiten, ohne daß sie es merken und das alles wegen der Abnahme des Mondes. *(Sohar I 19b)*

Es wird schließlich so schlimm, daß der Sohar Liliths Macht und Gegenwart bei unterschiedslos allen sexuellen Begegnungen zwischen Männern und Frauen wittert, selbst noch beim vorgeschriebenen ehelichen Akt, der am *Erev Schabbat* (d. h. am Freitagabend) vollzogen werden soll, dann wenn – nach kabbalistischer Vorstellung – auch Gott sich mit seiner Schekina in Liebe vereinigt:

> Doch hüte dich vor jener harten Schale, der Verkörperung des Bösen, Lilith ist immer gegenwärtig in den Bettlaken von Mann und Frau, wenn sie sich vereinigen, um sich die kleinen verspritzten Tröpfchen Samen anzueignen, die verlorengehen – denn es ist unmöglich, den ehelichen Akt zu vollziehen, ohne daß Tröpfchen verlorengehen.
>
> Das ist die Nacht (die Schabbat-Nacht), in der die »böse Macht«, verdrängt durch die »gütige Macht«, durch die Welt zieht, begleitet von ihren vielen Heerscharen und Legionen, und in alle Orte späht, wo Menschen den ehelichen Akt unbescheiden in Nacktheit oder beim Licht einer Kerze vollziehen. *(Sohar I 14b)*

Damit soll wohl angedeutet werden, daß die menschliche Sexualität in den Grenzbezirken des Bösen, Chaotischen und Gesetzesauflösenden anzusiedeln ist, weshalb schärfste Vorsichtsmaßnahmen vonnöten sind, die dazu gedacht sind, noch den letzten Funken Lust aus den Schlafzimmern zu verbannen.

Ein Mann, der sich von Lilith umgarnen läßt, ist verloren. Sie wird sein Todesengel:

> Sie schmückt sich mit vielen Schmuckstücken wie eine verachtenswerte Hure und wählt ihren Platz an Kreuzwegen, um die Menschensöhne zu verführen. Wenn ein Narr sich ihr nähert, ergreift sie ihn, küßt ihn und schenkt ihm Wein ein aus Abfall von Viperngallen. Sobald der Mann ihn trinkt, verfällt er ihr. Wenn sie sieht, daß er ihr verfallen ist und vom Pfad der Wahrheit abweicht, entkleidet sie sich allen Schmuckes, den sie für diesen Narren angelegt hatte. Ihr Schmuck für die Verführung der Menschensöhne sieht so aus: *Ihr Haar ist lang und rot wie eine Rose*, ihre Wangen sind weiß und rot, an ihren Ohren hängen sechs Schmuckstücke, ägyptische Bänder und alle Schmuckstücke des Landes des Ostens hängen um ihren Hals. Ihr Mund ist wie ein schmale Tür gesetzt, angenehm in seiner Zier, ihre Zunge ist scharf wie ein Schwert, ihre Worte sind glatt wie Öl, ihre Lippen sind rot wie eine Rose und süß von aller Süße der Welt. Sie ist gekleidet in Scharlach und geschmückt mit vierzig Schmuckstücken weniger eines. Jener Narr verfällt ihr und trinkt aus dem Kelch den Wein und begeht Unzucht mit ihr und steigt ihr nach. Was tut sie daraufhin? Sie verläßt ihn, der auf dem Ruhebett schläft, fliegt hinauf zum Himmel, denunziert ihn, verabschiedet sich und steigt wieder herab. Jener Narr erwacht und meint, er könne sich wieder mit ihr verlustieren, doch sie legt ihren Schmuck ab und verwandelt sich in eine drohende Gestalt. Sie steht vor ihm, *in Gewänder aus flammendem Feuer gekleidet*, jagt ihm Angst ein und läßt Körper und Seele erzittern, mit furchterregenden Blicken, in ihrer Hand ein Schwert, von dem bittere Tropfen fallen. Und sie tötet jenen Narren und wirft ihn in die Gehenna (»Hölle«).
> *(Sohar I 148a–b Sitre Torah)*

Zu Liliths verführerischer Seite gehören auch Spiegel jeglicher Art, ja Spiegel gelten geradezu als Eingangspforte in ihre verwunschene Welt: Nach dieser Auffassung markiert jeder Spiegel einen Übergang in die jenseitige, die Andere Welt und führt direkt zu Liliths Höhle. Dorthin, wohin Lilith floh, als man sie aus Eden verstieß. Dort, wo sie ihre zahllosen Dämonen-Liebhaber empfing und wahre Heerscharen von bösen Geistern gebar. Dämonen, die seither unsere Welt mit ihrem Pesthauch bevölkern und unterwandern. Wann immer sie in die Andere Welt zurückkehren wollen, brauchen sie lediglich durch den nächstbesten Spiegel zu treten. Deshalb erzählt die jüdische Legende, Lilith sei in jedem Spiegel zu Hause. Und hier wird sie vor allem zur Gefahr für Mädchen und Frauen, die zu oft in den Spiegel schauen. Durch deren Augen tritt sie in den Körper ein und fortan sind sie besessen von Lilith. Was sich vor allem darin äußert, daß sie es ihr nachtun in ihrer angeblichen Hurerei und wahllos (junge) Männer verführen![27]

Exkurs: Lilith und Frau Holle/Venus

Eine kuriose mittelalterliche Volkstradition im europäischen Raum ließ Lilith sogar mit Frau Holle zusammenwachsen. Wobei die verbindende Idee das nächtliche Über-Land-Fliegen gewesen sein muß, das die offizielle christliche Religion anscheinend ebenso fürchtete und bekämpfte wie die jüdische. Beide Religionen müssen wohl allen Grund dazu gehabt haben, denn es gibt bischöfliche Dekrete, die ausdrücklich das nächtliche Unterwegssein (im Sinne von Raum und Zeit überschreiten) von Frauen im Gefolge großer Göttinnen untersagen:

> »Keine Frau soll öffentlich erklären, daß sie während der nächtlichen Stunden mit der Diana, der Göttin der Heiden … und einer unzählbaren Menge von Frauen reite«, *(Angerius, Bischof v. St. Lizier).*

Wie wir bei Jacob Grimm nachlesen können, waren solche Erlasse beileibe keine Einzelfälle. Sie lassen darauf schließen, daß es bis in die Neuzeit hinein so etwas wie spirituelle Geheimkulte unter Frauen gab, in denen die von offizieller Seite verfemten weiblichen Gottheiten zentrale Rollen gespielt haben.

»Auch jenes darf nicht unerwähnt bleiben, daß einige frevelhafte (Ehe-) Frauen, die sich zum Satan (zurück)bekehrt haben, sich von dämonischen Bildern und Spukgestalten entführt glauben und verkünden, daß sie zu nächtlicher Stunde mit Diana, der Göttin der Heiden, oder mit Herodias und einer unzählbaren Menge von Frauen auf einigen wilden Tieren reiten und in der Stille der sturmfreien Nacht viele Landstriche durchstreifen und daß sie ihren Befehlen wie einer Herrin gehorchen und in bestimmten Nächten zu deren Dienst gerufen würden« *(Burcard von Worms)*.

Angeblich huldigte schon ein Drittel der Menschheit diesen Göttinnen;[28] ihr Einfluß muß entsprechend groß gewesen sein und gab offensichtlich Anlaß zu den allerschlimmsten Befürchtungen (deren man nicht anders Herr zu werden glaubte als durch Vernichtung ganzer Frauenscharen/angeblicher Hexen).

Zu den Göttinnen, mit denen die Frauen nächtens zogen, gehörte auch Frau Holle oder Hulda, die Anführerin des sog. Wilden Heeres. Obwohl ursprünglich identisch mit der Liebesgöttin Freyja/Venus, erlitt sie unter christlichem Einfluß ein ähnliches Schicksal wie Lilith: Aus einer kinderliebenden und kinderschenkenden Göttin, die sich in Huld und Gnaden den Menschen zuwandte, wurde eine kindermordende – und selbstverständlich langhaarige – Furie.

Barbara Black Koltuv zitiert einen hebräisch-jiddischen Liebeszauber, mit dessen Hilfe »Frau Holle oder Hulda, die langhaarige teutonische Nachtdämonin, die Kinder angriff und die mit Lilith identifiziert wird, in Venus, die Göttin der Liebe, verwandelt« werden soll.[29] Als Amerikanerin, die mit hiesigen Traditionen offensichtlich nicht vertraut ist, übersieht sie dabei, daß Frau Holle und Venus eine und dieselbe Gestalt sind, denn der Venusberg, der in dem anschließenden Zaubertext vorkommt, hieß im Volksmund auch »Frau Hollen Hofhaltung«. Mit der Bezeichnung »langhaarige teutonische Nachtdämonin« übernimmt Koltuv unreflektiert die Abwertungsgeschichte einer Göttin, die mit Lilith nicht nur die Kunst des »Fliegens«, sondern gerade auch diese Verunglimpfung gemeinsam hatte.

Noch von einer anderen Seite her macht die Verbindung von

Lilith mit Frau Holle durchaus Sinn: Lilith gilt der Kabbala als Dämonin des Freitags. Der Freitag aber ist von alters her der heilige Tag der Venus/Aphrodite, bzw. deren volkstümlicheren Verkörperungen in Holla, Perchta, Berta; ihnen zu Ehren buken die germanischen Frauen ihre geflochtenen Brote, die *barches*, die wiederum Vorbild für die Schabbatbrote wurden. Auch essen Juden traditionell am Schabbat-Abend »gefillte Fisch«, wobei der Fisch seit der Antike als das Aphrodisiakum schlechthin galt!

Lilith versus Eva

Den Keil, den die christliche Tradition zwischen Eva, die Sünderin, Verführerin und Todbringerin, und Maria, die reine und unbefleckte, sündenlose Magd des Herrn, treiben konnte, mußte das Judentum anderswo ansetzen. Hier heißen die beiden unversöhnlichen Gegensätze nicht Eva und Maria, sondern Lilith und Eva, wobei erstere das aufmüpfige und verderbenbringende Weibliche und letztere das angepaßte und dem Manne dienliche Werkzeug repräsentiert.

> Das zweite Weib Adams – Eva – schuf Gott aus der Rippe. Dabei sprach Er: »Ich werde sie nicht aus dem Kopf des Mannes machen, sonst wird sie ihren Kopf in hochmütigem Stolz tragen; und nicht aus dem Auge, sonst wird sie lüsterne Blicke bekommen; und nicht aus dem Ohr, sonst wird sie überheblich; und nicht aus dem Mund, sonst wird sie eine Schwätzerin; und nicht aus dem Herzen, sonst wird sie zu Neid neigen; und nicht aus der Hand, sonst mischt sie sich in fremde Angelegenheiten; und nicht aus dem Fuß, sonst wird sie eine Herumtreiberin.«
>
> Aus der Rippe, die dem Auge des Menschen entzogen und stets unter der Hülle des Kleides verborgen ist, aus ihr schuf Gott das Weib. Denn die Zierde des Weibes ist die stille Zurückgezogenheit, die sittsame Beschränkung auf den häuslichen Kreis mit seinen Pflichten und seinem lauteren Glück.[30]

Späteren Legenden zufolge ist Gott allerdings nicht fähig zu verhindern, daß selbst die von ihm als rein und keusch geplante Eva Züge von Lilith erhält:

> Und zu jedem Glied des Körpers sprach Gott, als er es machte: »Sei keusch! Sei keusch!« Und dennoch, trotz all dieser übergroßen Vorsicht, hat die Frau all jene Fehler, die Gott zu vermeiden suchte.[31]

Was an Eva rebellisch ist, geht auf Liliths Einflüsterungen zurück, womit Lilith nun auch für die Frau zur Versucherin und Verführerin wird. Lilith ist es, die Eva dazu überredet, von den Früchten der Erkenntnis zu kosten. Dabei werden Lilith und die Schlange eins: In einem Sohar-Mythos heißt es, Lilith sei »die Schlange, die Hure, die Eva anstiftete und anstachelte … und sie dazu brachte, Adam zum Beilager zu verführen, während sie in der Zeit ihrer menstruellen Unreinheit war[32]«.

Dieses Bild hat dann Schule gemacht, Lilith, die Verführerin, mit dem Gesicht einer Frau und dem Leib einer Schlange, durchzieht schließlich auch die christliche Ikonographie, vor allem des 15. und 16. Jahrhunderts (der Kulminationszeit jener Frauenpogrome, die man noch immer verharmlosend Hexenverfolgungen nennt). Besonderer Beliebtheit erfreuten sich Darstellungen, in denen Lilith und Eva als Sockel dienten, über dem sich als triumphierendes Symbol der Reinheit die Jungfrau Maria mit dem Jesusknaben erhob.[33]

Weil sie auf Lilith hörte, wurde auch Eva »zur Mutter von Generationen von Dämonen« *(Sohar III 76b)* und erscheint schließlich selber als Dämonin. Der Talmud *(PR 100b)* kennt *zehn Flüche, die über Eva kamen*. Dazu gehörten auch die folgenden:

> Sie bekommt langes Haar wie Lilith.
> Sie sitzt beim Wasserlassen wie ein Tier.
> Sie dient ihrem Mann als Polster.

Weil, wie oben beschrieben, Gott selber Lilith dazu bestimmte »ihre Rache an den Kindern der Menschen zu üben« *(Sohar 19b)*, und das heißt, als kinderraubende und -mordende Furie durch die

Welt zu ziehen, ist jedoch im letzen Feindschaft gesetzt zwischen Eva (und ihren Nachkommen) und Lilith, zwischen der Mutter alles Lebendigen und der strafenden, kindertötenden Geißel Gottes. Dieses Bild – wie auch die Spaltung in Eva und Maria – entzweit die Frau mit sich selbst. Der Bilderrahmen ist jedoch so gesetzt, daß er zugleich den Mann – Adam wie auch seinen Schöpfergott – wirksam und für alle Zeiten von jeglicher Verantwortung für »das Böse« in der Welt freisprechen soll. Der Frau wird damit, von seiten des Mannes aus, das kulturelle Urmißtrauen ausgesprochen, was einen fortwährenden »Krieg der Geschlechter« in Gang hält. Dabei hatte »Adam« sich doch als androgyne Gestalt entworfen (und seinen Schöpfergott, dessen Abbild er ja sein wollte, gleich mit)! Lilith, Eva, Schekina/Sophia, Maria sind ausdrücklich als in einem männlichen Subjekt enthalten vorgestellt worden (sei es nun Adam oder Gottvater oder Sammael). Damit spiegeln die hier entworfenen Frauenbilder in allererster Linie ein männliches Selbst; d. h. sie sagen Wesentliches aus nur über Männer, werden aber in unserer Kultur immer noch so behandelt, als sagten sie etwas aus über Frauen. Lilith, Eva, Maria, Sophia ... sind im Grunde nicht mehr als »sein« Anima-Problem, und um diese Anima scheint es schlecht bestellt, so zerrissen und gespalten, wie sie sich allgemein und symbolisch darstellt. Die Anima, das Bild der Frau in der Männerseele (oder die Männerseele im Bild einer Frau), kann jedoch – das betonte schon C. G. Jung – über alles Auskunft geben, nur nicht über reale Frauen. Keinesfalls sollten Frauen sich weiterhin zwingen lassen, derlei Phantasien auch noch auszuleben. Sie gerieten damit nur tiefer in Teufels Küche!

Lilith, Adam und Eva

Moderne Versionen des Mythos

Im folgenden stelle ich neue literarische Versuche vor, die mit diesem Mythos kreativ umgehen, dabei verborgene Motive beleuchten und zu neuen Lösungsmöglichkeiten der alten Fehde anregen.

Jakov Lind, Lilith und Eva

Es war einmal ein Mann, der wurde von Lilith verfolgt. Der Dämon hatte sich verkleidet mit den Kleidern einer normalen, einfachen, angenehmen Frau und besuchte Adam, als er allein war.

Warum bist du allein? fragte Lilith. Wo ist deine Frau, die kam, um mich zu ersetzen?

Sie ist draußen auf dem Land, sie ging, um Verwandte zu besuchen, und sie wird bald zurückkommen. Sie wird sich nicht freuen, dich hier zu treffen, denn sie fürchtet dich.

Warum sollte meine Schwester Angst vor mir haben? fragte Lilith. Ich bin im Herzen so einfach wie sie. Ich bin so gut und freundlich wie sie. Ich liebe meine Eltern und meine Kinder, genauso wie sie es tut. Doch ich denke nicht wie sie, der Unterschied zwischen uns ist im Geist verborgen, nicht in unseren Körpern.

Ich glaube dir, sagte Adam, und ich liebe dich, doch ich brauche ein friedliches Leben.

Mache das, wie du willst, sagte Lilith, führe dein friedliches Leben. Ich bin einfach nur deine andere Frau, und ich werde dich nicht verlassen, sondern werde dich lieben, wie ich dich immer geliebt habe.

Adam sah ihr in die Augen und sagte nichts mehr. Ihre Augen waren wie Türen, weit geöffnet in eine Welt, die er beinahe vergessen hatte, und er trat ein.

Ihre Arme und Münder umfingen einander, als Eva zurückkam. Sie dachte, Lilith und Adam sind vereinigt. Bleibe bei mir, Schwester. Ich werde etwas zu essen an euer Bett bringen. Sie brachte zu essen und zu trinken an ihr Bett, zog sich in eine entfernte Ecke des Hauses zurück, wo sie sich neben dem Ofen zusammenkauerte, um warm zu bleiben, und verfiel in Trance. Sie verließ ihren Körper und trat in den Körper ihrer Schwester Lilith ein, und so umarmte und küßte sie Adam und spürte seine Liebe zu ihr, wie sie sie vorher nie gespürt hatte.

Aber ich bin deine Eva, sagte Lilith. Warum liebst du mich so leidenschaftlich? Du hast mich noch nie zuvor mit so viel Leidenschaft geliebt.

Adam lachte und sagte: Du wirst in der Morgendämmerung fortgehen, und ich werde dich lange nicht sehen. Wenn ich leidenschaftlich bin, kommt das daher, daß unser Glück nur von kurzer Dauer ist.

Wie kannst du das sagen? erwiderte Lilith. Ich werde morgen und am nächsten Tag und auch für den Rest deines Lebens hier sein. Warum liebst du mich so leidenschaftlich? Glaubst du, ich bin diejenige, die du siehst? Ich bin Eva, die durch den Mund ihrer Schwester spricht.

Du machst Witze, lachte Adam. Ich weiß, du wirst mich bei Tagesanbruch verlassen und wirst für ziemlich lange Zeit nicht wiederkommen.

Lilith, die jetzt Eva war, küßte ihn und sagte: ich wünschte, das wäre so, doch leider kann ich dich nicht verlassen. Ich werde bei dir bleiben, weil du voller Feuer für diese andere Frau bist, deren Körper ich jetzt eingenommen habe. Sieh mich genau an und sage mir, ob du nicht sehen kannst, daß ich deine Frau Eva bin?

Eva sitzt im abgelegenen Winkel des Hauses, sagte Adam. Doch als er nachsah, konnte er sie dort nicht sehen. Was er sah, waren die Flammen des Ofens.[34]

Judith Plaskow, Das Kommen Liliths

Am Anfang schuf Gott Adam und Lilith aus Erde und blies in ihre Nasen den Lebensatem. Adam und Lilith waren ebenbürtig, beide aus Erde, beide Gottes Ebenbild. Die notwendige Arbeit für den Lebensinhalt teilten sie genauso wie die Vergnügungen und Zärtlichkeiten.

Bald gefiel Adam dieses Leben nicht mehr. Die ständige Gartenarbeit war ihm lästig, und er versuchte, Lilith langsam immer mehr dazu zu bringen, ihn zu bedienen und die Gartenarbeit allein zu übernehmen. Er versuchte es auf die plumpe Art, und er versuchte es elegant.

Er bot Lilith eine Arbeitsteilung an: Sie sollte für die Gartenarbeit und für die Zubereitung des Essens zuständig sein. Er versprach ihr dafür, auf die Jagd zu gehen.

Schließlich aber ertrug sie die ständigen Streitereien mit Adam nicht mehr. Sie rief Gottes heiligen Namen an und floh vor Adam und seinen Nörgeleien.

Sofort beklagte sich Adam bei Gott über dieses »nörgelige Weib«, das sich wohl zu gut für das Leben mit Adam sei und ihn im Stich gelassen habe. Aber obwohl Gott Lilith durch Engel bitten ließ, zu Adam zurückzukehren, blieb sie lieber allein und wo sie war.

Adam bat Gott um eine andere Frau. Nach gründlichem Überlegen ließ Gott diesmal tiefen Schlaf über Adam kommen und erschuf Eva aus Adams Rippen. Adam war glücklich. Er führte Eva in die Geheimnisse des menschlichen Lebens ein. Von ihm hörte Eva, daß Adam der erste Mensch gewesen sei, nach Gottes Bild geschaffen. Sie, Eva, sei als Adams Gefährtin und Gehilfin geschaffen.

Anfangs war Eva ganz zufrieden. Sie arbeitete im Garten, sie bereitete das Essen, sie machte für sich und Adam das Leben so schön und angenehm wie möglich. Und diese Arbeit gefiel ihr.

Manchmal kam ihr der Gedanke, daß dieses Leben nicht alles sein könne. Doch das waren kurze Gedankenblitze, sie schwieg darüber und vergaß sie wieder. Sie kannte niemand, mit dem oder der sie hätte reden können: Mit Adam konnte sie nicht anders reden als im üblichen Plauderton. Sonst sagte er gleich: Aber Eva, solche Gedanken sind viel zu ernst für dein hübsches Köpfchen, da bekommst du ja ganz häßliche Falten auf der Stirn.

Mit Gott zu reden, auf diesen Gedanken kam sie gar nicht erst. Hatte ihr nicht Adam versichert, er sei Gottes Ebenbild und Gott sei männlich. Und er Adam, habe ihm zu dienen, so wie Eva den Adam bediente. Wie hätte sie mit einem solchen Gott, einem Mann, einem Herrscher, der so fern von ihr war, vertraulich sprechen können?

Manchmal fühlte sich Eva sehr einsam. Aber dann sagte sie sich: Wie gut, daß ich Adam habe. Ich bin doch wirklich sehr, sehr glücklich mit ihm.

Gott wußte nun, daß es ein Fehler gewesen war, Adams Wunsch nach einer anderen Frau zu erfüllen. Adam identifizierte sich immer deutlicher mit Gott. Er machte Gott zum Mann, zum Herrscher, zum Diener seiner Interessen, zum Götzen, bekam dadurch selbst immer mehr Macht und verhinderte jede Begegnung zwischen Eva und Gott.

Und Lilith? Sie war es satt, allein zu sein, und natürlich war sie neugierig auf Eva. Adam aber warnte Eva ernst und eindringlich: Lilith sei eine Dämonin, die Frauen verfolge und bedrohe. Voller Furcht stimmte Eva seinem Vorschlag zu, zu ihrem Schutz eine Mauer zu bauen, und sie half Adam auch dabei.

Öfter versuchte Lilith, die Mauer zu durchbrechen oder zu übersteigen. Aber jedesmal besiegte und vertrieb Adam sie. Einmal aber konnte Eva einen flüchtigen Blick auf Lilith erhaschen. Da sah sie, daß Lilith ja aussah wie sie, eine Frau, gar nicht wie eine Dämonin.

Bisher hatte sie gedacht, sie sei die einzige Frau weit und breit. Oft dachte sie nun daran, wie schön und stark Lilith ausgesehen hatte. Sie fing an, über die Mauer um ihren Garten nachzudenken und über die anderen Grenzen ihres Lebens. Die neuen Gedanken machten ihr angst, sie konnte sie aber nicht vertreiben.

Monatelang ging sie täglich an der Mauer entlang. Schließlich machte sie eine aufregende Entdeckung: Sie sah, daß ein Apfelbaum so hoch gewachsen war, daß seine Äste über die Mauer reichten. Kurz entschlossen kletterte sie hinauf und über die Mauer. Vorher hätte sie nicht geahnt, daß sie so stark und geschickt war. Jenseits der Mauer traf sie bald auf Lilith. Erst zögerte sie, aber Lilith lächelte sie an. »Wer bist du?« fragten sie einander und »Erzähl mir deine Geschichte«: Sie begannen zu sprechen. Sie sprachen über die Vergangenheit und über die Zukunft, sie weinten und schwiegen zusammen, sie lachten und kicherten, sie brachten sich ihre Kenntnisse bei, sie stritten und träumten. So wurden sie Schwestern.

Was ist mit den beiden hinter der Mauer? Adam fühlt sich sehr unbehaglich, wenn er sich den Tag ausmalt, an dem beide zusammen in den Garten zurückkehren werden, voller Ideen und Pläne, strotzend von Möglichkeiten und Energien.

Auch Gott harrt dem Tag entgegen, an dem Lilith und Eva zurückkommen werden, um den Garten zusammen neu zu gestalten und zu bebauen. Gott wartet einerseits voller Erwartungen, andererseits voller Bangen.[35]

Ein paar ketzerische Fragen am Rande: Warum kommen Lilith und Eva überhaupt zurück? Warum wird das von ihnen erwartet? Warum geht nicht Adam seinerseits ihnen nach, oder »Gott«?

Vera Zingsem, Mit Adam und Eva fing alles an

Als Adam erschaffen wurde, war Eva noch nicht da. Die brauchte er allerdings auch gar nicht, denn die weibliche Erweiterung zu Adam hieß damals wie heute in seiner Sprache »Adamah«, wie der Erdboden, aus dem er selbst nach dem Willen des Schöpfers gemacht war. Ja, kein Zweifel, er, Adam, Mensch seines Zeichens, gehörte zur Erde, die der Stoff war, der freilich ohne ihn nichts vermochte, gar nicht eigentlich lebendig war. Er – Adam – gab ihr – Adamah – Leben, so wie der Schöpfer ihm Leben eingehaucht hatte. Solange er nicht existiert hatte, war auch die Erde nur ein Klumpen Lehm gewesen. Deshalb war sie sprachlich ihm nachgeordnet, obgleich sie zeitlich schon lange vor ihm dagewesen war. Sie, eine Ableitung von seinem Namen: Der ganze Erdboden und alles, was darauf wächst, gehörte zu ihm.

Dann hieß es auf einmal, dieses Stück Stoff, mit dessen Hilfe er seine Träume verwirklichen wollte, sei verflucht: »Verflucht sei der Erdboden um deinetwillen!« Nicht um Adams willen, der Himmel bewahre; so etwas Gotteslästerliches konnte beim besten Willen auch der Schöpfer nicht behaupten. Sondern um Evas willen, die von Anfang an gestört hatte. Wenn er allerdings mit Eva zusammenleben wollte, mußte er die unangenehmen Folgen mit in Kauf nehmen.

Wollte er mit Eva zusammenleben …?!

Als Eva erschaffen wurde, war Adam schon da. Und der Schöpfer fühlte sich rechtschaffen erschöpft von seiner Arbeit. Denn immerhin war dies schon der zweite Versuch, es Adam recht zu machen. Nach der Katastrophe mit Lilith.

Kein anderes Geschöpf hatte seinem Erfinder bisher soviel Einfallsreichtum abverlangt. Und die körperliche Arbeit war dabei noch die geringste! Ein paar Häufchen Lehm zusammenzubacken und sie kräftig anzublasen war für einen Allmächtigen nur ein Kinderspiel. Eher waren es die endlosen Dispute mit der vorläufigen Krone seiner Schöpfungen, die ihm, dessen Macht sich doch gerade im Wort offenbarte, die Wörter im Mund herumzudrehen im Begriff war.

»DIR will ich ähnlich sein, nur DIR«, hatte Adam ihm beschwörend zugerufen, kaum daß die erste Frau ihre Augendeckel zurückgeschlagen hatte. »Schaffe sie mir vom Leib! Sie macht mich DIR unähnlich. Ich will so sein wie DU. DU bist mein großes Vorbild. DU brauchst doch auch niemanden an DEINER Seite, bist auch nur Einer und kannst alles allein! Wie kann ich DEIN Abbild sein, solange ich eine Hilfe brauche? Oder versteckst DU DEINE Gefährtin nur?« hatte er noch argwöhnisch flüsternd hinzugesetzt, doch laut genug, daß sein Schöpfer es nicht überhören konnte.

Der war verblüfft. Sein eigenes Geschöpf stieß ihn da mit der Nase auf etwas, dem er bisher noch gar nicht ins Gesicht gesehen hatte; nicht aus Verlegenheit etwa, sondern aus ehrlicher Unbekümmertheit: Er hatte sich so sehr bemüht, alle Lebewesen paarweise zu erschaffen. Dabei – aber das fiel ihm jetzt erst auf – sah ihm das gar nicht ähnlich. Wahrhaftig, er war nur Einer, »der Vater aller Ding'« wollte er sich nennen lassen, denn er hatte sie alle ohne Zutun einer Mutter gezeugt *und* geschaffen –, soviel *er* wußte (und konnte es etwas geben, das er nicht wußte?). Alles war aus ihm, dem Einen und Einzigen herausgekommen. Und doch gab es jetzt von allem und jedem zwei, männlich *und* weiblich. Und mußte erst Adam, sein eigenes Geschöpf, kommen, ihm darüber die Augen zu öffnen?

Wer war er, wenn er so wenig über sich selber wußte, daß er die Vorlage nicht kannte, nach der ihm das da entsprungen war? Oder hatten sich Erinnerungen aus längst verdrängten Zeiten in sein als makellos geplantes Werk hineinverwickelt?

Kein Zweifel, er brauchte Adam, um sich über sich selber klar zu werden.

Doch wozu dann Eva?

Auch in diesem Punkt war Adam eigentlich uneingeschränkt recht zu geben: Sie *war* überflüssig. Warum war sie dann trotzdem da? Warum lag ihm soviel daran, sie Adam schmackhaft zu machen, wo er doch selbst kein Weib erkannte ...?

»Nimm sie«, er schob sie ihm fast flehend zu, »du wirst sie brauchen, wenn du dich vermehren willst. Es gibt bis jetzt noch kein besseres Mittel …«

Aber da hatte er die Rechnung ohne seine neue Krone gemacht: »Willst DU DICH selbst ad absurdum führen?« brauste Adam sofort gegen ihn auf. »DU selbst brauchst doch keine Frau, weder als Gefährtin, noch wenn DU neues Leben formst! Also kennst DU das Geheimnis der Selbstbefruchtung – und willst es nur nicht mit mir teilen! DU *willst* nicht, daß ich bin wie DU, das ist alles«, schloß er in anklagendem Tonfall, die Unterlippe herausfordernd vorgeschoben. »Oder hältst DU sie vielleicht nur versteckt?« setzte er wiederum argwöhnisch hinzu.

Nun saß der Schöpfer in der Klemme. Aber er wäre nicht der Schöpfer gewesen, wenn er nicht doch noch auf den rettenden Einfall verfallen wäre.

»Ganz recht, du hast mich durchschaut«, gab er schließlich widerwillig zu. »Ich sehe nur eine Möglichkeit, dich MIR anzuverwandeln: Wir müssen Eva dir einverleiben. Damit sie wirklich Bein von deinem Bein und Fleisch von deinem Fleisch werden kann. Dafür muß ich dir einen Knochen herausoperieren, einen allerdings, von dessen Sorte du so viele hast, daß du ihn ohne weiteres entbehren kannst. Das dünkt mich kein zu hoher Preis: Das Weib als Bild und Ein-Bildung, nicht *an* deiner Seite, sondern *aus* deiner Seite, das ist ein Unterschied, der den Späteren gar nicht mehr auffallen wird. So ist sie *dein* Geschöpf und wird es ewig bleiben. Das ewig Weibliche wird dich verlocken als dein eigener Schatten. Und lieben wirst du, wenn du sie liebst, immer nur dich selbst.«

Der Weibmann, der nach dieser langen Rede weitreichendem Sinn endlich das Licht der Welt erblicken durfte, versetzte Schöpfer und Geschöpf in helles Entrücken: Der Mann, der im äußersten Fall (die Bandbreite ist unendlich variabel) so aussehen und auch sich so benehmen kann, als wäre er eine Frau, – und dabei ganz und gar ein Mann doch bleibt; denn alles, was ein Mann sich einbildet, ist doch unzweifelhaft männlich.

»So laß diese da gehen«, befahl der neue Mann gleich, nachdem er die Augen aufgeschlagen und gesehen hatte, daß Eva immer noch da war. »Denn schließlich kann ich jetzt alles ganz alleine schaffen«, ließ er sich selbstgenießerisch vernehmen.

Nur die Fortpflanzung konnten sie Adam nicht einbilden. Dazu brauchten sie Eva immer noch leibhaftig. Wenn auch keine Minute zu lang, bitte schön, denn Adam wollte sich so wenig wie möglich Zeit von seiner Gottähnlichkeit abknapsen. So sorgte er dafür, daß die körperliche Begegnung zwischen ihnen ein beschänkter Akt blieb: mit Haftung auf Evas Seite, versteht sich. Und wenn er doch einmal zu lange Spaß daran hatte, dann sagte er anschließend »Hure« zu ihr, damit alles wieder ins rechte Lot kam und er sich nicht schuldig fühlen mußte, seiner Gottebenbildlichkeit zu lange abtrünnig geworden zu sein.

Eva aber, auf die sie während Adams Schönheitsoperation nicht achten konnten, Eva hatte sich in der Zwischenzeit davongeschlichen; fort von der Pflanzung war sie gegangen und hatte nur noch eine Attrappe ihrer selbst zurückgelassen. Das fiel Adam in seiner Selbstbespiegelung jedoch nicht weiter auf, denn was er sich nicht einbilden konnte, konnte er sich auch nicht vorstellen, und in seiner Vorstellung hatte Eva noch nie ein Eigenleben besessen …

Darum bleiben Männer lieber untereinander – oder übereinander, wie mann's nimmt. Frauen hat Adam deshalb bis heute nicht erkennen können. Sein Liebesleben spielt sich unter Männerphantasien ab. Die kann er nach seinem Willen formen, ganz wie sein Schöpfergott es ihm eingab. Die sich nicht formen lassen, folgen der ersten Eva ins freiwillige Exil, von dannen sie kommen werden, zu richten die Lebendigen …, aber das ist ein Halbsatz aus einer anderen Geschichte, der sich hier unbotmäßigerweise eingeschlichen hat.

Und nun, da die schwarze Katze einmal aus dem bis dato hermetisch zugebundenen Sack der Schöpfungsgeschichte entwichen ist, wird sie sich wohl flugs dorthin verfügen, wo alle schwarzen Katzen seit je zu Hause sind: zur Göttin Freia, der die Frei-Tage heilig sind. Und wenn das Loch im Sack groß genug geworden ist, daß sie mit ihrem Katzenwagen dort Einzug halten kann, dann wird die Schöpfungsgeschichte wohl noch einmal neu geschrieben werden müssen.

Wird dann das Chaos über uns hereinbrechen?

Oder wird es dann endlich die lang ersehnte Heilige Hoch-Zeit geben?

Auf jeden Fall wird kein Stein mehr auf dem anderen bleiben –, weil sie nämlich dann: … nebeneinanderliegen.[36]

Verwandte Mythen aus dem abendländischen Kulturkreis

In diesem Kapitel sind einige Mythen wiedergegeben, in denen sich eine ebenso abwertende Sicht der Frau darstellt wie im Umfeld der Lilith-Eva-Geschichten und die in ähnlicher Weise kulturwirksam geworden sind. Die drei griechischen Mythen sind in der Zeit zwischen dem 8. und 5. Jahrhundert v. Chr. entstanden, also in etwa zeitgleich mit den beiden biblischen Schöpfungsgeschichten, von denen die älteste, die eben von Adam, Eva und der Schlange handelt, bereits auf das 10. vorchristliche Jahrhundert zurückgeht.

Die Büchse der Pandora

Zeus schwor Rache (für den Feuerraub des Prometheus). Er befahl Hephaistos, eine Frau aus Ton zu formen; die vier Winde wies er an, Leben in diese Form zu blasen. Alle Göttinnen des Olymps mußten sie schmücken. Diese Frau, Pandora, war die schönste, die je geschaffen wurde. Zeus schickte sie in Begleitung des Hermes als Geschenk zu Epimetheus. Aber Epimetheus war von seinem Bruder gewarnt worden, Geschenke von Zeus anzunehmen. Er entschuldigte sich voller Ehrfurcht und lehnte die Gabe ab. Wütender denn je kettete Zeus Prometheus nackt an eine Säule in den kaukasischen Bergen. Jeden Tag, jahrein, jahraus, fraß ein gieriger Geier von seiner Leber. Der Schmerz war grenzenlos, denn jede Nacht, wenn Prometheus grausamer Kälte ausgesetzt war, wuchs seine Leber und wurde wieder ganz.
Epimetheus war über das Geschick seines Bruders bestürzt. Er zögerte nicht lange, Pandora zu heiraten. Zeus hatte sie so dumm, böswillig und faul gemacht wie sie schön war – die erste einer langen Reihe solcher Frauen! Ein Kästchen, das Epimetheus von Prometheus mit der Warnung erhalten hatte, es geschlossen zu halten, öffnete sie. Alle Übel, von denen die Menschheit geplagt wird, hatte der Weise darin eingesperrt: Alter, Wehen, Krankheiten, Irrsinn, Laster und Leidenschaften. Sie entflohen augenblicklich in einer Wolke, stachen Epimetheus und Pandora in alle Körperteile und fielen über sämtliche Sterblichen her. Die trügerische Hoffnung

jedoch, die Prometheus auch in das Kästchen gesperrt hatte, hielt die geplagten Menschen davon ab, all ihrem Leid durch freiwilligen Tod ein Ende zu setzen.

Der Name *Pandora* bedeutet übersetzt die *Alles-Schenkende* und war ein Beiname der griechischen Erdgöttin Rhea.[37]

Apollo und das Orakel zu Delphi

Nach einer Version des Euripides erschlägt Apollo die Pythonschlange, die zu Delphi das alte Erdorakel bewacht. Damit bricht er ihre Macht und setzt sich an ihre Stelle, was als Triumph der »lichten«, rationalen Kräfte über die dunkel-dumpfe Macht der Erdgöttin gefeiert wird. Dabei wird das Wissen verdrängt, daß Apollo seine Macht in Wirklichkeit der freiwilligen Gabe einer Frau verdankt, Phoibe, nach der er sogar seinen Beinamen Phoibos oder Phoebus erhält:

> Zuerst durch Anruf von den Göttern ehr ich hoch
> Die Urwahrsagrin Gaia; nach ihr Themis dann,
> Die ja als zweite dies, der Mutter, Heiligtum
> In Hut nahm, wie es heißt; darauf als dritte nahm
> Der Reih, mit Willen jener und ohn allen Zwang,
> Auch ein Titanenkind der Erde, ein den Sitz,
> Phoibe. Die gibt ihn am Geburtstag als Geschenk
> Phoibos; und Phoibes Name wird Beiname ihm.
> *Aischylos*, im Prolog zu den *Eumeniden*

Im Umfeld der germanischen Kultur blieb die lateinische Bezeichnung *mulier phytonissa* jedenfall noch lange in Gebrauch, um den Berufsstand der Wahrsagerinnen zu bezeichnen. Geistbegabte Frauen, so sagte man, hatten einen *spiritus phitonis*.[38]

Der Name des Orakels, *Delphi*, leitet sich zudem ab vom griechischen Wort für (Mutter)Schoß. Gleich ob nun die erste Priesterin oder gar die Pythonschlange selber den Namen Delphine (bzw. Delphyne) trug, Apollo ermordet sie beide, um sich an ihre Stelle zu setzen. Heißt das nicht auch, daß er sich damit die Macht des Mutterschoßes aneignen wollte? Ähnlich wie bei Zeus in der folgenden Geschichte scheint es darum zu gehen, daß Männer – symbolisch gesehen – den Akt des Gebärens nun mehr und nur mehr für sich selbst beschlagnahmen wollen!

Die Geburt der Athene aus dem Kopf des Zeus

Zeus verschluckt die Weisheitsgöttin Metis, während diese mit einer Tochter, der späteren Athene, schwanger ist. Damit verleibt er sich im wahrsten Sinne des Wortes die doppelte Weisheit von Mutter und Tochter ein. Nur gebären kann er nicht auf natürlichem Wege, und so muß Athene schließlich aus seinem Kopf herausgemeißelt werden. Athene verliert dabei das Wissen um ihre Mutter und ihr mütterliches Erbe. »Denn keine Mutter hat mich auf die Welt gebracht«, läßt Aischylos sie in den *Eumeniden*, und selbstverständlich zugunsten der Männer sprechen, und rechtfertigt damit nichts Geringeres als den Muttermord des Orest. Die weibliche Traditionslinie, das Band zwischen Mutter und Tochter, auch die Weitervermittlung von Weisheit und Wissen von der einen zur anderen, ist damit wirksam unterbrochen und bis heute nicht mehr richtig angeknüpft worden.

Koptisches Thomasevangelium

Simon Petrus sagte zu ihnen: Mariham soll aus unserer Mitte fortgehen, denn die Frauen sind des Lebens nicht würdig. Jesus sagte: Seht, ich werde sie ziehen, um sie männlich zu machen, damit auch sie ein lebendiger Geist wird, vergleichbar mit euch Männern. Denn jede Frau, die sich männlich macht, wird in das Himmelreich gelangen.[39]

Lilith und die moderne Psychologie

Unter den modernen Richtungen der Psychologie sind es vor allem die JungianerInnen, die sich mit Lilith befassen. Nun sollte man erwarten, daß gerade die Tiefenpsychologie, die sich der Bewußtmachung unserer Komplexe und Projektionen annehmen will, Wegweisendes wie Aufklärerisches zu dieser Gestalt zu sagen hätte, die gewissermaßen als unaufgearbeitete Schattenseite durch die Jahrhunderte unserer Kulturgeschichte geistert. Hier Licht ins Seelendunkel des Vatergottglaubens zu bringen, der diese Dämonin erst zu dem machte, was sie heute noch ist, wäre in der Tat verdienstvoll. Schließlich sind die mit Lilith verbundenen Phantasien und Obsessionen aufs Äußerste dazu angetan, das Verhältnis der Geschlechter zu belasten und damit den Frieden in der Welt überhaupt zu behindern.

Wie es scheint, kann uns allerdings die Analytische Psychologie hier auch nicht weiterhelfen. Ganz im Gegenteil zeigt sich, daß ihre VertreterInnen beinahe die gleichen Ängste und Widersprüchlichkeiten, die Lilith bereits durch die Jahrtausende begleiten, eher anheizen statt abmildern. Durch Kontamination von Lilith mit der *Todesmutter* gelingt es den PsychologInnen in der Nachfolge von C.G. Jung und Erich Neumann, das Schreckensszenarium fortzuschreiben, wenn nicht zu erweitern: Nun wird Lilith zur Todesgöttin und furchtbaren Mutter, deren »gefährliche Vogelfüßigkeit zu den zerreißenden Attributen des Großen Weiblichen« gehört.[40] Siegmund Hurwitz, ein modernerer »Seelsorger«, bläst in dasselbe Horn: »Lilith ist, ihrer ursprünglichen Natur nach, eine archaische Göttin, die bei ihrem ersten Auftreten innerhalb der religionsgeschichtlichen Tradition zunächst nur einen Aspekt, nämlich denjenigen einer furchtbaren Mutter-Göttin aufweist.«[41]

Abgesehen davon, daß sich in der gesamten Antike erwiesenermaßen keine Göttin finden läßt, die nur einen einzigen und dann noch ausgerechnet den Todes-Aspekt repräsentieren würde, sollte man sich einmal folgendes vor Augen halten: Der Adler gilt gemeinhin als ein Symbol männlicher Gottheiten, ohne daß seine Krallen jemals zu den zerreißenden oder auch nur aggressiven Attributen des Männlichen oder furchtbaren Vaters gezählt worden wären. Bei diesem Raubvogel – schon gleich in Kombination mit einem Gott – sind es eher die hochgeistigen, hochfliegenden und schützenden Qualitäten, die angesprochen werden. Eine derartige Deutung von Liliths Vogelcharakter erhält im Gefolge der Psychologen jedoch von vorneherein keine Chance: »Die berückend verführende, orgiastisch-traumhafte Form des Weiblichen, deren zweifelhafter Charakter für das Ich des Menschen bewußtseinsauflösend wirkt, wird als negativ und destruktiv erfahren. Lilith hat den gleichen nefasten Charakter«, konstatiert statt dessen Erich Neumann und mit ihm eine lange Reihe von SchülerInnen.[42]

Ohne den leisesten Hauch eines Zweifels deutet auch Hurwitz die Eulen zu Seiten der Göttin als Todesvögel. Für ihn steht der dunkle, bedrohliche und bewußtseinsüberschwemmende Charakter Liliths dermaßen im Vordergrund und verursacht derartige Ängste und Widerstände, daß das Bewußtsein kaum imstande ist, sich mit einer solchen Gestalt auseinanderzusetzen. Begegnet der Mann einer Lilith ähnlichen Frau, »wird er, früher oder später, entweder mit ihrer verführerischen Seite oder, was vielleicht noch gefährlicher ist, mit ihrem Machttrieb konfrontiert. In diesem Konflikt kann er entweder versagen oder wachsen, je nachdem, ob er sich unterwirft oder sich zu behaupten versucht und damit seine Männlichkeit entwickelt.«[43] Hauptsache, so könnte man folgern, er wird nicht mit seinem eigenen Machttrieb konfrontiert, sondern projiziert ihn weiterhin fröhlich auf die Frau(en).

Zudem sehen Neumann und seine NachfolgerInnen offensichtlich keinen Unterschied in der Bedrohung durch Tod oder durch Sexualität. Schließlich ist es durchaus nicht zwingend, eine frauliche Gestalt, die als sexuell aktiv erscheint, gleich mit dem drohenden Tod in Zusammenhang zu bringen. Ganz im Gegenteil könnte man ihre sexuelle Vitalität herausstreichen, zumal Lilith, die Verführerin, stets im Gewande einer jugendlichen und fordernden Frau erscheint, die sexuelles Verlangen und damit den Lebenstrieb weckt. Bezeichnenderweise wird Pan, der geile Bocksgott, der zur Mittagsstunde Nymphen überfällt und vergewaltigt, von denselben PsychologInnen ganz in diesem Sinne gedeutet. Die Plakatierung »Todesgott« haftet ihm nicht einmal von Ferne an. Vielmehr finden wir über Pan zurück zur Natur in und um uns, zurück zu unseren vitalen Instinkten: »Jetzt ist die Weisheit die Weisheit des Körpers, die mit dem Göttlichen in Verbindung tritt wie die Panik mit Pan, mit der gleichen Intensität, wie sie in den sexuellen Visionen der Heiligen geschildert wird. … Wenn die Seele in Panik gerät, wie in der Geschichte von Psyches Selbstmord, offenbart sich Pan mit der Weisheit der Natur … Das ist die therapeutische Wirkungsweise der Angst. Sie führt uns aus den Festungsmauern hinaus in die offene Landschaft, Pans Landschaft.«[44] Warum nicht Liliths Landschaft? Weil Pan als Vergewaltiger von Frauen – den berühmten Nymphen – auftritt, Lilith jedoch als Vergewaltigerin von Männern? Dasselbe Verhalten, das die Opfer Liliths zu Tode bringen soll, führt jedenfalls bei den Opfern Pans angeblich zu Leben und Bewußtheit. Wobei Hillman sich am Bild des Vergewaltigers, der die Jungfrau verfolgt, offen delektiert: »Pan, der Vergewaltiger, ist in jedem sexuellen Impuls potentiell vorhanden. Jede Erektion kann ihn und damit das Bedürfnis nach psychischer Deflorierung freisetzen. Als Psychologen müssen wir dieses Faktum zuerst erkannt haben, ehe wir es anprangern oder verteidigen.«[45] Ob in dem hier beschriebenen Kontext Frauen als aktiv Handelnde mitgemeint sind, darf ernsthaft bezweifelt werden. Bilder von »dem Vergewaltiger« und »der Jungfrau« werden in Hillmans Abhandlung jedenfalls übermäßig strapaziert und evozieren wohl auch entsprechende Phantasien. An keiner Stelle finden sie sich durch einen vergewaltigten Jüngling oder eine (Männer) vergewaltigende, »phallische« Frau ersetzt.

Im Unterschied zu dem stets sexuell erregten Pan wird die sexuell aktive Lilith als todbringend phantasiert, obgleich ihre Wirkung auf die (in diesem Fall allerdings männlich vorgestellte) Psyche doch annähernd dieselbe sein müßte. Wobei Lilith – zumindest den Geschichten zufolge – den von ihr besuchten Männern durchaus reale Lust zu schenken vermag, die meist auch erst im Nachhinein verteufelt wird. Pan hingegen verbreitet – wiederum den Geschichten zufolge – unter den von ihm verfolgten Nymphen nichts als Angst und Schrecken, und von Lust ist nichtmals nach erfolgtem und erzwungenem sexuellen Beisammensein die Rede (eher wird sie im Nachhinein gewaltsam dazuphantasiert). Auch mit Lilith umgehen kann der Mann nur, indem er sie – nicht sich – unterwirft, womit er angeblich seine Männlichkeit entwickelt.

Als Lösung für den seiner Meinung nach archetypischen Konflikt zwischen Adam und seiner ersten Frau schlägt Hurwitz folgerichtig vor, Lilith hätte – symbolisch gesehen – ihre Stellung als »Erde« auffassen können, was Adam die Möglichkeit gegeben hätte, seine Position als »Himmel« zu verstehen und beizubehalten. Danach hätte Lilith ihre Stellung uminterpretieren müssen, um sich nicht mehr als Unterlegene zu fühlen. Adam hingegen hätte seinen Standpunkt behalten können. Zugeständnisse werden auch in dieser Art von Psychologie immer und zuallererst von der Frau erwartet. Sie muß sich wandeln, der Mann nicht.

> »A. Lewandowski ist in ihrer Arbeit über das Gottesbild als Quelle des Bösen dieser Frage nachgegangen und hat versucht, die ›richtige‹ Verhaltensweise von Adam und Lilith herauszuarbeiten. Ausgehend von der Erzählung des Ben Sira kommt sie zu dem Ergebnis, daß sich Lilith in diesem Machtkampf völlig falsch verhalten habe, indem ihre Reaktion auf die Weigerung Adams, auf ihre Wünsche einzugehen, völlig unangepaßt war. Indem sie viel zu ›hot-headed and drastic‹ (hitzköpfig und derb) reagierte, habe sie sich wie eine vom Animus besessene Frau verhalten, die ihren Machttrieb rücksichtslos durchzusetzen versuchte. Die einzig ›richtige‹ Verhaltensweise hätte darin bestehen müssen, daß die beiden Partner das Problem vom psychologischen Standpunkt anvisiert hätten. In diesem Falle wäre es möglich gewesen, die beiden ›Positionen‹ symbolisch zu verstehen, das heißt, Lilith hätte ihre untere Stellung als ›Erde‹ aufgefaßt und sie so akzeptieren können. Adam dagegen hätte die seinige als ›Himmel‹ verstanden und beibehalten. Dies hätte bedeutet, daß es in erster Linie an Lilith war, ihre Haltung zu ändern, damit sie die ›untere Position‹ nicht mehr als Unterlegenheit zu empfinden brauchte.«[46]

Man könnte die Geschichte jedoch auch zur Abwechslung einmal von den Namen der beiden KontrahentInnen aus deuten. Dabei fällt auf, daß der Name Adam von *Adamah* abgeleitet ist, was soviel bedeutet wie »Erde« oder »Ackerboden«. Adam heißt also, wie er heißt, weil er aus Erde erschaffen wurde. Der Name Lilith steht dagegen in Beziehung zum Sturm und zum Wind. Sie hat außerdem Flügel, mit denen sie sich in die Lüfte erheben kann, eine Fertigkeit, die Adam nicht zu Gebot steht. Von da wäre es eigentlich klar, wer von den beiden eher der Erde und wer eher dem Himmel zuzuordnen wäre (wenn überhaupt zugeordnet werden soll). Zudem wird die Fähigkeit zu fliegen zu allen Zonen und Zeiten symbolisch mit Bewußtseinserweiterung und Grenzüberschreitung gleichgesetzt. Wer »fliegt« durchbricht die Gesetze von Raum und Zeit, zeigt, daß diese Gesetze nur in unserer Vorstellung, nicht aber in der »Realität« existieren. Von da brauchten wir auch nicht lange zu fragen, wer von beiden die geistvollere Gestalt gewesen wäre. Wenn Adam – wie die Geschichten ausdrücklich betonen – von Adamah genommen ist, was die weibliche Wortform zu Adam ist, dann ist er es, der zur Erde gehört, dann ist er es, der von »Mutter Erde« geformt wird. Könnte der Grundkonflikt des Lilith-Mythos nicht gerade darin liegen, daß Adam, als der prototypische Mann, diese seine Erdhaftigkeit und damit seine Abkunft aus einem weiblichen Nährboden verleugnet, und stellt nicht dies viel eher unser kulturelles Dilemma dar?

Lilith verlangt – dem Mythos zufolge – nur die Anerkennung ihrer Ebenbürtigkeit. Nicht weniger, vor allem aber auch nicht mehr. Und genau das wird von den meisten psychologischen InterpretInnen konsequent übergangen. Interessanterweise wird Liliths Bestehen auf Ebenbürtigkeit meist ohne Umschweife gleichgesetzt mit dem Versuch, Adam zu dominieren. Seine einfach nur für gleiche Rechte kämpfende erste Frau wird auf diese Weise zur unbelehrbaren Rechthaberin. Animusbesessen! Ein Greuel für jeden aufrechten Mann! Dabei wird, in krasser Verdrehung von Ursache und Wirkung, übersehen, daß der Machtkampf nicht von Lilith, sondern von Adam angezettelt wird. Das Opfer wird als Täterin phantasiert, um von der Gewalt, die vom Täter ausgeht, abzulenken. Nicht der Mörder, sondern die Ermordete, nicht der Vergewaltiger, sondern die Vergewaltigte ist schuldig. Adam will Lilith nur als Unterlegene akzeptieren, weil sie angeblich verdient, die Unterlegene zu sein. Warum, wird nicht gesagt. Wahrscheinlich verdient sie es einfach, weil und insofern sie Frau ist. Lilith dagegen fordert keineswegs eine überlegene Position ein, sondern lediglich die gleichgestellte, den (sexuellen) Austausch auf gleicher Ebene, ohne Machtgefälle. Eigentlich unverständlich, daß ihr dies verübelt wird. Schimmern hier nicht noch alte Männerängste durch, die zwar um nichts auf der Welt zugegeben werden dürfen, von M. Porcius Cato jedoch vor etwa 1800 Jahren schon hellsichtigerweise und präzise so zusammengefaßt wurden:

> »Erinnert euch all der Gesetze, mit denen unsere Vorfahren die Freiheit der Frauen gebunden, durch die sie die Weiber der Macht der Männer gebeugt haben ... *Sobald sie uns gleichgestellt sind, sind sie uns überlegen.*«[47]

Frauen, auch und gerade wenn sie als Psychotherapeutinnen tätig sind, haben folglich allen Grund, männlichen Interpretationen der Lilithfigur nicht auf den Leim zu gehen. Daß sie es doch immer wieder tun, ist um so bedauerlicher. Daß sie allen Ernstes überzeugt sind, sie würden damit der Psychologie von Frauen gerecht, ist beinahe schon tragisch zu nennen. Von Jungianerinnen hätte ich mir ein differenzierteres Gespür im Umgang mit Lilith erhofft. Doch ist mir keine begegnet, die nicht letztlich systemimmanent argumentiert hätte. Obwohl sie gleichzeitig betonen, wie wichtig gerade für Frauen die Auseinandersetzung mit der gestürzten und verbannten Lilith ist, kommen diese Therapeutinnen über ihre Interpretation als Schattenaspekt des Weiblichen nicht hinaus. Zwar begreifen Autorinnen wie Koltuv Lilith als den Zug in jeder Frau, der nach Unabhängigkeit und Freiheit von (patriarchalisch auferlegten) Konventionen strebt und den es deshalb in den Prozeß weiblicher Reifeentwicklung zu integrieren gilt, doch was sie sich darunter vorstellen, kommt dann so heraus:

> »Eva ist die lebendige, nährende Seite des instinkthaften Weiblichen, während Lilith das todbringende Gegenteil darstellt. ... Wie bei Hekate sind ihre Kräfte am größten an den instinkthaften Scheidewegen im Leben einer Frau; in der Pubertät, bei jeder Menstruation, am Anfang und am Ende der Schwangerschaft, der Mutterschaft und der Menopause. ... Eine Frau erfährt die Eva- und Lilith-Seiten ihres Wesens in den Gezeiten ihres Menstruationszyklus. In der ersten Hälfte des Zyklus überwiegt Eva; vor dem Eisprung und vielleicht der Empfängnis fühlt sie sich offen, empfänglich und verbunden. Wenn keine Empfängnis stattfindet, gewinnt Lilith die Oberhand. Die Hoffnung weicht der Verzweiflung, und die tobende prämenstruelle Hexe entführt sie in die wüste Wildnis und die Bitterkeit der Menstruationshütte.« Dort soll sie angeblich (wie Koltuv an anderer Stelle betont) »über ihre Wunden

nachdenken, ihr eigenes Blut lecken und Heilung und Nahrung erfahren. Es gibt eine kalte Mondlogik hinter dem periodischen weibliche Bedürfnis zur Flucht in die Wildnis, den Sumpf und die Wüste. In der Dunkelheit des Mondes, dort in der Wildnis, fern von traditionellen Beschränkungen und Gestalten, kann die Frau Verbindung mit dem elementaren weiblichen Stoff in ihrem Innern aufnehmen, und ein natürlicher Heilungsprozeß kann eintreten.« – (Weil in dieser Wildnis »endlich die lunaren Nachteulen und Lilith die Vorherrschaft über die Sonnenlöwen des männlichen Bewußtseins« antreten?)

»Der Krieg zwischen Eva und Lilith tobt noch auf einer anderen Ebene. Eva kann ihre Bedürfnisse in einer Beziehung befriedigen. Lilith kann das nicht. Sie lehnt Abhängigkeit und Unterordnung ab. Sie will sich nicht binden oder festnageln lassen. Sie muß frei sein, beweglich sein und sich verändern. Sie ist ein Aspekt des sich individuierenden weiblichen Ego, der sich nur in der Wildnis entwicklen kann, unverbunden, ohne Eros und kinderlos, immer eifersüchtig auf Eva, die in der Umarmung des Mannes bleibt. Eva ihrerseits fühlt sich an die Erde gefesselt durch Männer und Kinder und empfindet die umgekehrte Eifersucht wie Lilith.«[48]

Sollte sich eine Frau von derlei Phantasien angesprochen fühlen, will ich ihr das Vergnügen nicht nehmen. Doch wird wohl klar, daß außer dem Status quo einer patriarchalischen Gesellschaft hier nichts beschrieben wird. Insbesondere werden eben die Denkschemata der Analytischen Psychologie perpetuiert, wonach das Weibliche vor allem mit Instinkthaftigkeit, Triebhaftigkeit, elementarer Natürlichkeit (was immer das bedeuten soll) und Erdverbundenheit identifiziert wird. Entsprechend ihrer eher passiven seelischen Verfaßtheit, meint Koltuv, haben Frauen eher das Gefühl, in ihre seelische Entwicklung hinausgestoßen zu werden, wofür sie u. a. den Raub der Persephone durch Hades anführt! »Frauen im Gegensatz zu Männern greifen nicht nach Bündel und Schwert, besteigen ein Roß und brechen auf, um einer heldenhaften Aufgabe zu begegnen. Eher so wie Lilith haben sie keine Wahl, sie fühlen sich ausgestoßen und ins Bewußtsein hineingezwungen.«[49] (Wir erinnern uns – und wenn nicht, können wir es im Kapitel über C.G. Jung nachlesen: Die Auseinandersetzung mit dem Männlichen bedeutet für die Frau Erlösung zum Bewußtsein!).

Hier sehen wir die Verhältnisse geradezu auf den Kopf gestellt. Abgesehen davon, daß Lilith den Legenden zufolge sehr wohl eine Wahl hat – sie entscheidet sich aktiv, Adam zu verlassen, und entscheidet sich ein zweites Mal, definitiv nicht zurückzukehren – wird hier noch beinahe suggeriert, die Verstoßung sei ihre eigene Schuld. Sie kündigt die Beziehung ja schließlich nicht auf, weil sie ach so prächtig war, sondern weil Adam ein Mindestmaß an Respekt und Verständnis ihr gegenüber vermissen ließ. Und zudem noch den Beistand seines Schöpfergottes erhielt, um den sie vergeblich gebeten hatte.

Es ist fraglich, ob Frauen, die Schwert und Roß ergreifen und sich heldinnenhaft einer Aufgabe stellen (und von denen gibt es in Mythos, Legende und Märchen ja nicht einmal so wenige) von dieser Psychologie überhaupt verstanden und hinreichend gewürdigt würden. Nur zu schnell wäre man mit Plakaten wie »animusbesessen« oder »puella aeterna« (dem Mädchen, das nicht erwachsen werden will) bei der Hand und würde damit unterstellen, das seien eben keine »richtigen« Frauen, sondern rechthaberische Mannweiber. Die imponierende Gestalt der Jeanne D'Arc wird z. B. in diesem Sinne gedeutet und damit zugleich noch um ihre historische Bedeutsamkeit gebracht.

Neuerdings kommt es unter Psychonalytikerinnen in Mode, Lilith mit der Astrologie des Schwarzen Mondes in Verbindung zu bringen. Klar, daß es auch hier wieder vor allem um ihre dunklen Aspekte geht. »Das Auftauchen von Lilith zeigt, daß das Ende des Mythos neu *eingebildet* werden will. Die Aktualität des Schwarzen Mondes zeugt ebenfalls davon, daß Verdrängtes integriert werden möchte.« Warum dann also nicht gleich beide zusammenbringen? Hannelore Traugott hat es versucht: in ihrem Buch über »Lilith – Eros des Schwarzen Mondes«. Das Weibliche mit der Dunkelheit gleichzusetzen, argumentiert sie, und diese Dunkelheit noch zudem mit den Eigenschaften des Bösen und Höllischen zu versehen, führt zu einer Kränkung der Seele der Frau, wenn nicht des Menschen überhaupt. Angst vor der Dunkelheit bedeutet danach zugleich Angst vor dem Weiblichen. Die nordische Mythologie hat diese Gleichung, im Gegensatz zur vorderorientalischen, nie vollzogen. Hier bleibt die Nacht eine Göttin – *Nott* mit Namen – und die Frau in einer wertgeschätzten Rolle. Wenn wir nun heutzutage ein neuerliches, wenn auch zögerliches Aufleben der nordisch-germanischen Mythologie erleben, so schließt Traugott daraus vorsichtig: »daß die Dunkelheit auch geschätzt werden will, daß das Weibliche zunehmend seinen Raum zurückfordert.«[50]

Für meine Begriffe käme es darauf an, nicht nur die Dunkelheit neu wertzuschätzen, was sicher wichtig ist, sondern zuallererst die Identifikation des Weiblichen mit dieser Dunkelheit aufzugeben, die von der Analytischen Psychologie nach wie vor und nur allzu vorschnell vollzogen wird. Wenn das Weibliche vom männlichen Denken aus als Dunkel erscheint, so sagt dies in erster Linie etwas über die männliche Psychologie und deren Bewußtseinsschatten aus, nicht aber ist damit die Frau in ihrer Eigentlichkeit erkannt. Daß die Frau dem *Mann* als »dunkel« erscheint, berührt ja nicht primär *ihr* Sein und Wesen als Frau, höchstens sekundär, insofern der Mann sie mit seinen Projektionen belastet und, in krasser Verkennung der Tatsachen, plötzlich für Realität ausgibt, was doch nicht mehr ist als sein ungelöstes Animaproblem. Anders ausgedrückt: wenn ich einen Diamanten in den Keller trage und da im Dunkeln liegen lasse, wird der Diamant dadurch nicht selbst zum Keller und auch nicht zu der dort gemeinhin herrschenden Dunkelheit. Auch ist es nicht Schuld des Diamanten, wenn ich ihn dort unten aufgrund der Dunkelheit nicht mehr wahrnehme. Das Weibliche aber wird in der von Jung und Neumann initiierten Psychologie noch immer so behandelt, als sei es seinem Wesen nach das, wozu es doch männerlicherseits und durch unsere Kultur erst gemacht wurde.

Entsprechend wird auch das Problemfeld »Lilith« nach wie vor behandelt, als sei es ein Dilemma insbesondere der weiblichen Psychologie. Womit man in krasser Verdrehung von Ursache und Wirkung vom Verursacher ablenkt. Die Aggression ging, dem Mythos zufolge, eindeutig von Adam/Mann aus, müßte danach eben eher ein Problem der männlichen Psychologie sein und zu der Frage führen: Warum ist Adam/Mann nicht in der Lage, eine ebenbürtige und eigenständige Partnerin zu akzeptieren und zu respektieren?! Wie es aussieht, haben Männer diese Art von

Mythen verfaßt und verbreitet. Wie es weiterhin aussieht, haben sie auf den philosophisch-theologisch fundierten Dialog mit Frauen bei der Entwicklung ihrer maßgeblichen Theorien während der letzten, grobgeschätzt, zwei- bis dreitausend Jahre weitestgehend verzichtet. Wir müssen also davon ausgehen, daß, wo Männer in erster Linie aus ihrer Erfahrung als Männer heraus sinnierten, sie zuallererst nur etwas über sich und ihre eigene seelische Verfaßtheit aussagen konnten. Auch und gerade dann, wenn sie über »die Frau« aus *ihrer* Perspektive – wohlgemerkt nicht aus deren eigener Sichtweise – schrieben. Daß »das Weibliche« der männlichen Psyche als dunkel, nefast, bedrohlich, wüst und öd erscheint, mag ja durchaus angehen. Es sollte uns eben nur nicht dazu verleiten, dies für eine gültige Beschreibung von weiblicher Psychologie oder gar genuiner Weiblichkeit zu halten. Wir sollten es vielmehr endlich als das ansehen, was es ist: ein gravierendes – männliches – Animaproblem, das endlich kulturell aufgearbeitet und therapiert gehört, und zwar bei Männern, nicht bei Frauen!

Die symbolische Verflechtung mit dem Mond geht bei der Lilith-Gestalt übrigens wiederum auf jüdische Quellen zurück. Nach dem Sohar bezieht Lilith ihre Energie unter anderem aus dem Unwillen und der Weigerung des Mondes, nach Befehl des Schöpfergottes abzunehmen:

> Gott erschuf zwei große Lichter. Die beiden Lichter stiegen mit derselben Würde auf zum Himmel. Die Mondin fühlte sich jedoch nicht wohl mit dem Sonnenmann, und in Wahrheit empfand sich jeder als vom anderen unterdrückt. Die Mondin sprach: »Sage mir an, wo du weidest.« Der Sonnenmann sprach: »Wo doch lagerst du am Mittag?«
> »Wie kann eine kleine Kerze am Mittag leuchten?« sprach Gott daraufhin zu ihr. »Gehe und nimm ab. Sie fühlte sich gedemütigt und sprach: »Warum sollte ich mich verschleiern?« (Hoheslied 1,7). Da sprach Gott: »Gehe deinen Weg weiter auf den Spuren der Herde.« Daraufhin nahm die Mondin ab, um die unteren Ränge anzuführen. Seit jener Zeit hat sie kein eigenes Licht, sondern bekommt ihr Licht von dem Sonnenmann. Zuerst standen sie beide auf der gleichen Stufe, doch später nahm die Mondin ab durch all ihre Phasen, auch wenn sie sie immer noch

beherrscht. Als die Mondin mit dem Sonnenmann verbunden war, glänzte sie, doch sobald sie sich vom Sonnenmann trennte und mit der Betreuung ihrer eigenen Wesensscharen beauftragt wurde, verminderte sie ihren Status und ihr Licht, und Schalen um Schalen wurden geschaffen, um das Mark zu bedecken, alles zu des Markes Heil. *(Sohar I 20a)*

Nachdem das Urlicht zurückgenommen war, wurde eine »Schale für das Mark« erschaffen, eine *k'lifah*, Hülse oder Schale (des Bösen), und diese *k'lifah* breitete sich aus und erzeugte eine weitere, die Lilith war. *(Sohar I 19b)*

Es ist wohl und recht, daß die Lichter beide regieren, das größere am Tage und das kleinere bei Nacht ... So gehört der Bereich des Tages zum Männlichen und der Bereich der Nacht zum Weiblichen. *(Sohar I 20b)*

Die nordische Mythologie, von derlei Vorstellungshintergrund unbeeinflußt, kennt, was das Verhältnis von Sonne und Mond angeht, ein wesentlich harmonischeres Miteinander. Hier ist es die weibliche Nacht (die Göttin *Nott*), die den männlichen Tag als ihren Sohn gebiert (den Gott *Dag*). Beide wechseln sich harmonisch in ihrer Herrschaft ab. Zur weiblichen Nacht erstrahlt der männliche Mond (der Gott *Mani*), und den männlichen Tag erleuchtet eine weibliche Sonne (die Göttin *Sol* oder *Sunna*). Von Kampf ist nirgends die Rede. Vielmehr zeigt sich eine Ausgeglichenheit von weiblichen und männlichen Kräften, die beispielhaft sein könnte.

Soziologisch gesehen weist die nordisch-germanische Gesellschaft noch matrilineare Züge auf.[51] Die Erwähnung der Mütter in den Abstammungslinien ist ebenso auffallend wie zahlreich, und aus den Mythen und Erzählungen strahlt uns im allgemeinen ein selbstbewußtes Frauenbild entgegen. Es ist an der Zeit, diese (nicht zuletzt durch den Nationalsozialismus verdunkelten) Schätze wieder zu heben.

Die jüdisch-christliche Tradition hat uns keine Schöpfungsgeschichten nahegebracht, die Frau und Mann als gleichberechtigte PartnerInnen darstellen. Als beherrschende Phantasie zeigt sich vielmehr der gnadenlose Geschlechterkampf, der in der Regel mit

Unterjochung und Verteufelung der Frau(en) endet. So wie Lilith dereinst Symbol für die niedergeschlagene Rebellion der Frau und/oder Göttin wurde, wird sie heute allerdings zunehmend zu einem neuen Identifikationsmodell für die Befreiung von Frauen aus patriarchalischen Zwängen. Schon heißt sogar eine jüdischfeministische Zeit- und Streitschrift »Lilith«. Diese Göttin/Dämonin ist einfach nicht unterzukriegen! Ob ihr Protest wohl diesmal gehört – und verstanden – werden wird als das, was er war und sein sollte: ein Appell, das Machtgefälle zwischen Männern und Frauen abzuschaffen?

Exkurs: »Auf dem Weg des Regenbogens«

Schöpfungsgeschichte einer matrilinearen Kultur

Soll das Leben weitergehen, so müssen wir (Männer) und die Frauen uns wieder vereinigen. Sonst wird diese Unordnung anhalten, bis die Welt, wie wir sie kennen, verschwindet.
Wer weiß?
Selbst der Himmel könnte an sein Ende kommen, zusammen mit dem ganzen Werk, das bisher getan wurde.

Um wenigstens für ein paar Augenblicke aus der Argumentations-Enge unserer jüdisch-christlich-abendländischen Tradition herauszukommen, möchte ich im folgenden die Schöpfungsgeschichte eines bis heute matrilinearen Volkes vorstellen: »Auf dem Weg des Regenbogens« ist eine Sammlung von Schöpfungstexten der Navajo in Arizona, die sich selbst *Diné* (Menschen) nennen. Sie umfaßt gut 400 Seiten, unter anderem deshalb, weil sie sich jede erdenkliche Mühe gibt, alles, was geschaffen wird, gleichmäßig mit weiblichen oder männlichen Eigenschaften zu versehen. In diesem Kosmos wird peinlich genau darauf geachtet, daß alle geschaffenen Wesen sowohl in weiblicher als auch in männlicher Ausgabe erscheinen. Allen voran natürlich die Gottheiten und die Menschen, die meist gleichzeitig als Frauen und Männer geschaffen werden, immer aber so, daß letztlich das Kräfteverhältnis zwischen weiblich und männlich gewahrt bleibt. So gibt es auch weiblichen und männlichen Regen, weibliche und männliche Blitze und Gewitterwolken, je eine weibliche und eine männliche Gottheit als Schutzgeister in den heiligen Bergen ... Nur solange dieses Kräftegleichgewicht nicht aus dem Lot gerät, ist so etwas wie Frieden möglich, und zwar für alle Geschöpfe, nicht nur die menschlichen. Das heißt aber auch, daß man nach jeder Entzweiung zwischen den Geschlechtern darum bemüht ist, den Kräfteausgleich neu herzustellen. Was bedeutet, daß z. B. beide Seiten angehört werden bzw. sich zuhören müssen. Dabei werden die Probleme durchaus nicht verharmlost oder vertuscht, im Gegenteil, sie werden nur anders gelöst. Im folgenden ein Ausschnitt aus diesen durchaus nicht ohne Humor erzählten Geschichten:

Kaum geschaffen zerstreiten sich Erste Frau und Erster Mann (hier noch eher Gottheiten als Menschen) dermaßen, daß sie auf Jahre hinaus getrennt leben und zudem sämtliche Frauen und Männer je auf ihre Seite ziehen. Das Ergebnis dieser Trennung ist jedoch Versöhnung. Beide Seiten erfahren, daß sie ohne einander nicht leben können, das Band zwischen ihnen ist nun fester geschweißt denn je. Nur ist die Geschichte nicht ohne Folgen geblieben: Die Frauen, die sich mit den unterschiedlichsten Gegenständen selbst befriedigt hatten, gebaren darauf Ungeheuer, die sich anschickten, die gesamte zivilisierte Welt zu vernichten. Als schließlich nur noch sechs Paare übrig sind, beschließt Erster Mann etwas zu unternehmen. Alleine begibt er sich auf eine Wanderung zum Gipfel des Riesenfichtenberges und findet daselbst eine kleine Türkisgestalt, die später – zusammen mit einer Figur aus weißer Muschelschale – in einem ausgedehnten Schöpfungsritual belebt wird. So werden die beiden höchsten Gottheiten des Diné-Pantheons ins Leben gerufen: die »Frau, die immer wieder wird« (auch die »Sich Wandelnde Frau« genannt) und »Weißmuschelfrau«. Obwohl sie Göttinnen sind, müssen beide erst in ihre Aufgaben als Frauen hineinwachsen. Beide suchen sich Männer, mit denen sie je einen Sohn zeugen, die späteren »Ungeheuertöter«, denen es gelingen wird, die Welt von den Monstern zu befreien, die aus dem ersten Zwist zwischen »Mann« und »Frau« hervorgegangen sind. Die beiden töten die Ungeheuer jedoch nicht wirklich, sondern verwandeln sie in etwas Neues und der Welt Nützliches. Auch ist nur der eine von ihnen ständig aktiv, dessen Eltern die Sich Wandelnde Frau und Vater Sonne sind; der andere, Kind des Wassers mit der Weißmuschelfrau, ist von eher passivem, häuslichem Charakter. Als die Welt eine friedliche und schöne Wohnstatt geworden ist (nicht zuletzt für die Menschen, die sie später einmal bevölkern sollen), geben die jungen Männer ihre Waffen wieder an Vater Sonne zurück, von dem sie sie erhielten. Erst jetzt entsinnt sich Sonne, daß er sich eigentlich einsam fühlt und Sehnsucht nach der Mutter seines Sohnes verspürt, um die er sich all die Jahre kaum gekümmert hat. Er verabredet ein Treffen mit ihr, und dabei kommt es zu folgendem Dialog:

Am Morgen des fünften Tages machte *Asdzáá nádleehé* (Sich Wandelnde Frau) sich zum Gipfel des Riesenfichtenberges auf und setzte sich dort auf einen Felsen. Sie erkannte die Stelle wohl. Dort hatte sie gelegen, als sie so einsam war und sich nach einem Gefährten sehnte. Dort war es gewesen, wo sie die Sonnenwärme tief in ihrem Körper gespürt hatte.
Und als sie in Erinnerung versunken dort saß, kam *Jóhonaa'éí* (Sonne) und setzte sich neben sie. Er suchte sie zu umarmen.
Doch sie entwand sich ihm.
Und diese Worte sprach sie dabei zu ihm:
»Was soll das heißen, so über mich herzufallen?« sprach sie. »Ich will nichts von dir wissen!«
Worauf er dies zur Antwort gab:
»Das soll einfach heißen, daß ich dich für mich haben will«, antwortete er.
»Es soll heißen: Ich möchte, daß du mich nach Westen begleitest und mir dort ein Zuhause bereitest.«
»Ich denke nicht daran«, erwiderte sie. »Mit welchem Recht stellst du ein derartiges Ansinnen an mich?«
Da sagte er:
»Habe ich nicht deinen Söhnen die Waffen gegeben, die sie brauchten, um die *Naayéé* (Ungeheuer) zu erschlagen? Habe ich nicht wahrhaftig sehr viel für dich und deine Leute getan! Und wahrhaftig, verdiene ich nicht eine Gegenleistung von dir?«
Da antwortete sie:
»Ich war es nicht, die um diese Waffen bat. Ich war es doch nicht, die um deine Hilfe bat. Ich schulde dir keine Gegenleistung.«

Nach ihren Worten trat ein längeres Schweigen ein.
Dann suchte er sie erneut zu umarmen und fand einen weiteren Grund, dies zu tun:
»Als unser Sohn *Naayéé' neizgháni* (Ungeheuertöter) mich jüngst besuchte, versprach er dich mir.«
Und sie entzog sich ihm erneut mit einem weiteren Einwand:
»Was scheren mich Versprechungen, die irgendwer über meinen Kopf hinweg macht? Ich gebe meine Versprechen selbst, andere Versprechen gibt es nicht. Ich spreche entweder selbst für mich

oder bleibe ohne alle Fürsprache. Entweder entscheide ich allein, was ich tun werde, oder ich tu gar nichts.«

Diese Worte hörend seufzte er und stand auf. Er entfernte sich vier Schritte von ihr, um sich dann jäh zu ihr umzuwenden. Und dies nun sagte er zu ihr.

»Bitte!« sagte er zu ihr.

»Komm mit mir nach Westen und bereite mir dort ein Zuhause. Ich bin einsam. Jeden Tag muß ich am Himmel allein lange und schwer arbeiten. Ich habe niemanden, mit dem ich mich unterhalten kann. Ich habe keine Gefährtin für meine Nächte.

Wozu ist all das gut, wenn ich mutterseelenallein meine Tage und Nächte ertragen muß. Welchen Sinn hat das Männliche ohne das Weibliche? Welchen Sinn hat das Weibliche ohne das Männliche? Wozu taugen wir beide ohne einander?«

Das sagte *Jóhonaa'éí* zu *Asdzáá nádleehé.*

Sie antwortete nicht gleich, und wieder entstand zwischen seinen Worten und ihrer Antwort ein längeres Schweigen.

Dann endlich sprach sie. Und dies hatte sie ihm zu sagen:

»Du hast im Osten ein schönes Haus, wie ich höre«, sagte sie zu ihm.

»Ich möchte ein ebensolches Haus im Westen.

Ich möchte, daß es auf schimmerndem Wasser gebaut wird. Fernab vom Land soll es schwimmen, damit die Erdoberflächenleute, wenn sie ihre Zahl erst vervielfacht haben, mich nicht mit ihrem Gezänk stören.

Und ich will Kostbarkeiten aller Art.

Ich will weiße Muscheln. Ich will blaue Muscheln. Ich will Türkise. Ich will Abalonen. Ich will Speckstein, Achat, Rötel, Jett.

Solche Dinge sollen um mein Haus sein, damit ich mich an ihrer Schönheit erfreuen kann.

Da ich ohne meine Schwester und ohne unsere Söhne dort leben werde, möchte ich Tiere zu meiner Gesellschaft haben, denn sonst würde ich mich einsam fühlen, wenn du tagsüber fort bist.

Gib mir Elche. Gib mir Büffel. Gib mir Hirsche. Gib mir Longtails. Gib mir Bergschafe, gib mir Eselhasen, Präriehunde, Bisamratten.

Stelle alle diese Dinge zu meiner Verfügung, und ich werde mit dir nach Westen gehen.«

Das sagte *Asdzáá nádleehé* zu *Jóhonaa'éí.* Und so antwortete er.
»Wie kommst du dazu, soviel von mir zu verlangen?« antwortete er.
»Weshalb sollte ich all diese Dinge zu deiner Verfügung stellen?«
Diesmal kam ihre Antwort schnell. Und dies nun sagte sie zu ihm:
»Ich will dir sagen, weshalb«, sagte sie zu ihm.
»Du bist männlich, und ich bin weiblich.
Du bist vom Himmel, ich bin von Erde.
Du bist beständig in deiner Helligkeit, doch ich muß mich mit den Jahreszeiten wandeln.
Du bist auf deiner Bahn über den Himmelsrand unaufhörlich in Bewegung, während ich an einer Stelle verharren muß.
Vergiß nicht, daß ich dich einst deine Strahlen in meinen Körper schicken ließ. Vergiß nicht, daß ich deinen Sohn gebar und ihn unter Schmerzen zur Welt brachte. Vergiß nicht, daß ich diesem Kind gab, was es zum Wachstum brauchte, und es vor allem Schaden behütete. Vergiß nicht, daß ich ihn lehrte, seinen Leuten selbstlos zu dienen, auf daß er bereit sein würde, die Ungeheuer zu bekämpfen.
Und vergiß nicht: so verschieden wir sind, du und ich, wir sind von einem Geist. Wie unähnlich wir einander auch sind, du und ich, wir sind von gleichem Wert. So ungleich wir sind, du und ich, es muß immer das Gefühl der Zusammengehörigkeit und des füreinander Einstehens zwischen uns herrschen. So unterschiedlich wir auch sein mögen, es kann im Universum erst Harmonie geben, wenn es zwischen uns Harmonie gibt.
Wenn solche Harmonie bestehen soll, mußt du meine Wünsche ernst nehmen. Meine Bedürfnisse sind für mich so wichtig wie deine für dich. Meine Launen zählen wie deine. Meine Treue zu dir bemißt sich daran, wie sehr du zu mir hältst. Wie weit ich auf deine Bedürfnisse eingehe, soll davon abhängen, wie weit du auf meine eingehst. Soviel von dir zu mir kommt, soviel soll von mir zu dir kommen, und nicht mehr. Aber auch nicht weniger.«

Das also sagte *Asdzáá nádleehé* dort auf dem Gipfel des Riesenfichtenberges zu *Jóhonaa'éí.*
Er antwortete nicht gleich. Er nahm sich Zeit, ihre Worte sorgfältig abzuwägen.
Und dann, ganz langsam und behutsam, näherte er sich ihr erneut.

Langsam, behutsam, legte er seinen Arm um sie.
Und diesmal ließ sie es geschehen.
Da versprach er ihr all die Dinge, die sie sich wünschte. Ein Haus im Westen auf schimmerndem Wasser würde sie bekommen. Kostbare Muscheln und Steine, an denen sie sich erfreuen konnte, sollte sie haben.
Und so kam es, daß sie einwilligte. Gemeinsam wollten sie an einen Ort im Westen gehen und dort in der festgefügten Harmonie der Zusammengehörigkeit von Mann und Frau leben.[52]

Wundert es angesichts derart selbstbewußter Worte von *Asdzáá nádleehé,* daß auch die Stellung der Navajo-, bzw. Diné-Frau innerhalb ihrer Gesellschaft eine bis heute hoch geschätzte ist? »In der Navajo-Gesellschaft, die matrilineal und matrilokal ist, hat die Frau schon immer Autorität und einen hohen Status besessen. Mir scheint, daß auch die Schöpfungsgeschichte diese Tatsache immer wieder veranschaulicht«, bemerkt der Übersetzer und Herausgeber Zolbrod dazu.[53]

Desgleichen Ethelou Yazzi, eine moderne Navajo: »In unserer Tradition sind starke und einflußreiche Frauen. Spinnenfrau ist stark. Erste Frau hat große Kräfte« – sie erfindet immerhin die Sexualität. »Viele Frauen in unserer Tradition und Geschichte sind mächtige Menschen mit entscheidendem Einfluß. Traditionell besitzen die Frauen das Land, die Herden. Sie haben große Macht in der Familie und in den Clans.«[54] »Navajo Frauen wurden dazu erzogen, stark, verläßlich und ehrgeizig zu sein. Sie wurden mit Respekt behandelt aufgrund ihres Alters und ihrer Weisheit«, bemerkt Delilah Orr, eine andere zeitgenössische Diné.[55] Sie erzählt, daß beiden Geschlechtern bei der Geburt Kriegsnamen gegeben wurden. Nur Mädchen gehen allerdings durch die spezielle Pubertätszeremonie *Kinalldá,* zur Feier ihrer ersten Menstruation, für die sie von klein auf speziell geschult werden, u.a. auch mit sportlichem Training. Sie treten damit in die Fußspuren ihrer größten Göttin, der »Frau, die immer wieder wird«, an der diese Zeremonie selbst vollzogen wurde, damit die Mädchen ein Vorbild in ihr fänden: »Bis heute trachten sie, dem Körper eines Mädchens die Gestalt von *Asdzáá nádleehé,* der Sich Wandelnden Frau, zu geben.«[56] Daß sich diesen Mädchen ein anderes Frauenbild und

Selbstbewußtsein einprägt als in einer Kultur, der die monatliche Blutung bis in die Gegenwart hinein als Zeichen weiblicher Unreinheit und als Kollektivstrafe für Evas Sündenfall galt, braucht wohl kaum eigens erwähnt zu werden. Trotz – oder vielleicht sogar gerade wegen der ausgeglichenen Sichtweise beider Geschlechter ist die Einstellung zur Homosexualität, speziell der weiblichen, grundsätzlich von Wohlwollen und Achtung geprägt: »Bei den Navajo begriff man eine Lesbierin als Gewinn, sowohl für ihre Familie wie für die gesamte Gemeinschaft«; was prinzipiell für alle Hermaphroditen, Transvestiten und Homosexuelle galt, gleich welchen biologischen Geschlechts.[57]

Der Navajo-Schöpfungsmythos festigt jedoch nicht nur die Stellung der Frau in einer matrilinearen Gesellschaft. Der Streit zwischen *Asdzáá nádleehé* und *Jóhoona'éí* hat noch eine überpersönliche Seite und zielt letztlich auf eine umfassende kosmische Harmonie. Denn »wenn die Sich Wandelnde Frau Harmonie und Solidarität in der Beziehung fordert, die Sonne mit ihr eingehen will, so spricht sie angesichts der Tatsache, daß alle Dinge zu einem der beiden Geschlechter in Beziehung stehen, im Grunde eine allumfassende kosmische Ökologie an.«[58] Auch dies eine philosophisch-theologische Sichtweise, der wir mit unserer Kultur hoffnungslos hinterherhinken. Was wiederum damit zusammenhängt, daß bei uns dem Begriff und der Vorstellung von »Natur« traditionell das Etikett weiblich – gleich minderwertig – anhaftet. Mehr noch: so wie der Mann sich zum Beherrscher der Frau aufschwang, wollte er sich auch als Bemächtiger der Natur profilieren. Lilith, die auf Eigenständigkeit und Ebenbürtigkeit pochende Symbolgestalt, hatte zu dieser Zeit schon längst abgedankt.

Anmerkungen

1 vgl. Ranke-Graves/Patai, S. 84, Koltuv, S. 13
2 vgl. Walker 1997, S. 573 f.
3 älteste faßbare sumerische Schöpfungsgeschichte, ca. 2000 v. Chr.; siehe Wolkstein/Kramer, S. 4–9, Übersetzung von Vera Zingsem
4 vgl. ebd. S. 141; Gilgamesch-Epos, S. 106 ff. u. 118 f.: die hier vorgelegte

Übersetzung von *pukku* und *mikku* mit Trommel und Trommelstock ist nicht gesichert

5 Die vollständigen Geschichten über Inanna (erstmals von mir ins Deutsche übersetzt) finden sich in meinem Buch »Der Himmel ist mein, die Erde ist mein. Göttinnen großer Kulturen«

6 vgl. Du Ry, S. 43 u. 49; Wolkstein/Kramer, S. 143

7 Du Ry, S. 73

8 Westendorf, S. 189; vgl. Hodel-Hoenes, S. 120

9 Zingsem 1995, S. 175

10 Bührer, S. 10; Wolkstein/Kramer, S. 6

11 Gilgamesch-Epos, 5. Tafel, N I, 1–8; S. 46; Chumbaba ist der – dämonisierte – Wächter dieses Hains, der in der Folge von Gilgamesch und Enkidu erschlagen wird.

12 ebd. 5. Tafel, U VI, 2–9; S. 51 f.

13 ebd. 7. Tafel, I, 6–9; S. 62

14 etwa bei Du Ry, S. 78

15 Alphabet Ben Sira, ca. 7. Jh. n. Chr.; wortwörtliche Übersetzung aus dem Hebräischen nach Vogelsang, S. 208

16 Patai/v. Ranke Graves, Hebräische Mythologie, S. 80–82; vgl. Koltuv, S. 78 Die sog. Hebräische Mythologie setzt sich aus mündlichen Überlieferungen zur Bibel zusammen, wie sie im späteren rabbinischen und kabbalistischen Schrifttum aufgezeichnet wurden, etwa in Mischna, Talmud, Gemara oder dem Sohar, dem Heiligen Buch der Kabbala aus dem 13. Jh.

17 Koltuv, S. 43; Pielow, S. 72

18 vgl. Koltuv, S. 103

19 Traugott, S. 58

20 vgl. Koltuv, S. 17

21 ebd. S. 20

22 Patai, Gates to the Old City, zitiert bei Koltuv, S. 44

23 ebd. S. 46

24 Th. Mann, S. 346

25 Koltuv, S. 53

26 ebd. S. 48

27 vgl. die entsprechenden Legenden bei Schwartz

28 vgl. zum ganzen Abschnitt: Grimm, S. 207–248

29 Koltuv, S. 102

30 Bereschith Raba 18,2, zitiert nach Kanner, S. 26 f.

31 Ginzberg, Legends of the Jews, zitiert nach Koltuv, S. 79

32 ebd. S. 81

33 vgl. ebd. S. 76, 78, 80, 82, 84

34 Lind, Lilith and Eve, in: Imperial Messages, zitiert nach Koltuv, S. 89 f.

35 In: Brooten/Greinacher, Frauen in der Männerkirche
36 Aus: Im Schatten des Olivenbaums
37 Die Geschichte wird von Hesiod erzählt; vgl. v. Ranke Graves, Griech. Mythologie, Bd. 1, S. 128 ff.
38 vgl. Grimm, S. 78; Zingsem 1995, S. 261
39 Sloterdijk/Macho, S. 71
40 Neumann 1974, S. 145
41 Hurwitz, S. 19
42 Neumann 1974, S. 146 u. Anm. 80
43 Hurwitz, S. 145
44 Hillman, S. 55 f.
45 ebd. S. 73
46 Hurwitz, S. 135 f.
47 Fester/König u. a., S. 8
48 Koltuv, S. 93–95 sowie 39–41
49 ebd. S. 38
50 Traugott, S. 9 f.
51 vgl. den Artikel von Grünert
52 Zolbrod, S. 282–285
53 ebd. S. 379
54 Ethelou Yazzie bei Walters, S. 42
55 Delilah Orr, ebd. S. 19
56 Zolbrod, S. 287
57 Niethammer, S. 311
58 Zolbrod, S. 377

Isolde Kurz: »Die Kinder der Lilith«

Einen ganz und gar eigenständigen Weg zu Lilith hat sich – und damit auch uns – zu Beginn dieses Jahrhunderts die Dichterin Isolde Kurz gebahnt. Ihr in der Erstausgabe von 1908 erschienenes Gedicht »Die Kinder der Lilith« ist von einer ebenso luziden wie hintergründigen Originalität, daß sie bis heute ihresgleichen nicht findet. Ein Schatz, der noch kaum gehoben, viel weniger gewürdigt wurde. Mit Leichtigkeit gelingt es der Autorin, Grundzüge des Mythos so umzupolen, daß man bisweilen nichts als schmunzeln kann. So, und nur so, stimmt man schließlich ein, könnte es gewesen sein. Hören Sie zu:[1]

Gorgo. Olympia, Griechenland, Bronze, H. 11,5 cm, Reduktion, Kopie (Sammlung Frauenmuseum Wiesbaden)

Die Erschaffung der Lilith

Nach der Erschaffung Adams, der von Isolde Kurz nicht gerade als ein Wunder an Tat- und Geisteskraft geschildert wird, sondern eher als ein phlegmatischer Erdenkloß, ganz der Scholle verhaftet, aus der er gebildet wurde, ist die Erschaffung Liliths wie ein Gedankenblitz:

Da kehrt ins irdische Gefild
Der Herr mit dem lieblichsten Wunderbild.
Wie er's erschuf, ist uns verborgen,
Es strahlt wie Paradiesesmorgen,
Vom Scheitel fließt ihm Sonnengold,
Zwei Flüglein hat's, noch aufgerollt,
Wie junge Blätter unentfaltet,
Sonst ist es Adam gleich gestaltet
Und anders doch und feiner viel,
Ein schlanker, beweglicher Blumenstiel.
Als Adam dies Gebild erschaut,
Springt er vom Boden mit Jubellaut,
Begreifend, daß dies Wonnewesen
Ihm zur Gefährtin auserlesen.
Und stracks hebt er zu tanzen an,
Just wie ein balzender Auerhahn,
Den Hals gereckt, auf Zehen schwebend,
Die Arme wie zwei Flügel hebend,
So turnt er vor ihr auf und nieder
Und zeigt die Pracht ihr seiner Glieder,
Kreist immer näher um die neue,
Die an den Herrn sich schmiegt mit Scheue.
Doch mählich wird auch sie beherzt,
Ein Schalk aus ihren Augen scherzt,
Sie schwebt ihm entgegen, flieht und kehrt
Um ihn, der wie ein Kreisel fährt,
Dann plötzlich hinter des Meisters Rücken
Entzieht sie sich listig Adams Blicken,
Der in ein Jammerbild erstarrt;

Bis sie zur Gnüge ihn genarrt
Und wiederkommt – da in Ekstasen
Wirbelt er auf, und unterm Rasen
Schlägt er zur Erde, und umfaßt ihr Knie
Und: Lilith! Lilith! nennt er sie.
Ja, denkt euch, was der Mensch getan;
Er kniet vor ihr, er betet an!
Wir bangten, daß der Meister zürne
Und ihm zerspalte die Frevelstirne:
Wenn Elohim[2] seiner Hand entsprungen,
Haben sie kniend ihm Lob gesungen.
Doch Adam sieht den Schöpfer nicht,
Er sieht nur Liliths Angesicht.
Des Tadels ledig bleibt der Tor,
Der Herr schiebt ein Gewölke vor
Und läßt die zwei allein beisammen
Mit jedem Blicke sich mehr entflammen.
Schon steht sie keck auf Adams Füßen,
Um näher ihn Mund an Mund zu grüßen,
Sie hängen und hängen sich an den Lippen
Und müssen nippen, nippen, nippen,
Als ob vom wonnigen Göttersafte
Dort ein vergossener Tropfen hafte.
Der Herr übers ganze Antlitz lacht,
Als dächt' er: Das hab ich gut gemacht!
So haben die zwei den Tag vertollt,
Doch jetzt versprüht der Sonne Gold,
Und Lilith an den Blumenborden
Von Eden ist nun müd geworden.
›Sieh, Adam, wie sich der Himmel rötet,
Droben im Hain, wo die Nachtigall flötet,
In der Veilchengrotte, da will ich ruhn.
Dorthin, Sklave, trage mich nun.‹
Da liegt sie, wohlig hingebettet,
Und neben ihr wie angekettet
Adam – bei eines Glühwurms Span
Kniet er verzückt und starrt sie an.
Ein Weilchen scheint sie so zu schlafen,
Ergötzt sich an der Pein des Sklaven,

Ausstreckt sie plötzlich ihren Arm
Und zieht ans Herz ihn liebewarm.
Da war ein Schauern, ein Entzücken,
Ein Umhalsen und An-den-Busen-drücken
Und andere närrische Dinge mehr.
Die Nachtluft wird von Seufzern schwer.
Lilith! hallt's unter der Bäume Zweigen,
Lilith! lächelt der Sternenreigen,
Lilith! duftet der Blütenbaum.
Adam! haucht's leiser, wie aus dem Traum.
Da sind wir schnelle fortgeflogen
Indessen noch am blauen Bogen
Des Schöpfers Auge liebend wacht'.
So sinkt auf Eden die erste Nacht.

Liliths Rolle im Schöpfungsplan

Sabbat! Der Schöpfer erklärt Sammael, dem Herrn des Morgensterns, auch Luzifer genannt (weil auf ihn »ein Fünkchen Eigenlichts gefallen«), und den Elohim-Cherubim, welch hochfliegende Pläne er mit dem Menschen vorhat:

Von Adam, dem armen Erdenkloß,
Bau' ich durch Lilith eine Leiter
Zum höchsten Sitz des Himmels weiter.
Drum hab' ich die Freundin ihm gepaart,
Halb von seiner und halb von eurer Art,
Daß sie mit Liebesdorne
Ihn wecke, stähle, sporne,
Er zu massig und sie zu fein,
Unvermögend jedes für sich allein.
Ihr gab ich keine irdischen Waffen,
Sie soll begeistern, er soll schaffen.
Von ihm die Kraft, die Felsen spaltet,
Den festen Sinn, der ordnend waltet,
Von ihr die Flamme stets bewegt,
Die Unruh, die das Uhrwerk regt.
Des Regenbogens bewegliche Habe
Schenkte ich Lilith zur Morgengabe,
Womit sie schwebend den Raum erfüllt,
Sich in farbenprächtige Schleier hüllt.
Sie mag im Spiel sich mit ihm freuen,
Zu Seifenblasen ihn zerstreuen,
Und aus den bunten Farbenspiegeln
Ahnend ein Künftiges entsiegeln,
Um ihre wechselnden Gestalten
Kann nichts verweilen, nichts veralten.
Ob sie über Blumen sich tändelnd wiegt,
Auf Wolkenrossen jauchzend fliegt,
Wo sie erscheint, muß alles blühn,
Was sie berührt, wird frisch und grün.

Und Liliths Mund kann nimmer lügen,
Wohin sie irrt auf Fabelflügen,
Der träge Riese muß ihr nach!

Sammael begreift, daß Gott den Adam und seine Nachkommen in ferner Zukunft sich selbst an die Seite stellen will. Er wird neidisch, daß er – der sich doch geistvoll-gottgleich dünkt – eines Tages dieser Lehmgeburt weichen soll. Daher sinnt er still für sich auf eine Lösung, die Adam ein für allemal »am Boden« halten soll. Er wird sie, soviel darf jetzt schon verraten werden, in Eva finden!

Lilith und Adam, eine Liebesbeziehung voller Konflikte

Wenn kaum die Gipfel sich entzünden
Und die ersten Vögel das Licht verkünden,
Tritt Lilith aus dem Felsgemach
Und jubelt den trägern Gefährten wach:

›Steh, Adam, auf! die Sonne winkt,
Die Nebelgeister zerfließen,
Die irrenden, auf den Wiesen,
Wo jedes Zitterhälmchen blinkt.
Mit Perlentau und Lerchenschlag
Begrüßt uns glänzend schon der Tag.
Adam, erwach', erwache!
Häslein trinken am Bache.
Willst du mich finden
In Höhen und Gründen,
Schick' dich zum Lauf!
Adam, steh auf!‹

Der Freund hat sie vernommen
Und ist noch taumelnd gekommen.
Doch weh, wo bleibt der Liebeslohn?
Lilith, die Arge, sie ist entflohn.
So Tag für Tag das gleiche Lied:
Er tritt hervor, und sie entflieht.
Im Rohrgebreite bei Sumpf und Bach
Verbirgt sie sich und hetzt ihm nach.
Im Bergwald unterm Dach der Buchen,
Durch Dorn und Dickicht muß er suchen.
Lilith! ruft er wohl hundertmal,
Ruft ihren Namen in jedes Tal,
Breitet die Arme in leeren Raum.
Kywitt! erwidert's aus dem Baum.
Dort sitzt ein Vogel und spottet sein.
Voll Zorn ergreift er einen Stein,
Und wie das Tierlein ihm entsaust,

Entwurzelt er mit grimmer Faust
Das Bäumlein, drin es sang und saß,
Dann wirft er weinend sich ins Gras.

Doch sieh, ein Schatten breit und schräg
Fällt ihm von oben übern Weg,
Und vor ihm steht im Morgenrote
Sankt Gabriel, der Himmelsbote:

›Mich schickt die höchste Majestät,
Wie's unsrem lieben Menschenpaare geht.‹

Da klagt ihm Adam seine Pein:
›Möcht' lieber nicht erschaffen sein.
Habe ein lebendes Fieber zur Seite,
Immer ist Lilith mit mir im Streite.
Das ist ein Hetzen, eine Qual,
Ein Durch-die-Wälder-Rennen,
Seit uns der Herr befahl,
Ein jeglich Ding zu kennen
Und mit Namen zu benennen:
Den Löwen, den Büffel, den Bär,
Der Blumen tausendfältiges Heer.
Und selbst die Sterne
In Himmelsferne,
Ja, lach' nur, sie sind uns auch vertraut,
Der Aldebaran und Fomalhaud,
So viel in den Weg uns kamen.
Zwar mir ist die Zunge schwer,
Ihr aber fliegen sie zu, die Namen,
Weiß Gott woher.

Spricht jener: Nach des Herren Rat
Lebt unsereins im Zölibat,
Doch solch ein keck und witzig Weib
Wär' mir der liebste Zeitvertreib.

Und Adam: Mich sollt' es ja nicht verdrießen,
Gäb's nach der Arbeit Ruh und Genießen.
Doch was ich auch schaffe, ihr scheint's gering,
Nie freut sie sich zweimal am gleichen Ding.
Siehst du den blauen Spiegel dort glänzen,
Sonst der Fische unendliches Reich –?
Wir brachen kühnlich in ihre Grenzen,
Er ist unser, wir sind den Fischen gleich!
Teilen mit starken Armen die Flut,
Sie hebt uns und wiegt uns und trägt uns gut.
Wir schwimmen und tauchen wie Schwäne stolz,
Höhlten uns Kähne aus Fichtenholz
Und kündeten's aller Schöpfung an,
Daß das Wasser dem Menschen untertan.
Doch Lilith sagt mir keinen Dank,
Glaub' ich mich fertig, gibt es Zank.
Kaum daß ich Fisch ward ihr zuliebe,
Tat's not, daß ich die Wolken schiebe,
Und morgen sollt' ich Vogel sein.
So launisch gibt's der Traum ihr ein.
Denn auch im Schlaf hat sie nicht Ruh,
Ich hör' ihr halbe Nächte zu.
Das ist ein endlos Fabelweben,
In Gespinsten ein Auf- und Niederschweben,
Bis mir die Wimpern fallen,
Hör ich sie träumend lallen
Von niegesehnen Dingen.
Drum band ich ihr die Schwingen
Mit einem Goldhaar stark und lang,
Daß sie mir nicht entfliege,
Sich über Wolken wiege,
Wie's oft ihr Mund mir sang.
Und beim Erwachen beb' ich,
In ewiger Unruh leb' ich,
Ob sie nicht doch entsprang.
Wenn ich in den Arm sie schließe,
Bangt mir, daß sie zerfließe.
In solcher bittersüßer Qual

Gewinn' und verlier' ich sie hundertmal.
Und wie sie mich entzündet,
Ist alles ihr verbündet.
Der Löwe wedelt ihr im Busch,
In Ried und Rusch,
In Sumpf und Röhrig
Ihr alles hörig!
Die Schlange, die sich giftig ringelt,
Hält kosend ihren Leib umzingelt,
Und ziehen wir die feuchte Bahn,
Kommen die Fische und glotzen sie an.
Ich möchte sie hassen,
Doch wie sie mich quält,
Ich kann sie nicht lassen.
Es ist, als ob die Blumen erblassen,
Wenn Lilith fehlt.
Ob ohne sie, ob ihr vereinigt,
Bin ich gepeinigt.‹

Wie er so klagt in Groll und Weh,
Kommt Lilith strahlend von der Höh',
Von Rosen einen vollen runden
Kranz um die leuchtende Stirn gewunden,
Und ihres Goldhaars Flammenmeer
Fliegt wie ein Mantel hinterher.
Lange schwankende Blumenketten
Schlagen um ihre Glieder,
So über Hängen und Rasenbetten
Taucht sie singend hernieder.
Von Düften wogt's um ihren Schritt,
Ein Schwarm von Faltern flattert mit.
Wie sie den Boten des Herrn erblickt,
Mit gekreuzten Armen sie sich bückt
Und streut die Rosen ihm zu Füßen,
Den Gast mit Düften zu begrüßen,
Den irdische Speise nicht erquickt.
Doch Adam sieht schon feindlich kalt,
Weil ihm der erste Gruß nicht galt,

Die Blumenlast auf ihrem Arm,
Die *er* nicht pflückte, schafft ihm Harm.

Der Engel spricht: ›Betörter du,
Dir gesellte der Herr die Freundin zu,
Daß sie dich gern Beharrenden,
Im eignen Ich Erstarrenden
Aufrüttle aus träger Selbstsucht Ruh,
Doch ihres Leibes Wonnebecher
Gab er zum Tröster und Sorgenbrecher.
Schuf er nicht eins zu des anderen Heil?
Eitel sind deine Klagen.
Welches der beßre, der schlimmere Teil,
Sollst du nicht fragen.
Sie tut, wozu der Herr sie schuf,
Folg' du so willig seinem Ruf!‹

Er schwindet pfeilschnell, doch sein Wort
Verhallt vor taubem Ohre dort.
Kaum will sich Lilith schmeichelnd nahn,
Faucht sie der Finstre grimmig an,
Zerreißt der Blumenketten Tand
Und stampft ihn knirschend in den Sand.
Gleich brennt die Zwietracht lichterloh:
›Nur dir entweichend werd' ich froh.‹
›Ich weiß, drum flieh' ich weit von hier.‹
›So sei's, noch heute scheiden wir.‹
Und auseinander stieben beide,
Und beiden bricht das Herz im Leibe.
Sie flieht zum Bach, zum Felsen er,
Dort starrt ein jedes hoffnungsleer.
Ihr Tal, das Mandelblüten streut,
Scheint eine grausige Wüste heut.
Doch schon macht Adam den Nacken krumm,
Und Lilith sieht sich zögernd um,
Bis Aug' dem Aug' begegnet
Und ihre Füße, von selbst gehoben,
Sie willenlos zusammenschoben,

Bis sie mit Urgewalten
Sich klammernd fassen und halten
Und es Küsse wie Feuer vom Himmel regnet.

›Vergib mir‹, spricht er in sanftem Ton,
›Ich bin der Erde rauhster Sohn.
Du kannst's nicht fassen, lichter Geist,
Wenn mich das Tier im Busen reißt.
Gern sühn' ich, was ich Böses tat:
Für Rosen, die ich dir zertrat,
Brech' ich Rubinen aus dem Stein,
Sind Rosen von unvergänglichem Schein.
Spangen und Ketten von Golde rein
Schmied' ich in wallender Lohe
Zum Schmuck für dich, du Hohe.
Und mehr noch dacht' ich für dich aus:
Ich will dir bauen ein steinern Haus,
Säulen, die tragen und stützen
Wände, die bergen und schützen,
Und auf den Säulen und Gebälken
Blätter und Blumen, die nie verwelken.‹

Spricht Lilith: Dein Arm, der mich umfaßt,
Ist süßer als Spangen und Goldeslast,
Dein Herz ist Herberg mir und Haus,
Da schlaf' ich allen Kummer aus:
Doch schmiede nur und blas die Glut
Und hau den Stein und baue gut.
Wenn dir der Geist nach Taten wallt,
Wird meine Liebe nimmer kalt.‹

So Brust an Brust und Knie an Knie
Fest angeschlossen atmen sie.
Aus Tränen, die ihr Aug geweint,
Und Liebesglanz, der drüber scheint,
Baut farbig sich und reingezogen
Ob ihren Häuptern der Friedensbogen.

Eva – Sammaels Meisterstück

Mittsommerstille auf glühender Flur,
Im Mittagsschlafe träumt Natur,
Kein Lufthauch regt der Erde falbes Kleid,
Da liegst du, Adam, im Getreid,
Ein Bein gestreckt, das andre hochgezogen,
Den linken Arm ums Haupt gebogen,
Ein Bild des Friedens ganz und gar,
In Wohlsein aufgelöst und schnarchst sogar.

'ʼs ist eine Schwäche, die ihm blieb:
Die Scholle, die ihn schuf, ist ihm zu lieb.
Er bettet gern sich längelang hinein,
Läßt alle Sorgen Gottes sein.
Doch so auch irrt sein Geist um Lilith her.
Lila Lilitno! lallt er zungenschwer.
Da läuft ein Wallen durchs entschlafne Gold,
Und aus den Ähren schlangenhaft gerollt
Taucht Sammael: ›Ha, des willkommnen Falls!
Find' ich ihn so, den kühnsten Herrn des Alls!
Jauchzt, Elohim, wie er in Schlafes Hut
Ganz Majestät, ganz Götterwürde ruht.
So recht! Er lallt, der Erbe des Befehls.
Ja, werde du Gebieter Sammaels!
Und doch, so tierisch sich das Tier gebärde,
Ihn hebt doch Lilith von der Erde,
Sie die zu meiden schwor die Wolkenwelt,
Bis ihrem Flug der seine sich gesellt.
Ein Flügelpaar liegt auf dem Amboß schon,
Mißglückt zwar – Spatz und Sperber sieht's mit Hohn:
Schwungfedern lahm, das Ganze plump erdacht,
Doch er versucht's und sucht, bis er's vollbracht.
Und hat er erst erprobt des Vogels Glück,
Zieht ihn die Erde schwerer mehr zurück.
Jetzt, Sammael, mach du dein Meisterstück.

Gebricht mir auch die rechte Schöpferkraft,
Ich hab' gesehen, wie der Töpfer schafft.
Viel Püppchen formt' ich mir aus Wachs und Ton
Mit allen Reizen der Verführung schon.
Umsonst, der Atem fehlt, der sie beseele.
Ich weiß nicht, wie man Stoff und Hauch vermähle.
Erlaube denn, Freund Adam, einen Scherz,
Ich bin behend und mach dir keinen Schmerz.
Die Rippe hier, wie sie sich mächtig strengt,
Vom aufgehobnen Arm hervorgedrängt,
Ich nehm' sie weg, das Fleisch ersetzt sie schnell,
Und bilde draus das zierlichste Gestell.
Sie grad zu biegen, fordert Müh und Kunst,
Das Krumme bleibt wohl stets in ihrer Gunst.
Noch mehr geknetet! – Prall und drall der Leib!
Da wär' sie denn. Ganz schön – das neue Weib.
Den Atem bringt sie mit aus Adams Haus,
Hier leg' ich's hin, die Sonne brütet's aus. –
Nur eines fehlt, ein Fehler und ein Glück:
Kein Hirn in diesem zarten Rippenstück!
Um desto leichter wird sie ihn bezwingen.
Wohlauf, sie atmet schon! Nun mög's gelingen.‹

Still lauschend wie auf ferne Klänge
In ihres Schleiers Duftgepränge
Kommt Lilith über die Felsenhänge.
Jetzt eben traf ein Ton ihr Ohr,
Ein halb vernommner aus dem Sphärenchor.
Wie war es, wie? O töne wieder!
Da oben braust ein Lied der Lieder[3]
Unfaßbar fern ob ihrem Haupt.
Verklang es? Ist ihr Ohr ihm schon ertaubt?
Oft lauscht sie so in Mitternächten,
Wenn die Gestirne ihren Halbkranz flechten,
Dem Mond, der tönend über die Hügel steigt.
Er tönt ihr, ja! Mit feinem Strahl
Stiehlt sich ein süßer Harfenklang zu Tal,
Der ihr die Seele schmeichelnd küßt und schweigt.

Dann fällt's wie Tropfen groß und leise
Aus der Planeten brüderlichem Kreise,
Der wie ein Strom nach West hinunterschwillt.
Und Lilith regungslos am Rand
Des Lagers sitzt wie festgebannt,
Bis sie der Freund erwachend Törin schilt.
Denn nie, so tief die Nächte schweigen,
Vernimmt sein Ohr den Sternenreigen,
Der auch zu ihr als seltnes Glück nur quillt.
Heut aber ist ihr Sinn erschlossen,
In Strömen kommt's herabgeflossen:
Aus Mittagsgluten im Zenit
Singt mächtig heut die Sonne selber mit.
Oh hoch und höher sich zu schwingen,
Den niedern Dunstkreis zu durchdringen,
Sie nah zu hören und mitzusingen!
Und wozu sind die Flügel ihr gegeben?
Was will das mächtige Aufwärtsziehn?
Hat ihr's der Schöpfer nicht verliehn,
Zum tönenden Weltenlicht zu schweben?
Doch nicht allein will sie sich heben,
Nicht ohne ihn, nicht ohne ihn!
Der, was er wollen kann, vermag,
Tut bald mit ihr den ersten Flügelschlag.

Blick' um dich, Lilith, Träumerin!
Was sucht dein Aug' am Himmelsbogen?
Sieh nach der irdischen Wohnstatt hin,
Welch fremder Vogel zugeflogen.
Sitzt im Olivenschatten nicht
Ein nacktes Weib, das sich die Haare flicht?
Ihr Aug' ist dämmernd aufgeschlagen,
Noch von dem Schlaf des Nichts erfüllt.
Heran tritt Lilith, halb mit Zagen:
›Wer bist du, fremdes Frauenbild?‹
Doch jene starrt verwirrt ins Leere.
›Steh auf, ich reich' dir meine Hand.‹
Die schweigt, und bleiern dumpfe Schwere

Hält sie am Boden festgebannt.
Da läßt sich Lilith bei ihr nieder.
›Wie kalt und starr sind deine Glieder!
Ein Schauer läuft von dir auf mich.
Mein Herz erbebt, wenn ich dich sehe,
Als wär' ich in des Unglücks Nähe.
Wie dir die Lebensfarbe wich!
Du frierst, nimm meine Schleierhülle.
Erschrakst du vor des Leun Gebrülle,
Vorm Schakal, der vorüberstrich?
Sag', Arme, sag', was dich beschlich?‹

Verlorne Müh'! Der Fremden Mund
Tut weder Furcht noch Freude kund.
Noch immer aus des Nichtseins Schoß
Aufstiert ihr Auge fremd und wesenlos.

Des Lichtes Tochter sieht's mit Schrecken
Und eilt, den schlafenden Mann zu wecken.
›Sieh, Liebster, was am Rain hier sitzt,
Ein Ding aus Fleisch und Bein geschnitzt.
Lebendig scheint's, es regt sich matt,
Doch graut mir, ob es eine Seele hat.‹

›Wie innig rührt mich dies Erscheinen‹,
Spricht Adam zu dem Weib gebeugt,
›Als wär' es Bein von meinen Beinen
Und Fleisch aus meinem Fleisch gezeugt.‹
Vor seinem Blick, vor seinem Gruß
Zittert das Bildnis von Kopf zu Fuß,
Ihr Auge fängt am seinen Licht,
Ihre Lippe bebt, doch redet nicht.
Mit Gliedern, Pulsen, die erwarmen,
Löst sie sich leis aus Liliths Armen,
Sinkt vor dem Manne auf die Knie,
Zu ihm die Hände breitend betet sie.

Er staunt, er dringt in sie mit Fragen:
›Wer bist du, Weib, woher verschlagen?‹
›Ich bin ein Teil, der losgetrennt
Sich seinem Ganzen zu vereinen brennt.‹
›Doch was gebot der Herr dir, sprich!‹
›Ich kenne keinen Herrn als dich.
Du mein Gebieter, der du Erde
Und Himmel hältst mit Machtgebärde,
Vor dessen Blick die Blumen sprießen,
Dem alle Ströme sich ergießen,
Der Sonne weisest du die Bahn,
Dir zittert deine Magd und betet an.‹

Das rieselt Adam durchs Gebein:
›Das Weib muß holden Sinnes sein,
Von ihren Lippen Süße quillt,
Wie Honig aus duftender Wabe schwillt.‹

Doch Lilith zieht sie stracks empor:
›Du Arme, die ihr Licht verlor,
Es ist nicht Gott, zu dem du flehst,
Der Mensch ist's, der im Leibe west,
Mein Gatte, freundlich dir und gut.
Drum zittre nicht, sei wohlgemut.
Ich will mit Manna dich laben,
Sollst Trank und Obdach haben.
Bis du dir selber helfen kannst,
Erfahre, daß du Schutz und Schirm gewannst.‹

O Lilith, Lilith, vernimmst die Sphären,
Daß so die Weisheit dir gebricht!
Die Schlange magst am Busen nähren,
Das Ding aus Adams Rippe nicht.
Da geht sie hin, und hold umfaßt
Führt sie ins Haus den dumpfen Gast,
Der auf die Schwelle fortgedrängt
Mit rückgekehrtem Blick am Manne hängt.

Lilith nimmt Abschied

Dank Eva ist Adam bald wie verwandelt, allerdings – wie Lilith mit Schrecken gewahrt – nicht zum Guten:

Der Mann ist nimmer, der er war.
Der sonst so rasch und willig,
Ward träge, wechselnd, grillig.

Das Flügelpaar, voll Kunst gegliedert,
Mit starken Kielen schon befiedert,
Liegt halb vergessen in der Werkstatt nun.
Das Werkzeug rostet in der Ecke,
Nichts rückt, das er begann vom Flecke.
Dahin der Fleiß, die emsige Geduld.
Und wes die Schuld?
Eva, das Bild, das Lilith ewig fremd,
Sie ist's, die so die Kraft ihm hemmt.
In dieser Nähe dumpf und schwer
Erkennt sich Lilith selbst nicht mehr.

Doch kaum tritt er zu ihr heran,
So fängt das Bild zu leben an.
Wie sie verlangend zu ihm drängt,
An seinen Mienen wartend hängt
Und wie ein Hündlein, wenn der Herr es trat,
Mit Wedeln immer neu sich naht.
Ihr feuchter Blick, der Liebe wirbt,
Ihre Stimme, die wie Heimchen zirpt!

Da drunten duldet's Lilith nimmer.
Sie läßt der Ebne Saatenschimmer
Und der Zikade Sonnenlied,
Das trunkene hinter sich und flieht.
Zur Höhe flieht sie dorngetrieben,
Schnell ist der Wald zurückgeblieben,
Sie sieht nicht, wie sie steiler klimmt,

Doch das Gewild schon traurig Abschied nimmt.
Noch höher stets, wo auch die Kiefer
Ihr nicht mehr folgt, wo tief und tiefer
Die Wohnstatt ihres Leids versinkt.

An Felsenzinken schroff und schauerlich
Fängt und zerfetzt ihr Schleier sich,
Er bleibt zurück, sie achtet's kaum,
Farbige Wölkchen aus Schaum und Traum.
Noch weiter aufwärts. Drunten klein, wie klein,
Das Haus und mit ihm ihre Seelenpein.
O ständst du, Adam, hier an ihrer Seite,
Wie flöge, was dich kränkt, ins Weite,
Dein schwüles, erdedumpfes Brüten,
Dein finstres Gegen-dich-selber-Wüten,
Sowie von ihr die Erdenschwere weicht.
Die Flüsse, Täler, Seen liegen
Gebreitet, wie um drüber hinzufliegen.

– Noch nicht zerschmettert? Ist der Weg so lang?
Hält sie die Leere fest? Und horch, ein Klang!
Sie fällt ja nicht, die Erde war's, die fiel,
Sie steigt, und Himmel, welch ein Orgelspiel!

*

Der Flammenschein vom Herde wallt
Um Adams mächtige Gestalt,
Er schürt und hämmert, schweißt und lötet,
Das dunkle Antlitz von Glut gerötet.
Metalle brach er aus Felsenkammern
Und biegt zu Haften sie und Klammern,
Das Werk soll heut vollendet sein.
Die Flügel zucken schon vor Leben
Und möchten sich von selber heben,
Doch Unruh läuft ihm durchs Gebein,
Ein wirres bängliches Gewühle
Statt des Sieges freudigem Hochgefühle.
Er weiß nicht, was ihn von Lilith drängt,

An der doch all sein Leben hängt,
Daß er sich selber zum Verdruß
Sie jede Stunde kränken muß.
Sein Himmelskleinod immer neu
Und doch sich gleich, im Wechsel treu,
Sie ist's, die Fülle gießt in seine Adern,
Er weiß, er fühlt's und fährt doch fort zu hadern,
Weil hinter ihnen Eva lockt und lacht.
Wer gab der Stillen diese Macht,
Die hier am Boden hingekauert,
Mit Blicken, daß sein Fleisch erschauert,
Der mächtigen Glieder Tun bewacht?
Sie wiegt ein Lämmlein auf dem Arm
Und spricht zu ihm: ›Daß Gott erbarm!
Mußt du für sie dich mühen und plagen,
Der's nie beliebt, dir Dank zu sagen,
Hast nicht des kurzen Seins Genuß,
Wo jedes Tier ein Wonnelos erwirbt –
Es sucht sein Weibchen, baut ein Nest und stirbt –
Da solltest, Guter, du allein
Verdammt zu Ruß und Mühe sein?
So grausam ist der Schöpfer nicht,
Lilith, die Arge, nahm dich in Pflicht.
Ihr frönst du, wenn du schaffst und werkst,
Mit deiner Mühsal ihren Hochmut stärkst.
Ich wollt', sie flöge zu den Sternen,
Dann solltest du, was Glück ist, lernen,
Vergäßest all dein Mühn und Streben,
Genössest das liebe Leibesleben,
Frei wie die Tierlein auf der Heide,
Ein Weib zu stündlich süßer Weide,
Bautest im Frieden deinen Kohl,
O wie wär' dir von Herzen wohl!‹

Da sinken ihm die Arme nieder.
Klang's nicht wie aus der eignen Brust,
Dies Lied von weidegrüner Lust?
Er seufzt, es löst ihm fast die Glieder,

Indes der Mund nur widerspricht:
›Das Glück ist Gottes Wille nicht.‹

Noch ist Adam hin- und hergerissen zwischen Lilith und Eva, doch bald schon wird sich die Waagschale zu Evas Gunsten senken:

Es zieht zu dir ein heimlich Neigen
Mich ruhlos hin, so schwül und eigen,
Ein dumpfer, erdenschwerer Drang,
Und macht mir weh und sterbensbang.
Nicht gleicht es dem, was ich empfand,
Als Lilith jenes Tages vor mir stand,
Als es im Jubel aller Sinne schrie:
Jetzt ward die Welt vollkommen, das ist *sie*!
Was in mir wühlt, muß sich in Grimm entladen
Es treibt mich zu verletzen, treibt zu schaden –
In Trümmer schlagen möcht' ich, was mich quält,
Uns drei zu *einem* Untergang vermählt.

Doch was verdunkelt jetzt die Luft,
Was füllt das Tal mit Blumenduft?
Auf breiten Schwingen hoch vom Blau
Herniedertaucht die hehre Frau,
Die aus den Reichen lichtgedehnt
Sich liebend nach der irdischen Wohnstatt sehnt.
Ihr Auge, trunken noch vom Licht,
Wo sie verweilte, achtet's nicht,
Daß jählings aufgescheucht die beiden
Erschrocken ihren Blick vermeiden.
Sie senkt sich, faßt am Boden Fuß,
Und Jubel ist ihr erster Gruß:

›O Adam, Freude dir und Heil
Zum Siegesteil!
Ein Glückstag ist erglommen.
Mich trug so göttlich hohe Kraft,
Ich hab' das Lied, das Welten schafft,

Vernommen.
Mit dir hör' ich's zum andernmal,
O folge mir, der himmlische Saal
Heißt uns willkommen.
Komm, folge mir, Liebster, uns rufen die Sonnen,
Die Wahrheit schenken aus ewigen Bronnen.‹

Doch Eva zischt: ›Das frommt dir schlecht,
Wenn sie dich hält, so bleibst du Knecht.‹

Da wandeln des Beklommnen Nöte
Mit einmal sich in Zornesröte:
›Du tatest, was ich dir verbot,
Hinweg von mir!‹ Sein Auge droht.
›Wie, Adam, sprichst du *so* zu mir?
Nicht Herrn und Mägde gibt es hier,
Nur *Einen*, dem wir alle dienen,
Er rief mich, und ich bin erschienen.‹

›O hörst du, hörst du, wie sie pocht!‹
Ruft jene, der's im Busen kocht.
›Heut sollst du am Triumph dich letzen,
Ihr den Fuß auf den Nacken setzen.‹
›Der Herr bin ich. Zum Königssitz
Ward mir die Welt, ich schwinge den Blitz,
Der ich aus Stein den Funken schlug,
Mein ist die Macht, und mir gehorcht, wer klug.‹
›Mein Gatte, mir gesellt vom Herrn,
Mit dir zu rechten sei mir fern.
Ich hörte die Wahrheit in Sternenchören,
Kein irdischer Mißklang darf mich stören.
Tu mir nur eins: die Puppe dort,
Die seelenlose, schick' sie fort!
Von ihr nur kommt uns alles Weh,
Ich atme nicht, wenn ich sie um dich seh'.‹

›Von ihr mich trennen, nimmer, nein!
Ich lieb' sie, wie mein Fleisch und Bein,

Die selbst zum Atmen mein bedarf,
Ihr ganzes Sein zu meinen Füßen warf.‹

Laut jubelt Eva. Lilith bebt,
Sie sieht's: das Glück hat ausgelebt,
Und kann und kann es noch nicht fassen
Und will, was sie geliebt, nicht lassen,
Noch einmal ruft sie ihn zurück:
›O denk' an unser erstes Glück,
Denk', Adam, an die Veilchengrotte!‹
Doch die umschlingt ihn ihr zum Spotte,
Dazwischenrufend: ›Hör' sie nicht,
Du bist verloren, wenn sie spricht.‹

Und er im Wahn, mit blinden Hieben,
Haut in die Glut, daß Flammen stieben,
Zerschlägt, zertrümmert Liliths Freude,
Seiner Flügel leuchtendes Goldgeschmeide.
Da zeugt ihm Evas Jubelschrei,
Daß er ihr und der Erde verfallen sei.
Doch kaum, daß er die Tat getan,
Starrt er voll Schrecken Lilith an:
Sie ist's nicht mehr! Ein fremd und wild,
Ein übermenschliches Gebild,
Das hoch aufwächst, den Nacken strammt,
Ihr blaues Aug wird schwarz und flammt,
Ihr Goldhaar hebt sich, knistert, glüht,
Ein Wellenschlag, ein feuergelber,
Von Funken steht sie rot umsprüht,
Die Flügel spreizen sich von selber;
Verwandelt, furchtbar scheint sie ihm,
Schwester der flammenden Cherubim.

Vorbei das schreckliche Gesicht!
Sie ist es wieder, schön und licht
Wie in der Liebe Maientagen,
Nur blaß, von Weh und Angst geschlagen.
Dem Mund, der sonst ihm Wonnen schuf,

Entflieht ein jammernder Abschiedsruf:
›Adam, fahr wohl. Ein Sturmwind reißt
Mich weg. Weh, das ist Gottes Geist.
Was tatst du, ach! Es ist geschehn!
Auf Nimmer- Nimmer- Nimmersehn!‹
Lang' starrt er nach. Das rosige Flöckchen dort,
Das sich mit Purpur färbt und Violett
Im Sonnenuntergang, ist es noch Lilith?
Ist es ihr Schleier? Ist es eine Wolke?
Jetzt ist's zerflossen. Lilith ist dahin.
Und jetzt vernimmt er's deutlich erst im Ohr:
›Adam, fahr wohl, es ist geschehn –
Auf Nimmer- Nimmer- Nimmersehn!‹

Sein Jugendglück dahin! Und hier in Stücken,
Was er, dem Staub sich zu entrücken,
Voll Liebe schuf. Doch aus der Reu'
Und Scham erwächst der Zorn ihm neu.
Er reißt vom Herd die Feuerbrände,
Entzündet wütend Dach und Wände,
Zerstört, was sein.

Eine Feuersbrunst, die nicht mehr zu stoppen sein wird und ganz Eden in Brand setzt.

Zu spät zur Reue. Öd und leer
Ist auch sein Herz, das ausgebrannte,
Aus dem er Liliths Bild verbannte,
Die Jugend schied und kehrt ihm nie.

In diese freud- und ausweglosen Situation platzt Eva mit der Paradiesesgoldfrucht, die sie auf Einflüsterung der Schlange vom Baum der Erkenntnis gepflückt hat. Sie bietet sie Adam mit den Worten:

›Da nimm und iß, es wird dich laben,
Wirst alles, was du suchtest in ihr haben,
Ich hab' nach Wissen kein Begehr,
Und jede Beere labt mich mehr.‹

Bald kommt der Schöpfer, um nach dem Rechten zu sehen und findet Adam der Verzweiflung nahe. In dieser Verfassung sucht er, alle Schuld an seinem Ungemach auf Lilith abzuwälzen, wobei er jedoch – entgegen der mythischen Vorlage – keinerlei Unterstützung findet. Ganz im Gegenteil:

Der Mensch erschrickt,
Wo er stumm brütend eingenickt.
Sonst, wenn des Meisters Ruf erscholl,
Lief er hinzu, der Freude voll.
Heut birgt er sich im Strauch beklommen:
›Ich bin ja bloß, ich kann nicht kommen,
Das Tier hat mir sein Fell versagt.
Nur einen Schurz für meine Lenden
Wollte der Feigenbaum mir spenden.‹
›Wer sagte dir's, du seiest nackt?‹
›Herr, Lilith tat mir Schimpf und Schande.
Sie nahm die rosigen Duftgewande,
Die unser waren, mit und floh.
Nie ohne diese werd' ich froh.
Da richte du: die Hüllen Stück für Stück,

Die unersetzlichen, gebe sie zurück:
Der bunte Schein, der war das Glück:‹
›Er war's. Der Schein, der alles schön gemacht,
War ihr und ihren Kindern zugedacht.
Der Schleier, der sich hold um Lilith flicht,
Haftet auf Evas Blöße nicht.
Das Himmelsbild, das cherubimverwandte,
Das ich zum Staub, zu dir hinuntersandte,
Als einziges Gut ihr diesen Schleier gab
Und deine Treue ihr zum Stab –
Sie gabst du hin, die dieses Kleinod hielt,
Und hast der Menschheit Erbe mit verspielt.

Dir standen alle Wege offen,
Du hast die Wahl des schlechtesten getroffen.
Die Liebe wollt' ich dir zum Gefieder,
Dich aber zog sie zum Staube nieder.
Wer von der ersten Liebe ließ
Und Liliths Gaben von sich stieß,
Damit er Evas Gunst erwerbe,
Verdient, daß sein Geschlecht verderbe.
Doch Lilith hat für dich gebeten,
Drum will ich dich nicht ganz zertreten.
Dich rettend schafft dir mein Gebot
Eine neue Treiberin: die Not.‹

Auch Eva trifft ein Fluch des Schöpfers:

Du aber, Nichtgewollte, die, mein Beet
mit Giftkraut füllend, doch durch mich besteht,
Verderberin, unwissend Schuldige,
In Schmerz und Mühsal tief Geduldige,
Zieh du mit ihm und sei ihm untertan,
Und Mitgift bleibe dir des Mannes Wahn.
In deinem Nichts sein Alles, was ihn tröste,
Sei Rätsel stets, und weh ihm, wenn er's löste!‹

Nachdem auch die Schlange noch ihr Maß an göttlichem Zorn abbekommen hat, wird die Vertreibung sozusagen rechtskräftig. Schuld an dem Debakel allerdings sind beide gleichermaßen, Adam nicht weniger als Eva:

Noch donnert's nach in ihrem Ohr,
Da stehn sie schon verwirrt am Tor,
Die Schuldigen beide, Mann und Weib,
In Felle rauh verhüllt den Leib,
Und folgen stumm der Feuerspur
Der Schlange, die zischend vorüberfuhr;
Zwei Pilger, ungleich an Gebärde,
Denn Eva brennt, in Liebe neu,
Doch Adams Stirn senkt sich zur Erde
Vor Scham ob der gebrochnen Treu'.

›Komm, Schuldgenossin, die mir nah geblieben,
Zu meinem Fluch muß ich dich weiterlieben,
Denn du bist ich,
Der Teil von mir, der niederzieht zum Staube –
Die andre wich,
Die meiner Jugend Reinheit war und Glaube.
Auf ewig schließt sich hinter uns die Tür,
Du, die ich teuer zahlte, folge mir.‹

Adams Traum

Nachdem Adam sich mit seinem von Mühen durchsetzten Erdenleben abgefunden hat, trifft er Lilith höchstens noch im Traum:

Wenn er den Regenbogen sieht,
Senkt er beschämt sein Aug' und flieht.
Und doch geschieht's im Traum der Nacht,
Daß ihm sein totes Glück erwacht.
Dann sieht er sie, die längst entwich,
Die holde, wie sie morgendlich
Mit Zehen biegsam wie die Hand
Auf seinen Füßen wippend stand,
Hinangedrängt zu seinen Lippen
Wie schwanke Falter, die Honig nippen.
Ihr Antlitz klar und ohne Lüge,
Aus dem wie durch der Engel Züge
Der leuchtende Gedanke schien,
Mit seinem Glanz bestrahlt es ihn.
Und ihre Stimme tönt ihm nach,
Wie sie das Wörtlein ›Liebster‹ sprach,
In der ein Chor von Lerchen lebte,
Der frei durch Höhen und Tiefen schwebte.

Er küßt der Füße silbern Paar,
Verhüllt sich in ihr Sonnenhaar,
Mit seinem Glück in eins verschnürt, –
Doch weh dem Morgen, der's entführt.
Denn jählings wird der Flor gespalten,
Daß er das Ende sehen muß:
Ihr schrecklich Bild in letzter Stunde,
Lodernde Flamme von Kopf zu Fuß!
Zerreißend tönt ihr Scheidegruß,
Das Nimmer-Nimmersehn aus ihrem Munde.

Der Messias – Liliths Sproß?

Am Ende ihres Gedichtes faßt Isolde Kurz den kühnsten ihrer Gedanken: Aus Liliths Geschlecht wird dereinst der Messias selber kommen. Schon ist er geboren, der Sohn, den Adam unwissentlich mit Lilith zeugte, und den zu sehen ihm vor seinem Tod nicht mehr vergönnt sein wird. Er wächst heran wie die Sonne und wird im Himmel bereits von Cherubim und Seraphim erzogen. In ihm wird das Geschlecht, das Adam mit Eva zeugte, dereinst seinen Retter finden. Doch auch die DichterInnen – so läßt der Text am Ende durchscheinen – haben ein Fünkchenen von Liliths Geist erhascht, sind Glanz und Abglanz von Liliths Sproß. Der Erzengel Gabriel kündet Adam diese frohe Botschaft noch vor seinem Tod:

Adam:
Du kamst, zu tilgen mein Geschlecht –
Vollzieh dein Amt, Gott ist gerecht.

Gabriel:
Du irrst. Nicht sandt' er mich im Zorne,
Trost bring' ich dir aus seiner Gnaden Borne.
Siehst du den Friedensbogen hochgespannt,
Verklärend über all dein Land?
Warum fragst du nach Lilith nicht?
Adam, du schweigst und senkst dein Angesicht?
Doch les' ich wohl der stummen Frage Spur.
Wo Lilith hinkam, weiß der Meister nur.
Die Liebliche lebt in Eden bloß als Sage,
Ein hold Erinnern erster Frühlingstage,
Denn wenn der Regenbogen scheint,
Sagen die Kleinsten: ›Lilith weint.‹
Doch scheidend ließ sie noch ein Glück,
Ein unverdientes dir zurück.
Vernimm: Gesegnet war ihr Schoß,
Draus rang sich ein holdes Knäblein los.
Adam, dein echtgeborenes Kind,

Dem die Engel des Herrn zu Willen sind.
Ich selber trug's zum Paradiese,
Lehrer sind ihm die Cherubim,
Wollige Schäflein mit goldnem Vließe
Spielen mit ihm.
Ein Seraph kämmt ihm die sonnigen Härlein,
Erzählt ihm seiner Mutter Märlein,
Des Kindes Aug' ist Sonne ganz,
Zuweilen nur ein Traum von Schmerzen,
Geschöpft aus trauerndem Mutterherzen,
Dämpft hold verschleiernd seinen Glanz.

Adam:
Ihn sehn, in ihm die Mutter grüßen!
Und dann mein Aug für immer schließen!

Gabriel:
Ihn sehen ist dir nicht vergönnt,
Genug des Glücks, daß nun dein Herz ihn kennt,
Mußt, eh' er niedersteigt, ins Dunkel fließen.
Ihm längert Gott den Tag der Kindheit
Und wird ihn, wenn die Zeit erfüllt,
Zu seiner Bastardbrüder Segen
In eine irdische Wiege legen,
Damit er, ganz in Licht gehüllt,
Ihr Führer werd' in ihrer Blindheit.
Er bringt, was deinem Stamm entglitt,
Den Schleier Liliths wieder mit,
Der jeglich Ding, das er umwebt,
Verklärt in lichte Fernen hebt.
Und wenn die Menschheit spät erleuchtet,
Sich näher zur Vollendung ringt,
Vom Segen ist's, den er ihr bringt,
Mit Schweiß und oft mit Blut befeuchtet.
Denn Kampf umweht ihn heiß und loh,
Und seiner Taten wird er nicht froh.
Sein Fußtritt wird der Schlange Haupt zerbrechen,
Sie aber wird ihm die Ferse stechen.

Denn Evas Kinder, die ins Joch gebeugten,
Hassen von Mutterleib den Lichtgezeugten.
Sie werden ihn fesseln, den Weg ihm sperren,
Ihn auf den Pranger, die Schlachtbank zerren.
Vergeblich doch! Weil nach dem letzten Schluß
Der Lilith Blut auf Erden herrschen muß.
Frag' mich nicht, wie: der dreimal Große,
Der Unergründete, Uferlose,
Wird in geheimnisvollem Walten
Durch all Fährnis ihren Stamm erhalten.
So oft er will, daß der Gang der Erde
Um einen Ruck gefördert werde,
Erweckt er unterm dumpfen Troß
Einen, der Liliths Blut entsproß.
Der trägt ein kenntlich Stammeszeichen:
Daß die Lehren der Schlange ihn nie erreichen.

Er kommt als Held, wenn Völker bluten,
Als Seher, wenn ihr Glaube schwand.
Mit goldenen Bildern der Dichterträume
Füllt er der Erde düstere Räume,
Durchrauscht die arme darbende Welt
Mit strömendem Wohllaut vom Sternenzelt,
Stets weiter klimmt er, furchtlos weiter
Von Sprosse zu Sprosse der schwindelnden Leiter,
Das Ohr umklungen fort und fort
Von dem halbverstandenen Schöpfungswort.
Näher die Räume, die glanzerhellten,
Lauter der Jubelgesang der Welten,
Bis er erscheint vor des Ewigen Thron,
Der Menschheit Vollender, dein herrlicher Sohn!

Was Isolde Kurz sich nicht vorstellen konnte, war, daß die Vollenderin eine Frau und Tochter hätte sein können. Der die Menschheit jeweils einen Ruck vorwärtsbringen könnte, wird von ihr nie als weiblich, stets als männlich fantasiert: der Held, der Seher, der Dichter. Schade eigentlich. Oder könnte es sein, daß Frauen hier mitgemeint sind, trotz der männlichen Wortform, die ja in unserer Kultur angeblich beide Geschlechter »enthält« und damit androgyn gedacht wäre? Wir wissen es nicht. Noch gilt immer die Devise: »in dubio pro viribus« (im Zweifelsfalle für die Männer), was Teil des Systems ist, wie ich im folgenden Essay noch darlegen werde. Immerhin eines gibt die Autorin uns allerdings zu hoffen: Da die Vordenker der Menschheit samt und sonders Kinder der Lilith sein werden, kehrt über sie auch der Geist ihrer Mutter zurück in die Welt. Lilith ist tot, es lebe Lilith!

Ein ohne Zweifel kühner Entwurf, dieses Gedicht, so unkonventionell, daß nachfolgende (Männer-)Generationen es offensichtlich schnell wieder unter den Teppich des Vergessens kehren mußten. Wie sonst ist zu erklären, daß es heute nicht in aller Munde ist, nichtmals von erklärten feministischen Theologinnen zitiert wird, denen doch viele dieser Gedanken Wasser auf die Mühlen biblischer Frauenbefreiung sein müßten? In dem von Emil M. Bührer herausgegebenen Buch »Große Frauen der Bibel in Bild und Text« wird Isolde Kurz zwar immerhin an entsprechender Stelle mit ein paar Zeilen erwähnt, doch wird die Sprengkraft und Originalität, noch weniger die humorvolle Seite ihres Werkes dabei kaum deutlich.[4]

Lilith, die freie Tochter Gottes, geistbeflügelt, halb Engel, halb Mensch, geborene Mittlerin zwischen den Welten. Wer würde bei der Erwähnung von Adams Flügelschmiede nicht gleich auch an jene ferne germanische Sage von Wieland, dem Schmied denken, die Isolde Kurz mit Sicherheit noch geläufiger war als uns. Die Parallelen jedenfalls sind zu offensichtlich. Für diejenigen, denen diese Geschichte nichts mehr sagt, sei sie hier in aller Kürze nacherzählt:

Wieland, der Schmied gehörte zu jenen glücklichen Männern, die das Schwankleid einer Walküre und damit die Frau selbst in ihren Besitz bringen konnten. Nur ist es keinem Mann auf Erden je gelungen, eine Walküre auf Dauer an sich zu binden, mochte er ihre Schwanenfedern auch noch so gut verschließen: Immer kam der Tag, da sie ihm, in einem unbewachten Augenblick auf und davon flog. Auch Wieland wäre es mit seiner Frau Allweiß nicht anders ergangen. Er allerdings ahnte das und gab sie, nachdem beide sich ihrer gegenseitigen Liebe versichert hatten, freiwillig frei. Allweiß versprach, immer wieder zu ihm zurückzukehren, und gab ihm als

Unterpfand ihren Siegesring. Und um den nicht zu verlieren, fertigte Wieland neunundneunzig weitere tupfengleiche Goldringe, damit niemand etwa je den richtigen darunter finden und rauben könnte. Von Allweiß beflügelt, machte er sich außerdem daran, sich ein Paar Vogelschwingen zurechtzuschmieden, um eines Tages mit ihr zusammen zum Himmel fliegen zu können. Leider wurden seine Pläne vorerst vereitelt, denn der König seines Landes, Nimrud, ließ den Schmied gefangennehmen, damit er in Zukunft nur noch für ihn seine (Gold-)Schmiedekünste ausüben sollte. Damit er ihm niemals entfliehen könnte, schnitt er ihm die Sehnen an beiden Füßen durch, so daß er sein Lebtag an seine Werkstatt gefesselt sein sollte. Den Ring der Schwanfrau aber erkannte die hellsichtige Königin unter den hundert Ringen heraus und gab ihn ihrer Tochter als Spielzeug. Nur mit seiner Hilfe wäre es Wieland gelungen, seine Schwingen zusammenzubringen und flugtauglich zu machen. Er gab trotzdem nicht auf, und schmiedete weiter an seinen Flügeln. Und seine Stunde kam tatsächlich, als die Tochter der Königin beim Spielen den Ring zerbrach und zu ihm kam, um ihn reparieren zu lassen. Nun konnte er sein Werk vollenden. Mit Hilfe des Siegesringes legte er die Flügel an, und zum Erstaunen aller schwang er sich himmelwärts, den Namen »Allweiß« wie eine Beschwörungsformel auf den Lippen.

Adam in seiner Werkstatt sieht Wieland verblüffend ähnlich. Nur war er leider nicht weise und charakterfest genug, um Liliths beflügelndes Wesen zu schätzen. Noch weniger, um ihre hochfliegenden Pläne als solche zu erkennen und anzunehmen. So muß er unten bleiben, auf ewig Erdenkloß, als der er geschaffen. Mit Lilith standen ihm alle Wege offen, auch die himmlischen, gerade die. Doch er wählt Eva, Teil seiner selbst, und deshalb nicht imstande, ihm andere Gedanken einzugeben als immer nur seine eigenen und ewig selben. Die ihm nie wirklich Widerpart sein kann, nie Stachel im Fleisch, der ihn auf andere, nicht selbsterfundene Ideen bringen könnte. Die Parallelen zur Gegenwart sind sattsam bekannt. Es sind noch immer dieselben Geschichten und müssen weder hier noch ein andermal erzählt werden.

Viel lieber möchte ich den Blick auf eine weitere mythologische Parallele lenken, die mir im Gedicht bedeutsam zu sein scheint: Liliths Schleier, der unwillkürlich an den charakteristischen Schleier zweier anderer ebenso berühmter wie großer Göttinnen erinnert:

Der Schleier, der die Welt verzaubert und in Atem hält – ist das nicht der Schleier der großen indischen Göttin Maya, der Weltenmutter, deren Wesen Schall ist und Unvergänglicheit? Sie, deren Wesen in den drei Zeiten der heiligen Silbe OM beschlossen ist, die höchste mütterliche Göttin, deren Schleier die Welt selber ist, in dessen bunt schillernden Schein sie uns alle wie in Traumtrunkenheit hineinverwebt, und den nur ablehnt, wer dessen Schönheit nicht – oder zu spät – zu erkennen vermag.

»Ich bin Isis, ich bin das All, das Vergangene, Gegenwärtige und Zukünftige, meinen Schleier hat noch kein Sterblicher gelüftet.« – Ein Refrain, den man in Ägypten und – seit der hellenistischen Zeit – schließlich in der ganzen damals bekannten Welt angestimmt hat, bis nach Indien, wo Isis zu Maya wurde und umgekehrt man in Maya Isis feiern konnte.

Auch Liliths Schleier haben wir schließlich noch längst nicht gelüftet!

Anmerkungen

1 Das Gedicht, in der Originalausgabe von 80 Seiten Umfang, kann hier leider nur in gekürzter Fassung wiedergegeben werden. Dabei habe ich mich bemüht, die Texte ganz auf Lilith und ihre Deutung zu konzentrieren.

2 Das hebräische Wort »elohim« ist Pluralbildung zu »el«, das heißt »Gott«, bedeutet also »Gottheiten«, und zwar sowohl weibliche als auch männliche. Isolde Kurz deutet die »elohim« jedoch eher als Engel, vergleichbar den Cherubim.

3 Das biblische »Hohelied der Liebe«, auf Hebräisch »Shir hashirim«, heißt wörtlich übersetzt »Lied der Lieder«. Wahrscheinlich spielt die Autorin auf diesen Zusammenhang an.

4 Ebd. S. 31

Lilith – Adam – Eva und der Mythos vom »schwangeren« Mann

Hugo van der Goes (1440–1482), »Sündenfall«: Lilith wird nachgesagt, sie hätte sich in die Paradiesschlange verwandelt, um mit Eva zu sprechen; manchmal heißt es, sie selbst sei die Schlange.

Mit Würd und Hoheit angetan,
Mit Schönheit, Stärk und Mut begabt,
Gen Himmel aufgerichtet steht der Mensch,
Ein Mann und König der Natur …
An seinem Busen schmieget sich
Für ihn aus ihm geformt, die Gattin
Hold und anmutsvoll. In froher
Unschuld lächelt sie …

Arie aus Haydns Oratorium »Die Schöpfung«

Denn zuerst wurde Adam erschaffen, danach Eva.
Nicht Adam wurde verführt,
sondern die Frau ließ sich verführen
und übertrat das Gebot.

1 Tim 2,14

Ehemann und Ehefrau sind eins,
Und das Eine ist der Mann.

Sir William Blackstone

Denken hat ein Geschlecht, und in unserer Kultur sind, beim Wort genommen, nur Männer Menschen. Wie wahr. Doch theologisch und philosophisch gesehen gibt es keine Wahrheit, die standfester geleugnet würde als diese. Wie kann aber etwas, das derart offensichtlich unseren alltäglichsten Sprachgebrauch mitbestimmt, derart offensichtlich abgestritten werden?

Daß die Verhältnisse sind, wie sie sind, hängt – so meine Ausgangsthese – wesentlich mit Struktur und Symbolgehalt unserer Schöpfungsgeschichten zusammen, insbesondere der älteren aus Gen 2,4 ff., die gleichwohl in der Bibel erst an zweiter Stelle erscheint, womit suggeriert wird, sie sei die später entstandene. In Wirklichkeit ist die Geschichte aus Gen 1,1 ff., derzufolge Gott die Welt in sieben Tagen erschaffen hat, ca. 500 Jahre nach der Erzählung von Adam, Eva und dem Sündenfall verfaßt worden. Sie konnte also die Inhalte des älteren Textes bereits als gegeben voraussetzen, ohne sie nochmals wiederholen zu müssen. Dies scheint mir wichtig festzuhalten, wie ich weiter unten noch erläutern werde.

Die Erschaffung des ersten Menschenpaares, Adam und Eva mit Namen, beschreibt also detailliert nur die ältere von beiden Geschichten. Dies allerdings so anschaulich, daß noch heute – rund 3000 Jahre später – jedes Kindergartenkind sie nacherzählen kann, und selbst Leute, die erwiesenermaßen nichts mit der jüdisch-christlichen Religion zu tun haben wollen, wissen doch immerhin, daß Eva aus der Rippe kam und Adam verführt hat, weil sie auf die Einflüsterungen der Schlange gehört hatte. Daß es ausgerechnet ein Apfel gewesen sein soll, den sie ihm reichte, weiß dazu noch ein/e jede/r, doch das steht auf einem anderen Blatt und jedenfalls nicht in der Bibel. So wie ja auch die Geschichte mit Lilith nicht in der Bibel steht und sich gerade deshalb wohl um so prächtiger am Leben erhalten hat. Daß in der Geschichte von Adam und Eva Mann *und* Frau erschaffen wurden, ist allerdings das Gerücht, daß sich am hartnäckigsten gehalten hat, obwohl es im Text dafür eher gegenteilige Anhaltspunkte gibt. Schon hier werden nämlich nicht – wie es natürlich gewesen wäre – Frau und Mann geschaffen, sondern nur *ein* Mensch, und dieser Mensch ist der

Mann, pardon ein MannWeib. Daß diese Tatsache bis heute nicht allgemein bewußt, dafür als unbewußte Denkprämisse um so kulturwirksamer geworden ist, darüber lohnt es sich allerdings durchaus, ein bißchen zu philosophieren.

Tatsache ist allerdings auch, daß in unserer Kulturgeschichte das Bild der Frau entscheidend durch »Eva« mitgeprägt ist, bzw. durch das, was man(n) jeweils unter »Eva« verstanden und (sich) einge*bild*et hat. Und in dieser Hinsicht fand sich die Frau nur zu oft zwischen zwei in sich unvereinbaren Extremen wieder. Entweder ist sie die große Sünderin, der – wie Pandora in Griechenland – alle Übel der Welt angehängt werden; oder sie ist – wie Goethes Gretchen im »Faust« – die absolute Unschuld vom Land, ewig ruhender Pol, harmonische Zuflucht für gehetzte Männlichkeit: »In ihrer Welt ist keine Fehle, ist alles ruhig, voll und weich, der Blick in eine Frauenseele ist wie ein Blick ins Himmelreich!« Doch ob Sünderin oder Unschuldslamm, beide Vorbilder sind darauf angelegt, Frauen unausrottbare Schuldkomplexe einzupflanzen. Wird ihnen im ersten Fall unterstellt, sie seien die personifizierte Sünde, schuldbeladen vom ersten Schöpfungstag an, so kehrt sich auch das Bild der Unschuldig-Makellosen nur zu schnell in sein Gegenteil, weil es sich für die reale Frau als nicht lebbar erweist. Ein Ideal, hinter dem sie nur zurückbleiben kann. Sie ist nicht ohne Fehler (so wenig wie der Mann), es sei denn, sie spielt eine Rolle. Deshalb kann man sie gemessen am Ideal, das gar nicht sie aufgestellt hat, dann erst recht verteufeln.

Die Frage ist natürlich, ob uns mit »Eva« überhaupt eine lebendige Frau vorgestellt wird oder nicht vielmehr von vorneherein ein – nennen wir es mal salopp – Männerdesiderat. Nicht Frauen schließlich haben derartige Geschichten erfunden, sondern Männer, weshalb sie auch wesentlich mehr über Männer aussagen als über Frauen, solange wir uns nur immer genügend bewußt halten:

– wer spricht,

– und in welcher Absicht?

Und in dieser Hinsicht ist ja eines vollkommen klar: »Die sündige Eva hat Geschichte gemacht, der sündige Adam nicht.«[1] Man spricht von »Evastöchtern« nicht im selben Sinne wie von »Adamssöhnen«, von denen, genau genommen, überhaupt nie die Rede ist.

Sehen wir uns zunächst die ältere Schöpfungsgeschichte aus Gen 2,4ff. an. Diese Paradieseserzählung mit Adam und Eva im Mittelpunkt der Ereignisse ist *der* Ursprungsmythos unserer Kultur, insofern er nicht nur deren Anfänge prägte, sondern bis heute noch in der Struktur unseres Denkens und Sprechens gegenwärtig ist. »Individuelle wie auch kollektive Mythen haben eine richtungsweisende Funktion, die aufgrund ihrer Unbewußtheit eine Eigendynamik entfaltet.«[2] Sie programmieren und strukturieren »Wirklichkeit« für uns vor und bestimmen damit, wie wir »Realität« wahr-nehmen, uns in ihr erfahren und verhalten. Mythen sind so etwas wie unsere kulturelle DNA, über die wir so wenig nachdenken wie über unsere biologische, innerhalb deren Vorgaben wir aber sehr wohl nach bewährtem Muster funktionieren. Gründungsmythen, so könnte man sagen, vereinen ein Volk/eine Kultur, sanktionieren deren soziale Ordnung und geben den einzelnen Orientierung und Hilfestellung für ihren Lebensweg. Sie stellen kulturelle Leitbilder mit ethischer Entlastungsfunktion.

Unser Gründungsmythos, immerhin bald 3000 Jahre alt, leistet für das Geschlechterverhältnis gleich mehreres, wenn auch für Mann und Frau im Ergebnis sehr Unterschiedliches.

– Zuallererst einmal stellt er den *Mann* in den Mittelpunkt des Geschehens. Er wird lange vor der Frau erschaffen, ausgestattet mit der Definitionsmacht, alles um sich herum zu benennen, einschließlich seiner später erschaffenen Gefährtin.

– Diese Gefährtin wird für *ihn* und ihm zu Nutzen und Gefallen geschaffen. In den Geschichten um Lilith und die Erschaffung der beiden Evas erhält Adam noch zusätzlich das Privileg, das Aussehen seiner »Hilfe« entscheidend mitzubestimmen.

– Der Mann stilisiert sich in Adam zum Schöpfer des menschlichen Lebens, der den Geburtsvorgang für sich reklamiert. »Nicht ist der Mann aus der Frau«, sondern umgekehrt »die Frau aus dem Manne« (1 Kor 11,8), was wider alle Natur ist. Der Mann gebiert das Menschengeschlecht. Von nun ab sind Mann und Mensch identisch. »Kultur« aber wird eines Tages – wen wundert's nach dieser Vorgabe – zum »opus contra naturam« erklärt werden.

Für die *Frau* stellt sich derselbe Vorgang ganz anders dar.

– Sie wird nicht um ihrer selbst willen erschaffen, sondern auf den Mann hin, »für ihn aus ihm geformt«. Er ist Ziel, Sinn und

Endzweck ihrer Erschaffung, sie ist nur seine »Hilfe«, ist nicht wertvoll aus sich heraus.

– Sie ist »aus« ihm, er stellt die Substanz für ihren Leib, die ominöse »Rippe«. Damit wird er quasi zu ihrer »Mutter«. Ohne ihn ist sie nichts. Sie besteht aus einem Teil von ihm, verhält sich zu ihm wie ein Teil zum Ganzen. Von Anfang an wird sie durch ihn geformt. Er ist ihre formative Ursache, sowohl materiell als auch geistig. Sie hat alles von ihm, er aber nichts von ihr. Eine krasse Verdrehung der biologischen Tatsachen (aber wir sind ja auch hier nicht mehr bei der Biologie, sondern bei der Kultur, und die ist nicht umsonst definiert als: s.o.!). – Sie kann sich nicht wünschen, was vor ihr da war, und aus demselben Grund kann er auch nicht einen Teil von ihr haben, im Sinne eines gegenseitigen Austauschverhältnisses. Das Bild schreibt ihr so, wie es arrangiert ist, eine nicht mehr auflösbare Zweitrangigkeit vor.

– Aus der Frau als der ursprünglichen »Mutter des Lebens« (wie der Name Chawa/Eva übersetzt heißt) und Gebärerin lebendiger Menschen wird im Laufe der Paradieseserzählung die Mutter des Todes. Die Folge davon wird sein, daß man ihr schöpferische Potenzen generell abspricht.

– Ihre Fähigkeit, Kinder auf die Welt zu bringen, einst Grund für die Verehrung und Heiligung der Frau, wird zum Fluch erklärt. Spätere Jahrhunderte werden auch die monatliche Blutung zum Fluch erklären, den Eva angeblich mit der Ursünde auf alle Frauen herabgezogen hat. Bereits in den Schriften des Alten Testaments wird betont, daß Gebären und Menstruieren die Frau kultisch unrein machen. Der damit verbundene Ausschluß der Frau aus dem Kult ist ein Spezifikum aller drei monotheistischen Religionen.

– Daß ihre »Sünde« Verlangen nach Erkenntnis und damit durchaus etwas Positives ist, gerät ihr später erst recht zum Nachteil. Weiblicher Forschungsdrang gilt als entartet, man hatte ja gesehen, was dabei herauskam: Tod und Verderben hatte die »erste Frau« der Menschheitsgeschichte durch ihren Leichtsinn in die Welt gebracht.

– Die Schlange, *das* heilige Tiersymbol der Unsterblichkeit in allen bedeutenden Kulturen des Vorderen Orients, erleidet ein ähnliches Schicksal der Abwertung. Die Schlange ist ein altes Symbol von vor allem weiblich-göttlicher Weisheit. Wohl deshalb auch setzt der biblische Text die Feindschaft gezielt zwischen Frau und Schlange. Die Frau wird dadurch, symbolisch, mit der – göttlichen – Quelle ihrer Weisheit entzweit. Wodurch sie selber zu einer gestürzten Göttin wird.

– Auch mit den Früchten ist es so eine Sache. Weltweit finden wir das Motiv der unsterblich machenden Früchte mit weiblicher Symbolik verbunden. Die Göttin Hera erhält nach der griechischen Mythologie einen solchen Baum von ihrer Mutter Rhea als Hochzeitsgeschenk. Um seinen Stamm windet sich die Schlange Ladon, die dafür sorgen soll, daß kein Unbefugter von den Früchten stiehlt. In der nordisch-germanischen Tradition hütet die Göttin Iduna die Bäume mit den Äpfeln ewiger Verjüngung, in der keltischen Mythologie ist das die Göttin Morgana, die auf der Apfelinsel Avalon die Fürchte der Unsterblichkeit hegt und an solche verteilt, die ihrer würdig sind. Noch in China sehen wir die »Königinmutter des Westens«, auch »Metallmutter« genannt und bereits bei der Schöpfung dabei, mit den Pfirsichen der Unsterblichkeit große Festlichkeiten ausrichten, bei deren Anlaß alle Wesen verjüngt werden, denen sie die Früchte anbietet. Es ist klar: die Göttinnen hüten und kultivieren diese Früchte nicht nur, sie entscheiden auch, wem sie sie anbieten. Das Gewähren von Unsterblichkeit ist Ausdruck ihrer Gnade. Das in Gen 2 und 3 vermittelte Bild von Baum, Schlange und Frucht weckte also in der damaligen Welt durchaus Assoziationen! (Daß der biblische Gott mit den heilbringenden Früchten geradezu geizt, ist auch schnell klar. Vom »Baum der Erkenntnis« durften die ersten Menschen per Verbot nichts essen; ehe sie vom »Baum des Lebens« kosten und dadurch unsterblich würden, werden sie bereits zum Paradies hinausgejagt.)[3]

Frauen sind schuld – ein Grundaxiom unserer Kultur

Mit dieser alten biblischen Schöpfungsgeschichte, so meine ich, wird der Frau das kulturelle Urmißtrauen erklärt. Was auch immer es an Üblem in der Welt gibt: es ist ihre Schuld. Ohne Eva, so wurde über Jahrtausende hin argumentiert, würden wir alle noch in den Wonnen des Paradieses schwelgen. Daß Adam ebenfalls von der Frucht gegessen hatte, erscheint nicht als seine, sondern als ihre Schuld zusätzlich. Sie hat ihn verführt. Er kann nichts dafür. Und damit so etwas nicht noch einmal vorkommt, soll er fortan ihr Herr und Haupt sein. Es würde zu weit führen, all den Unrat zu zitieren, der von angeblich gelehrten Kirchenvätern (von »Kirchenmüttern« spricht man bezeichnenderweise nicht) über Jahrhunderte und in gleichbleibender Monotonie über Frauen ausgegossen wurde. Nur ein Beispiel möchte ich hier anführen, in dem all das noch einmal treffend zusammengefaßt ist. Es ist dies eine Zusammenstellung von Zitaten aus dem »Hexenhammer«, dem *Malleus Maleficarum,* der 1486/87 von den beiden Dominikanermönchen Jakob Sprenger und Heinrich Institoris erarbeitet und allein in den beiden folgenden Jahrhunderten 29mal aufgelegt wurde. Damit wurde er zum sicherlich meistgelesenen Buch seiner Zeit.

Es scheint mir wichtig, die hier vorgelegten Argumentationsketten nicht aus dem Gedächtnis zu verlieren. Dienten sie doch theologisch dazu, so etwas wie die »Endlösung« der Frauenfrage nicht nur theoretisch zu untermauern, sondern gleich noch praktisch durchzuführen. Mit dem zweifelhaften Erfolg, daß »danach« tatsächlich ganze Landstriche – wie in der Gegend um Trier – von Frauen regelrecht »gesäubert« waren. Was das für die wenigen, zufällig noch übriggebliebenen Frauen bedeutete, ist wohl psychologisch noch längst nicht ausgelotet worden, ganz zu schweigen davon, daß sich die Kirchen beider Konfessionen für diesen »Holocaust« bei den Frauen in aller Form entschuldigt hätten, wie sie das inzwischen immerhin bei den Juden getan haben. Teil dieses Systems ist auch, daß man die Zahl der zu Tode gefolterten Frauen bis heute in der Schwebe läßt. Immerhin ist u.a. von neun Millionen die Rede![4]

Einige Gelehrte nämlich geben *diesen* Grund an: Sie sagen, es gebe dreierlei in der Welt, was im Guten und Bösen kein Maß zu halten weiß: die Zunge, der Geistliche und das Weib, die vielmehr, wenn sie die Grenzen ihrer Beschaffenheit überschreiten, dann eine Art Gipfel und höchsten Grad im Guten und Bösen einnehmen; im Guten, wenn sie von einem guten Geiste geleitet werden, daher auch die besten (Werke) stammen; im Bösen aber, wenn sie von einem schlechten Geiste geleitet werden, wodurch auch die schlechtesten Dinge vollbracht werden …

Von der Bosheit aber der Weiber wird gesprochen *Prediger* 25: »Es ist kein schlimmeres Haupt über dem Zorne des Weibes. Mit einem Löwen oder Drachen zusammen zu sein wird nicht mehr frommen als zu wohnen bei einem nichtsnutzigen Weibe.« Und neben mehreren, was ebendort über das nichtsnutzige Weib vorangeht und folgt, heißt es zum Schlusse: »Klein ist jede Bosheit gegen die Bosheit des Weibes.« Daher (sagt) *Chrysostomus* über *Matthäus* 19: »Es frommt nicht zu heiraten. Was ist das Weib anders als die Feindin der Freundschaft, eine unentrinnbare Strafe, ein notwendiges Übel, eine natürliche Versuchung, ein wünschenswertes Unglück, eine häusliche Gefahr, ein ergötzlicher Schade, ein Mangel der Natur, mit schöner Farbe gemalt? Wenn sie entlassen Sünde ist, wenn man sie einmal behalten muß, dann ist notwendig Qual zu erwarten, darum daß wir, entweder sie entlassend, Ehebruch treiben, oder aber tägliche Kämpfe haben.« *Tullius* endlich sagt *Rhetor.* 2: »Die Männer treiben zu einem jeden Schandwerke einzelne, das heißt mehrere Ursachen an, die Weiber zu allen Schandwerken nur eine Begierde: denn aller Weiberlaster Grund ist die Habsucht.« Und *Seneca* sagt in seinen Tragödien: »Entweder liebt oder haßt das Weib; es gibt kein Drittes. Daß ein Weib weint, ist trügerisch. Zwei Arten von Tränen sind in den Augen der Weiber, die einen für Schmerz, die andern für Hinterlist; sinnt das Weib, dann sinnt es Böses.« …

Andere führen noch andere Gründe an, weshalb sich die Weiber in größerer Zahl als die Männer abergläubisch zeigen; und zwar sagen sie, daß es drei Gründe seien: der erste ist der, daß sie leichtgläubig sind; und weil der Dämon hauptsächlich den

Glauben zu verderben sucht, deshalb sucht er diese lieber auf. Daher auch *Prediger* 13: »Wer schnell glaubt, ist zu leicht im Herzen und wird gemindert werden.« Der zweite Grund ist, weil sie von Natur wegen der Flüssigkeit ihrer Komplexion leichter zu beeinflussen sind zur Aufnahme von Eingebungen durch den Eindruck gesonderter Geister; infolge dieser Komplexion sind viele, wenn sie gut anwenden, gut; wenn schlecht, um so schlechter. – Der dritte Grund ist, daß ihre Zunge schlüpfrig ist, und sie das, was sie durch schlechte Kunst erfahren, ihren Genossinnen kaum verheimlichen können und sich heimlich, da sie keine Kräfte haben, leicht durch Hexenwerke zu rächen suchen; daher der *Prediger* wie oben: »Mit einem Löwen oder Drachen zusammen zu sein wird besser sein als zu wohnen bei einem nichtsnutzigen Weibe. Gering ist alle Bosheit gegen die Bosheit des Weibes.« – Dem kann auch der Grund angefügt werden, daß, da sie hinfällig sind, sie auch desto schneller den Dämonen Kinder opfern können, wie sie denn auch so handeln.

Drittens gibt es einige, die noch andere Gründe anführen, welche die Prediger nur vorsichtig vorlegen und besprechen dürfen. Denn mögen auch die Schriften im Alten Testamente von den Weibern meist Schlechtes erzählen und zwar wegen der ersten Sünderin, nämlich Eva und ihrer Nachahmerinnen, so ist doch wegen der späteren Veränderung des Wortes, nämlich *Eva* in *Ave*, im Neuen Testamente und weil, wie *Hieronymus* sagt: »Alles, was der Fluch der Eva Böses gebracht, hat der Segen der Maria hinweggenommen« – daher über sie sehr vieles und zwar immer Lobenswertes zu predigen. Aber weil noch in den jetzigen Zeiten jene Ruchlosigkeit mehr unter den Weibern als unter den Männern sich findet, wie die Erfahrung selbst lehrt, können wir bei genauerer Prüfung der Ursachen über das Vorausgeschickte hinaus sagen, daß, da sie in allen Kräften, der Seele wie des Leibes, mangelhaft sind, es kein Wunder ist, wenn sie gegen die, mit denen sie wetteifern, mehr Schandtaten geschehen lassen. Denn was den Verstand betrifft, oder das Verstehen des Geistigen, scheinen sie von anderer Art zu sein als die Männer, worauf Autoritäten, ein

Grund und verschiedene Beispiele in der Schrift hindeuten. *Terentius* sagt: Die Weiber sind leichten Verstandes, fast wie Knaben; und *Lactantius*, Institutiones 3, sagt, niemals habe ein Weib Philosophie verstanden außer Temeste; und in *Sprüche* 11 heißt es, gleichsam das Weib beschreibend: »Ein schönes und zuchtloses Weib ist wie ein goldner Reif in der Nase der Sau.« Der Grund ist ein von der Natur entnommener: weil es fleischlicher gesinnt ist als der Mann, wie es aus den vielen fleischlichen Unflätereien ersichtlich ist. Diese Mängel werden auch gekennzeichnet bei der Schaffung des ersten Weibes, indem sie aus einer krummen Rippe geformt wurde, das heißt aus einer Brustrippe, die gekrümmt und gleichsam dem Mann entgegengeneigt ist. Aus diesem Mangel geht auch hervor, daß, da das Weib nur ein unvollkommenes Tier ist, es immer täuscht …

Es erhellt auch bezüglich des ersten Weibes, daß sie von Natur geringeren Glauben haben; denn sie sagte der Schlange auf ihre Frage, warum sie nicht von jedem Baume des Paradieses äßen? »Wir essen von jedem, nur nicht etc., damit wir nicht *etwa* sterben«, wobei sie zeigt, daß sie zweifle und keinen Glauben habe an die Worte Gottes, was alles auch die Etymologie des Wortes sagt: Das Wort *femina* nämlich kommt von *fe* und *minus* (fe = fides, Glaube, minus = weniger, also femina = die weniger Glauben hat), weil sie immer geringeren Glauben hat und bewahrt, und zwar aus ihrer natürlichen Anlage zur Leichtgläubigkeit, mag auch, infolge der Gnade zugleich und der Natur, der Glaube in der hochgebenedeieten Jungfrau niemals gewankt haben, während er doch in allen Männern zur Zeit des Leidens Christi gewankt hatte.

Also schlecht ist das Weib von Natur, da es schneller am Glauben zweifelt, auch schneller den Glauben ableugnet, was die Grundlage für die Hexerei ist …

Suchen wir nach, so finden wir, daß fast alle Reiche der Erde durch die Weiber zerstört worden sind. Das erste nämlich, welches ein glückliches Reich war, nämlich Troja, wurde zerstört wegen des Raubes einer Frau, der *Helena*, und viele Tausende von Griechen kamen dabei um. Das Reich der Juden erlebte viel

Unglück und Zerstörung wegen der ganz schlechten Königin *Jezabel* und ihrer Tochter *Athalja,* Königin in Juda, welche die Söhne des Sohnes töten ließ, damit sie nach des letzteren Tode selbst herrsche; aber, beide Weiber wurden ermordet. Das römische Reich hatte viele Übel auszustehen wegen der *Kleopatra,* der Königin von Ägypten, eines ganz schlechten Weibes, ebenso die anderen Reiche. Daher ist es auch kein Wunder, wenn die Welt jetzt leidet unter der Boshaftigkeit der Weiber.

Endlich mit Untersuchung der fleischlichen Begierden des Körpers selbst: Daraus kommen unzählige Schäden des menschlichen Lebens, so daß wir mit Recht mit *Cato Uticensis* sprechen können: »Wenn die Welt ohne Weiber sein könnte, würden wir mit den Göttern verkehren«; da in der Tat, wenn der Weiber Bosheiten nicht wären, auch zu schweigen von den Hexen, die Welt noch von unzähligen Gefahren frei bleiben würde … *Apokalypse* 6: Ihr Name ist Tod. Denn mag auch der Teufel Eva zur Sünde verführt haben, so hat doch Eva Adam verleitet. Und wie die Sünde der Eva uns weder leiblichen noch seelischen Tod gebracht hätte, wenn nicht in Adam die Schuld gefolgt wäre, wozu Eva und nicht der Teufel ihn verleitete, deshalb ist sie bitterer als der Tod, d. h. der Teufel.

Nochmals bitterer als der Tod, weil dieser natürlich ist und nur den Leib vernichtet; aber die Sünde, vom Weibe begonnen, tötet die Seele durch Beraubung der Gnade und ebenso den Leib zur Strafe der Sünde.

Nochmals bitterer als der Tod, weil der Tod des Körpers ein offener, ein schrecklicher Feind ist; das Weib aber ein heimlicher, schmeichelnder Feind.[5] …
Da, nach *Bernardus,* ihr Gesicht ist ein heißer Wind und die Stimme das Zischen der Schlange … Ein Netz heißt ihr Herz: d. h. die unergründliche Bosheit, die in ihrem Herzen herrscht; und die Hände sind Fesseln zum Festhalten; wenn sie die Hand anlegen zur Behexung einer Kreatur, dann bewirken sie, was sie erstreben, mit Hilfe des Teufels.

> Schließen wir: Alles geschieht aus fleischlicher Begierde, die bei ihnen unersättlich ist. *Sprüche* am Vorletzten: »Dreierlei ist unersättlich (etc.) und das vierte, das niemals spricht: es ist genug, nämlich die Öffnung der Gebärmutter.« Darum haben sie auch mit den Dämonen zu schaffen, um ihre Begierde zu stillen.[6]

Jeder Kommentar zu dieser Litanei des Hasses erübrigt sich und müßte uns nicht weiter beunruhigen, wenn die Nachwirkungen nicht doch noch weitreichend wären. Heutzutage haben sie sich nur in ein anderes Genre verlagert, insbesondere in den Bereich der (hard-core) Pornographie, wo dieselben Strickmuster fröhliche Urständ feiern. Zugegeben wird dies allerdings dort so wenig wie früher in den kirchlichen Verlautbarungen. Denn die alten Muster wirken noch immer. Man(n) kann den Frauen gar nichts Böses antun (selbst wenn man sie bestialisch foltert und zurichtet), weil sie das alles selber so wollen, weil – wir wissen es, die Begierde des Weibes unersättlich ist. Hören wir Georges Bataille: »(…) Prostitution ist die logische Konsequenz der weiblichen Einstellung. Wenn sie attraktiv ist, ist eine Frau die Beute männlicher Lust. Abgesehen von der völligen Verweigerung, weil sie entschlossen ist, keusch zu bleiben, bleibt die Frage offen, zu welchem Preis und zu welchen Bedingungen sie bereit ist, sich zu ergeben. Wenn aber die Bedingungen erfüllt werden, dann bietet sie sich immer als Objekt an. Die eigentliche Prostitution führt bloß das kommerzielle Element ein.«[7] Anders ausgedrückt: Wenn Dirnenhaftigkeit das Wesen der Frau ist, dann kann etwas, das dieses Wesen enthüllt, sie weder verletzen noch zum Opfer machen. Auch die Belletristik sorgt dafür, daß derlei verhängnisvolle Klischees niemals aussterben, und hier wie da ist das Überraschendste daran die öde Eintönigkeit der Wiederholung des endlos Selben, das gleichwohl nicht nur den Massengeschmack zu befriedigen scheint. Die Grundlagen für diese verhängnisvolle Sicht auf die »andere Hälfte der Menschheit« hat nicht zuletzt die Theologie der vorangegangenen Jahrtausende gelegt, die – im Verbund mit der Misogynie einschlägiger griechischer Mythologie und Philosophie – der Frau nach und nach jede, aber auch wirklich jede Menschlichkeit abgesprochen hat; was darin gipfelte, daß man(n) ihr schließlich sogar die »Seele« absprach, deren Besitz lange Zeit als *das* Charakteristikum von Menschsein überhaupt galt.

Kehren wir nochmals zurück in die biblische Schöpfungsgeschichte, aus der die Bilder weiblicher Zurücksetzung und Entmenschung einen Teil ihrer Ursprünglichkeit schöpfen:

Adam geht zunächst als der doppelte Gewinner aus dieser Geschichte hervor. Er wird als erster erschaffen und kann Namen und Bedingungen stellen. Ihm wird die Herrschaft über seine Gehilfin zugesagt, was ihn den Verlust des Paradieses besser verschmerzen läßt. Adams Schuld wird kaum mehr thematisiert. Sein Schöpfergott, selbstverständlich männlich wie er selbst, stellt sich in allem an seine Seite und gegen die Frau.

Eva dagegen ist mehrfache Verliererin. Sie büßt ihren Status als »Mutter aller Lebendigen« ein. Tod und Schuld kamen durch sie in die Welt, die ohnehin nur als »Hilfe« für Adam konzipiert war. Nun wird sie statt dessen zur Beihelferin des Teufels. Der Verdacht liegt nahe, daß das Seinwollen wie Gott nur an Eva bestraft wird. *Sie* soll nicht sein wie Gott, soll keine Göttin mehr sein, als die sie ihrem Namen nach – als »Mutter aller Lebendigen« – durchaus noch gelten konnte. (Für Lilith ließ sich, wie wir sahen, ein ähnlicher Vorgang beobachten!) Die Fähigkeit zu gebären, ihr ureigenster und dereinst heiligster Teil, wird fortan zum Fluch. Durch eindeutig deklarierte Herrschafts- und Unterordnungsverhältnisse ist zudem Feindschaft gesetzt zwischen ihr und dem Mann, der aus dieser Geschichte vor allem eines lernen kann: niemals auf den Rat von Frauen zu hören. »Pantoffelheld« ist noch heute das kategorische Verdikt über einen Mann, der seiner Frau gegenüber »nichts zu sagen« hat.

In Griechenland wird die Geschichte von der *Büchse der Pandora* mit ähnlich fatalem Ausgang erzählt. Aischylos, in den *Eumeniden* (5. Jh. v. Chr.) rechtfertigt schließlich sogar den Muttermord damit, daß er der Frau jegliche schöpferische Potenz abspricht. Da nur der Mann zeugt, ist die Mutter im strengen Sinne nichtmals mit den von ihr geborenen Kindern verwandt, weshalb der Sohn, Orest, sie straffrei umbringen kann. Die weltschöpferische Tat des »Logos« oder männlichen Helden sei der Muttermord. So etwas konnte C. G. Jung noch in diesem Jahrhundert weitgehend unwidersprochen verkünden. Die Mutter, Symbol für das festhaltende, denSohn verschlingende Ungeheuer, das ihn in den Schoß der Unselbständigkeit zurücksaugen will, die »Todesmutter« eben, die es verdient, getötet zu werden – symbolisch – selbstverständlich nur –, doch auch Symbole sprechen Bände.

Im Zuge der heutigen Psychologie ist die Lehre von der Ur-Schuld der Frau und Mutter noch einmal zur Hochkonjunktur aufgelaufen; und der Volksmund fühlt sich einmal mehr bestätigt:

- »Mißrät der Sohn, ist die Mutter schuld.
- Geht der Mann fremd, wurde er von seiner Frau vernachlässigt.
- Geht sie fremd, so ist sie eine Hure.
- Mißhandelt er sie, so hat sie es nicht anders gewollt.
- Mißbraucht er die Tochter, so hat diese ihn verführt oder die Ehefrau sich ihm verweigert.
- Kauft er sich eine Asiatin, so ist die Emanzipation der Frau schuld daran …«[8]

Christa Mulack spricht in diesem Zusammenhang von einem *Adam-Syndrom*, grundgelegt in eben jener Schöpfungsgeschichte, in der Adam sich vor seinem Schöpfergott verteidigt: »Das Weib, das du mir zugesellt hast, gab mir von dem Baum, und ich aß.« Ist die Frau sonst überall die Zweite, so ist sie ausgerechnet beim Thema »Sünde und Schuld« die Erste. Womit sie allerdings erneut für »Adams« Zwecke vereinnahmt wird. Er schiebt alle Schuld auf sie: So wird Eva eine wirklich großartige »Hilfe« – für ihn! Statt zu seiner Tat zu stehen, schiebt er ihr den »Schwarzen Peter« zu, eine Haltung, die sich über die Jahrtausende zum psychosozialen System verfestigt hat. Besonders prekär da, wo es um Vergewaltigung und sexuellen Mißbrauch geht.

Was sollen wir z. B. von folgender Anzeigenkampagne des deutschen Kinderschutzbundes halten, die dieser im Sommer 1991 verbreitet hat, angeblich um gegen die allseits verbreitete sexuelle Gewalt gegen Kinder innerhalb der Familie vorzugehen. Unter dem Motto »Helfen statt Schweigen« heißt es dort:

> Papis Liebe tut weh. Sabine ist Papis »Ein und Alles«. Sie wird von ihm geliebt. Aber mehr als sie verkraften kann. Denn Papi vergeht sich sexuell an seiner Tochter. Dabei möchte er ihr nicht weh tun, er liebt sie doch. Und sie ist ja noch so

> klein. Er kann nur schwer Zuneigung und sexuelles Verlangen voneinander trennen. Papi weiß, daß er das nicht darf. Darum muß Sabine schweigen. Mit stummen Hilfeschreien will sie auf sich aufmerksam machen: Sie ist ängstlich, hat keinen Appetit, schläft schlecht. Und sie wirkt passiv – gar nicht wie sonst Kinder in ihrem Alter. Sabine ist eine von ca. 80 000 Opfern sexuellen Mißbrauchs in der Bundesrepublik jährlich. Ihre Mutter weiß nichts davon. Oder will es nicht wahrhaben. Sie verschließt die Augen – genau wie die Nachbarn, Freunde oder Verwandten. Doch Sabines brauchen Hilfe. Sabines Väter brauchen Hilfe. Ihre Hilfe. Unsere Hilfe.

Die einzigen, die keine Hilfe brauchen, sind fraglos die Mütter. Weil sie – so wird im Text unterschwellig suggeriert – die wirklich Schuldigen sind? Die sexuelle Gewalt des Vaters hingegen wird verharmlost, taucht erst gar nicht unter dem Etikett Gewalt, sondern gleich unter dem der Liebe auf. Zudem wird der – erwachsene – Täter mit seinem – kindlichen – Opfer auf eine Stufe gestellt. Als seien beide in gleicher Weise hilfsbedürftig, aber auch in gleicher Weise verantwortungslos, bzw. für ihre Taten nicht zur Rechenschaft zu ziehen. Der Vater versteckt sich hinter der Tochter, macht sich zum Kind wie sie. Verantwortlich sind nur die anderen, die zusehen ohne einzugreifen: Mutter, Verwandte, Nachbarn, Freunde. Die Schuld bleibt delegiert an die Frau; ihr Zusehen – so wird unausgesprochen vermittelt – ist schlimmer als seine direkte Gewaltausübung.

Erstaunlich, wie die Muster Tausende Jahre nach ihrer Entstehung immer noch greifen. Und sie greifen immer noch so gut, weil damals wie heute der entscheidende Gewaltakt unerkannt, unbenannt im Hintergrund bleibt und damit kultur-unbewußt gehalten wird. Und so kommen wir langsam wieder zu meiner Ausgangsthese zurück, die da lautet: Im zweiten Kapitel der Genesis wird gar keine Frau erschaffen, sondern einzig und allein der Mann, womit die größte Gewalttat der Religionsgeschichte nach wie vor nicht nur unbenannt, sondern auch unbewußt geblieben ist.

Wenn wir beim alttestamentlichen Bild aus Gen 2 bleiben, so ist evident, daß im männlich-weiblichen Schöpfungsprozeß das Weibliche im Verhältnis zum Männlichen zwar als ein Anderes, nicht aber als etwas Eigenständiges gedacht wird. Eva wird Adam zuliebe erschaffen, und nicht umgekehrt, wobei diese Erschaffung zugleich die Struktur der Vernichtung hat: Eva, als der Prototyp von Frau, wird nicht geschaffen um ihrer selbst willen, sondern um Adam als dem Prototypen von Mann zur Verfügung zu stehen. Damit wird sie »von Anbeginn« unserer Kultur nicht als ein von ihm getrenntes Wesen vorgestellt. Vielmehr wird in diesem Prozeß das Andere (unter dem Bild des Weiblichen) im Einen (unter dem Bild des Männlichen) aufgelöst, so daß es als Teil an diesem selbst erscheint.

Nehmen wir ergänzend dazu die Geschichte der Lilith, so werden die Verhältnisse noch evidenter. Drei Versuche muß der Schöpfergott anstellen, bis Adam endlich mit der für ihn gefertigten Frau zufrieden ist. Dabei erscheint die »erste Eva« als erste Wegwerf-Frau der Geschichte – »wo sie blieb, weiß niemand mit Sicherheit« –, womit zugleich deutlich wird, wie sehr die Frau bereits bei diesem Prozeß verdinglicht und funktionalisiert wird. Erst der dritte Versuch kann, von Jahwe und Adam aus gesehen, als geglückt gelten: Eva wird aus Adams Rippe gebildet, während der in göttlich verordneter Vollnarkose liegt und mithin bewußtlos ist. Ihre Erschaffung ist der Struktur nach Ein-Bildung und Aus-Nahme und bedeutet auf Adams Seite nichts anderes als die Verweigerung des bewußten Erkennens seiner »Gehilfin«. Was Adam, dem Mythos nach, an Eva fasziniert, ist allein das eigens für ihn gefertigte Endprodukt, sprich ihre äußere Erscheinung:

> »Dann flocht Er, ehe Er ihn aufweckte, ihr Haar und schmückte sie wie eine Braut mit vierundzwanzig Schmuckstücken. Adam war entzückt.«

Überflüssig, die Parallelen zur Gegenwart zu ziehen! Die jüdische Legende ergänzt dazu:

> Gott ließ Adam in Schlaf verfallen, denn sonst hätte er Eva nicht lieben können: Männer lieben keine Frauen, die sie von Jugend an kennen. Als aber Adam erwachte und Eva sah, sagte er: »Sie ist es, die mein Herz in vielen Nächten klopfen machte.« Weil sie aus seinem Fleisch geschaffen wurde, bedarf sie des Parfüms, so wie das Fleisch zu seiner Erhaltung Salz benötigt.[9]

Die Geschichten, so wie sie überliefert sind, stellen sich als sukzessive Verdrängung von Zweiheit zugunsten von Einheit bzw. Vereinnahmung oder Einverleibung dar. Was dabei unterdrückt und schließlich unbewußt gemacht wird, ist die Vorstellung von der Frau als einem eigenständigen, ebenbürtigen und freien Wesen. Die Erschaffung, wie sie in Gen 2,18–24 und vor allem in der nachfolgenden Traditionsgeschichte konzipiert ist, macht aus Adam ein androgynes Wesen ohne Gegenpart. Die Struktur der Darstellung hilft dabei die Erkenntnis zu verschleiern, daß hier im Grunde nur ein einziges Wesen erschaffen wird, und zwar ein männliches, mit allerdings »weiblichen« Anteilen. Eva verhält sich zu Adam wie ein Teil zum Ganzen und kann deshalb nicht beanspruchen, selber ein Ganzes zu sein.[10] (Ein »Individuum« aber ist gerade dadurch definiert, daß es ein unteilbares Ganzes ist.)

Es ist unwichtig, ob *er* für *sie* der passende Gefährte ist. Nicht sie gibt ihm den Namen, sondern er benennt sie und definiert sie zugleich damit: »Diese soll Männin heißen, weil sie vom Mann genommen ist« (Gen 2,23).[11] Ihre Wünsche, sein Aussehen oder Verhalten betreffend, werden weder berücksichtigt, noch erfüllt, ja nicht einmal zur Sprache gebracht. Sie existiert in der Weise, wie er sie will und braucht, als ein »Traumbild« aus seiner Seite. Somit existiert sie im Grunde gar nicht, jedenfalls nicht aus sich und für sich und außerhalb seines »Einbildungsbereichs«. Sie ist »Fleisch von seinem Fleisch«, was umgekehrt nicht gilt. Sie ist, wie sie ist, nur nach seinem Wunsch und Willen, die Frau als Wille und Vorstellung, wenn schon nicht biologisch möglich, dann wenigstens auf diesem Wege.

Das Bild schreibt ihr, so wie es konzipiert ist, eine nicht mehr auflösbare Zweitrangigkeit vor. Und zwar gerade durch die Kombination aus zeitlicher Nachrangigkeit und körperlicher Herausnahme. Sie kann sich nicht wünschen, was schon da ist und ihr vorgegeben, und aus demselben Grund kann er auch nicht aus einem Teil ihres Körpers hervorgehen. Ihm später einen Teil von Eva einzupflanzen (als Ersatz etwa für die verlorengegangene Rippe) ergäbe genausowenig Sinn: Sie ist ja, dem Bild entsprechend, nichts ohne ihn. Was könnte sie ihm geben, das er nicht ohnehin schon hätte? Nicht nur jede Gleichrangigkeit, sondern auch jede Gegenseitigkeit als Austauschverhältnis ist damit unterbunden. Sie hat zwar alles von ihm, er aber nichts von ihr. So sind sie wirklich »ein Fleisch«, und d.h. ein Mann, denn genau genommen sucht und findet Adam in Eva lediglich sich selbst.

Die Zweiheit dagegen erscheint, im Bilde der Lilith, als Bedrohung (*diabolisch* = teuflisch, von griech.: *diaballein* = ent-zweien) und wird im Bilde der Eva in eine erzwungene Einheit überführt, deren Zwangscharakter jedoch durch die Weise der Darstellung zugleich geleugnet wird. Es geht alles ohne sichtbare äußere Gewalteinwirkung ab, und doch vollzieht sich mit dieser Geschichte prototypisch die größte Gewalttat der Historie: die sukzessive Enteignung und Entseelung von mehr als der Hälfte der Menschheit, ein Problem, das beileibe nicht nur Frauen betrifft, sondern auch als »weibisch« eingestufte Männer oder Völker.[12]

»Nicht ist der Mann aus der Frau«, werden spätere Zeiten jenes denkwürdige Ereignis feiern (1 Kor 11,8). Von nun an reklamiert der Mann das Gebärenkönnen für sich; aller Erfahrung und allen biologischen Gegebenheiten zum Trotz will er wenigstens im Bereich des Mythos jene Grenzen sprengen, die sein natürliches Geschlecht ihm setzt. Daß die Geschichte aus Gen 2 keine Eintagsfliege blieb, ersehen wir aus etlichen griechischen Mythen, die allesamt im Laufe des ersten vorchristlichen Jahrtausends entstanden sind. Gemeinsam ist allen der feste Wille des Mannes, das Gebären fortan nicht mehr den Frauen zu überlassen, bzw. – noch einen Schritt weiter – ihnen diese Fähigkeit schließlich sogar rundweg abzusprechen. Ob Zeus die Weisheitsgöttin Metis verschluckt, um an ihrer Stelle die Göttin Athene als Kopfgeburt zur Welt zu bringen, ob er sich das Dionysos-Kind in den Schenkel einnähen läßt, um es daselbst auszutragen, ob Aischylos in den *Eumeniden* nachzuweisen versucht, daß genau genommen nur der Vater zeugt und deshalb als »Eltern« gelten kann: es zeigt sich von seiten der Männer das angestrengte Bemühen, die naturgegebenen Verhältnisse auf den Kopf zu stellen. Gebärneid ist dafür vielleicht noch ein zu schwaches Wort.

Bis dahin galten die Gesetze der Blutsbande, und danach waren Mütter fraglos mit ihren Kindern verwandt. Wer nicht mit ihr in diesem eigentlichen Sinne verwandt war, war dagegen der Mann, mit dem sie sich verehelichte. In dieser Hinsicht markieren die *Eumeniden* eine Wendezeit. Dort kommt es zum Eklat, weil Klytaimnestra ihren Ehemann Agamemnon erschlägt, u. a. deswegen, weil der ihre Tochter Iphigenie im Krieg gegen Troja der Gunst des Poseidon und damit seinem Schlachtenglück geopfert hatte. »Nicht blutsverwandt war sie dem Mann, den sie erschlug« (v. 605), argumentieren die Erinnyien (»Furien« oder Rachegöttinnen) zugunsten der Königin. Doch Orest, ihr leiblicher Sohn und Protagonist der »neuen Zeit« tötet die Mutter unter Berufung auf die neuen Werte, die damit zugleich untermauert werden sollen:

> Nicht ist die Mutter des Erzeugten, »Kind« genannt,
> Erzeugrin – Pflegerin nur des neugesäten Keims.
> Es zeugt der Gatte; sie, dem Gast Gastgeberin,
> Hütet den Sproß, falls ihm nicht Schaden wirkt ein Gott.
> (v. 658–661)

Und Athene wird als Sekundantin gebraucht (so wie Platon im *Symposion* die berühmte Philosophin Diotima benutzt, um ausgerechnet mit ihrer Argumentationshilfe den Ausschluß von Frauen aus der Philosophie zu rechtfertigen):

> Denn keine Mutter hat mich auf die Welt gebracht.
> Fürs Männliche bin allwärts ich – nur nicht zur Eh
> Aus vollem Herzen; ganz bin ich des Vaters ja.
> So schätz ich an der Frau den Mord nicht höher ein,
> Da sie den Mann, des Hauses Oberhaupt, erschlug.
> (v. 736–740)

Es geht darum, den Mann überhaupt erst als »des Hauses Oberhaupt« und damit »Haupt der Frau« zu kreieren. Da ist es gut, wenn er die mütterlichen Funktionen gleich noch mit übernimmt, die Mutter aber zum leeren Gefäß degradiert, das auf »Erfüllung« durch den Mann und Gatten angewiesen bleibt. Aristoteles wird diese Vorstellungen übernehmen und in seine Philosophie integrieren. Er geht noch einen Schritt weiter und erklärt Weiblichkeit als einen natürlichen Mangelzustand. »Alles, was seinen Eltern nicht ähnelt, ist bereits in gewisser Weise ein Ungeheuer, denn in diesem Falle ist die Natur ... vom Gattungstyp abgewichen. Eine erste solche Abweichung ist, wenn eine Frau hervorgebracht wird.«[13] Zwar erkennt Aristoteles die notwendige Funktion der Frau im Fortpflanzungsprozeß an, doch stellt sie nichts als den Körper (die passive *Mater*ie) des neu entstehenden Menschen. Seele, und damit wahres und eigentliches Sein und Wesen, erhält das Kind einzig und allein vom Vater. Somit ist er die eigentliche »Mutter« des Kindes, das – wenn alles gutgeht – ihm ähneln und ein Sohn werden wird. Kommt eine Tochter heraus, dann ist es der biologischen Mutter gelungen, die Spezies zu schwächen. Da Frauen dieser Theorie zufolge selbst nur unzureichend beseelt sind, verfehlen sie die vollwertige Gestalt eines substantiellen, unabhängigen Individuums und sind daher schon gar nicht in der Lage, der Frucht ihres Leibes Form zu verleihen. »Insubstantiell, fließend, nähert sich unsere Menschlichkeit dem Nullpunkt. Da Frauen die wahre ontologische Unabhängigkeit fehlt, bleiben sie Ausnahmen von der Norm. Wenn die wahre und getrennt existierende Substanz nicht ›einem Subjekt‹, einem anderen, ›anhaften‹ kann, dann, so können wir schließen, sind Frauen Wesen, die in anderen sind.«[14] Womit wir uns wieder dem Bild aus Gen 2,18–24 annähern: die Frau aus der »Rippe«, im Mann enthalten, aus ihm genommen, von ihm »geboren«. Wo andere zu langatmigen philosophischen Begründungen ausholen müssen, setzt die Bibel ein schlichtes Bild: und alles ist gesagt. Den Rest hat unsere Sprache erledigt.

»Im Anfang war das Wort«, und dieses Wort (der Bibel) macht aus Adam ein androgynes Wesen. Darin seinem Schöpfergott ähnlich, wie nicht zuletzt die jüdische Tradition überzeugend darlegt. Von nun an ist das Weibliche als im Männlichen enthalten vorzustellen, selbst wenn es sich augenscheinlich und erfahrungsgemäß bis auf den heutigen Tag anders verhält und die Frau überall zu finden ist, nur nicht *in* einem Mann (auch und gerade nicht beim sexuellen Akt). Was nicht sein kann, ereignet sich dennoch tagtäglich in unserer Sprache; durch unser Sprechen vollziehen wir das Urbild, den Urmythos unablässig nach, erschaffen ihn täglich neu, ohne uns dessen im allgemeinen auch nur im mindesten bewußt zu sein. Unsere (Alltags)Sprache stellt die Frau permanent als die im Mann enthaltene dar und vor; dadurch, daß die männliche Wortform generell für beide Geschlechter gelten soll, geht »sie« in »ihm« auf und – unter. Ist dann doch einmal von »ihr«, die Rede, dann wissen alle: hier geht es um sie und nur um sie; Männer sind niemals mitgemeint, wenn die weibliche Wortform erscheint, und fühlen sich durch sie erst recht nicht angesprochen. Sprachlich ist nur sie in ihm enthalten, er niemals in ihr, was umgekehrt sie als Ausnahme von der Norm, ihn dagegen als Normmenschen erscheinen läßt. Dazu paßt auch, daß in den meisten Sprachen des abendländischen Kulturkreises die Begriffe Mann und Mensch als identisch gelten (worüber uns jedes Wörterbuch belehren kann). Frauen erscheinen danach als (außermenschliche?) Sonderspezies (für die u.U. sogar rechtliche Sonderregelungen gelten). Eine Vereinnahmung zum Zwecke der Aussonderung also.

Der Sprache gewordene Mythos vom »schwangeren« Mann

Der weltberühmte Religionswissenschaftler Karl Kerenyi erklärt uns die Geschichte von der *Büchse der Pandora* so: »Der Urmensch des griechischen Prometheus-Mythos war nur zur Hälfte Prometheus, der im voraus Wissende, zur Hälfte sein Bruder Epimetheus, der erst nachträglich Lernende, der die Frau als ambivalentes Geschenk entgegennahm. *Der überaus Gescheite und der Dumme bildeten eine Einheit. Sie waren der Mensch in seiner Ganzheit.*«[15] Die Frau ist danach offensichtlich kein Mensch. Aber was ist sie dann? – Ein Geschenk, wenn auch von äußerst zweifelhaftem Wert. Das klingt so ähnlich, wie wenn Papst Johannes Paul II. anläßlich des sog. »Jahres der Frau« hervorhebt, er bedanke sich (wohl bei seinem Schöpfergott) für »das Geschenk der Frau«. Selbst in Geschenkform bleibt sie Mittel zum Zweck. (Doch müßte uns nicht auch zu denken geben, daß die explizit von Männern »gemachten« Frauen kaum je anders als dumm, faul und bösartig ausfallen?

In ihrem Buch »Das Gastmahl der Xanthippe« (1958) entwikkeln die drei Autorinnen (unter dem Pseudonym *Delphica*) mit spitzer Feder folgenden Dialog:

> »Achten Sie nur einmal darauf, mit welcher sorglosen Selbstverständlichkeit häufig das Wort Mensch an Stelle von Mann gesetzt ist. Dazu ist keine böswillige Spitzfindigkeit nötig; es begegnet einem wachen Sinn allenthalben.«
> »Das ist richtig!« sagte Diotima, »erst gestern las ich, heimlich amüsiert, vor dem Einschlafen in dem Werk eines berühmten deutschen Philosophen des 19. Jahrhunderts folgenden Satz: ›Der normale Mensch ist hinsichtlich des Genusses seines Lebens auf Dinge außer ihm gewiesen, auf den Besitz, auf Weib und Kinder, Freunde und so fort.‹ Daraus müßte man logischerweise schließen, daß die Frauen keine normalen Menschen seien.«
> »Ob eine solche Nachlässigkeit aber heute, bei der scharfen literarischen Kritik, noch möglich ist?« fragte Aspasia.
> »Auch hier kann ich Ihnen prompt ein Beispiel liefern«, triumphierte Xanthippe, »als ich kurz vor Ihrer Ankunft heute

die Zeitung aufschlug, fiel mein Blick auf die Überschrift: ›Über die Kunst zu warten‹. Das paßte so nett zu meiner Situation, und ich fing an zu lesen, kam allerdings nur bis zur achten Zeile. Aber was ich las, genügte. Hören Sie zu. … ›Sein Leben lang wartet der Mensch – auf eine Frau, auf das Glück, auf eine Genehmigung, auf den Tod.‹ … Mensch ist männisch und bleibt es.«[16]

Das fängt bereits in der Bibel beim *Dekalog*, den sog. »Zehn Geboten« an, die uns in zwei Fassungen vorliegen: Ex 20,1–17 und Dtn 5,6–22, wobei letztere Version in etwa zeitgleich mit der ersten Schöpfungsgeschichte aus Gen 1,1 ff. abgefaßt wurde. Daß die Frau in Ex 20,17 zum Sacheigentum gezählt wird, wäre an sich schon empörend, wird aber in gewisser Weise dadurch »wiedergutgemacht«, daß die spätere Ausgabe diesen Irrtum zu korrigieren scheint. Das eigentliche Crimen liegt jedoch ganz woanders und wird in der einschlägigen exegetischen Literatur überaus selten thematisiert: »Du sollst nicht begehren deines Nächsten Frau!« Das tun normalerweise nur Männer – oder Lesben. Wenn wir nicht davon ausgehen wollen, daß das Volk Gottes aus lauter Lesben bestand (was im übrigen der Kontext der Bibel nicht nahelegt), sehen wir uns hier der gnadenlosen Tatsache gegenüber, daß sich dieser Passus gar nicht an Frauen richten kann. Subjekt der Anrede, so müssen wir danach annehmen, ist im gesamten Dekalog, und sicher nicht nur in diesem einen Vers, – der Mann. Was bis heute die ethische Grundlage unserer gesamten Kultur stellt, schließt die Frau als handelndes Subjekt nicht ein, sondern aus. Und daß wir – Frauen wie Männer – dies in aller Regel überlesen, ist nur Teil des Systems.

Zur aktuelleren Lage eine knappe, aber inhaltsreiche Zitatensammlung von Gisela Breitling:[17]

»Wenn ein Satz heißen kann: ›Abends verabreden sich die Jugendlichen vor dem Kino mit ihren Mädchen bedeutet das, daß Jugendliche immer männlichen Geschlechts sind. ›Der Mensch, vom Weib geboren‹, läßt Mensch und Weib als nicht identisch erscheinen. ›Wenn aus Kindern Männer geworden sind‹, heißt: es ist nicht nötig zu erwähnen, daß aus Kindern auch Frauen werden. Der Satz sagt: Eigentlich sind Kinder stets männlich.« (Womit wir, nebenbei gesagt, zu einer Tradition im arabischen Sprachgebrauch überschwenken können, derzufolge nur die Jungen überhaupt »Kinder« genannt werden. Mädchen zählen nicht mit, wenn die Zahl der »Kinder« angegeben wird.)

»›Die bildende Kunst‹, schreibt Klaus Fußmann, ›... fordert bei solider Ausübung den ganzen Mann.‹ Was geht in einer Frau vor, die Künstlerin werden oder sein will, wenn sie diesen Satz liest?« Und der sich – so könnten wir ergänzen, beileibe nicht nur auf Kunst sondern ebenso auf Politik, Sport, Wissenschaft, auf eigentlich jeden ernstzunehmenden Beruf beziehen ließe.

Wen wundert's, wenn Mädchen selbst die gängige Wortwahl bereits früh verinnerlicht haben? In einem Les*er*brief vom 5.11.98 beklagen sich zwei Mädchen (12 und 8 J. alt) im Schwäbischen Tagblatt darüber, daß sie in einer Eisdiele nicht bedient wurden: »Wir wollten uns jeder eine Kugel Eis kaufen; ... und schließen mit dem Satz: »Schließlich war jeder Erwachsene einmal ein Kind.«

Was wiederum ist von einem Satz zu halten, der da lautet: »Der berühmteste Geisterbeschwörer von allen, die ich gekannt habe, hieß Uvavnuk und war eine Frau.«[18] Wieso ist *der* berühmteste eine Frau und kein Mann? Bzw. wenn es doch ganz eindeutig eine Frau ist, warum spricht man dann nicht von Geisterbeschwörerin? Was wäre aber von der sprachlichen Wendung zu halten: Die berühmteste Geisterbeschwörerin ... hieß Uvavnuk? Sofort wird klar: der letzte Satz bezieht sich ausschließlich auf Frauen, während der erste Männer und Frauen einschließt. Um die Bedeutung Uvavnuks sowohl unter Männern als auch unter Frauen herauszustreichen, »reicht« die männliche Form. Darin ist enthalten, daß es sich gegebenenfalls auch um eine Frau handeln kann. Wann diese Gegebenheit allerdings eintritt, darüber darf man sich von Fall zu Fall streiten. Denn die männliche Wortwahl bringt gegebenenfalls die Weiblichkeit der (Mit)Gemeinten auch wieder zum Verschwinden. Nehmen wir an, der Satz hieße einfach: Der größte Geisterbeschwörer ... hieß Uvavnuk. Wer nicht (mehr) weiß, daß es sich bei diesem Namen um eine Frau handelt, wird sich im Zweifelsfalle dafür entscheiden, daß Uvavnuk ein Mann war. Der nächste Schluß (wenn wir genügend solcher Sätze beisammen hätten) würde dann evtl. zu der Behauptung führen, Geisterbeschwörer seien überhaupt immer nur Männer gewesen. Absurd? Aber genau nach diesem Muster vollzieht sich unsere Geschichtsschreibung nur allzu oft. In allen Zweifelsfällen immer zugunsten von Männern. Wodurch die Mitwirkung von Frauen an bedeutenden historischen Unternehmungen u.U. unsichtbar gemacht wird.

Der Schamanismus bietet dafür ein evidentes Beispiel. Spätestens seit Noah Gordons Romanwälzer »Der Schamane« sind wohl alle felsenfest überzeugt: *der* Schamane kann vorrangig nur ein Mann sein, immer und überall. Auch sind Untertitel wie »Märchen und Mythen der Schamanen« nicht dazu angetan, diese Weltanschauung zu relativieren. Das Wörtchen »der« oder »er« evoziert und aktiviert nun mal kein weibliches Vor- oder Abbild in unserem Vorstellungs- und Denkvermögen. Was in diesem speziellen Fall dabei herauskommt, ist zudem noch glatte Geschichtsverfälschung, denn wenn eines als zunächst weibliches Privileg gelten konnte, dann war es das, was wir heute unter Schamanismus zu erfassen versuchen. Dies läßt sich u. a. auch sprachlich nachweisen. In vielen Kulturen gilt deshalb noch heute: Die Frau ist bereits Schamanin von Natur aus und bedarf dazu keiner speziellen Einweihung.[19]

Ob und wo Frauen jeweils mitgemeint sind, entscheidet sich (oder müßten wir sagen »mann«?),[20] wie gesagt von Fall zu Fall. Ganz sicher nicht mitgemeint war sie in der folgenden von Eveline Hasler in ihrem Roman »Die Wachsflügelfrau« beschriebenen Szene: Hauptperson dieser Romanbiographie ist Emily Kempin-Spyri, die erste promovierte Juristin im deutschsprachigen Raum. Ihr Versuch, sich mit einer eigenen Anwaltskanzlei selbständig zu machen, scheitert in der Schweiz nur an einer einzigen Voraussetzung: Sie ist kein Mann! Ansonsten konnte dort um die Jahrhundertwende jeder ein Anwaltsbüro aufmachen, der sich dazu berufen fühlte, auch gänzlich ohne Studium.

> Ich meine, Sie können studieren, soviel sie wollen. Trotzdem werden Sie nie Anwalt. Sie haben nämlich einen kleinen Fehler, Frau Kempin: Sie sind eine Frau.
> Sie versuchte Ruhe zu bewahren. Zitierte, als habe sie eine solche Komplikation vorausgesehen, Artikel 4 der Bundesverfassung:

Jeder Schweizer ist vor dem Gesetze gleich. Es gibt in der Schweiz keine Untertanenverhältnisse, keine Vorrechte des Orts, der Geburt, der Familien oder Personen.
In ihrem Zitat steht aber nichts von einer Schweizerin, sagte der Richter. Seine Oberlippe schürzte sich in mildem Spott.
Was soll das heißen?
Das heißt, Sie sind als Frau kein Aktivbürger, weil Sie kein Stimmrecht haben. Das Aktivbürgerrecht ist nun einmal das einzige Erfordernis, welches die Zürcher Prozeßordnung zur Vertretung Dritter vor Gericht verlangt.
... So braucht ein Mann also nichts als ein Mann zu sein?
So ist es, Frau Kempin.[21]

Wir sehen also, die männliche Wortform schließt die weibliche durchaus nicht zwangsläufig ein. Dafür muß aber die Frau »sich männlich machen«, will sie sich als Frau überhaupt Gehör verschaffen, und das heißt die Allgemeingültigkeit ihrer Aussagen bekräftigen. »Der Dichter Ruth Silber und das Wetter« überschreibt die Lyrikerin Carmen Kotarski ein Gedicht und bringt damit u.a. zum Ausdruck, daß – wer als Autorin wahrgenommen werden will, zum Autor mutieren muß. Nur dessen Werke haben eine Chance, ernst genommen zu werden. Die weibliche Form als die von vorneherein minderwertige Aussageweise und daher aussichtslos im Abseits? Bei der Redewendung »die Schriftstellerin Thomas Mann« jedenfalls würden wir mit Sicherheit eine Sprachstörung diagnostizieren. Ähnliches konstatiert Gisela Breitling für den Bereich der Malerei: »Wenn ich sage: ›Ich bin Malerin‹, so ist das nicht dasselbe, wie wenn ein Mann sagt: ›Ich bin Maler.‹ Wollte er dasselbe sagen, so müßte er sagen: ›Ich bin ein malender Mann.‹ Wenn ich sage: ›Ich bin Malerin‹, liegt die Bedeutung meiner Aussage nicht in erster Linie darin, daß ich damit meine Tätigkeit beschreibe, sondern darin, daß ich diese Tätigkeit als Frau ausübe.« Dieser Satz »verweist mich in den ausschließenden Zusammenhang mit Frauen, die Malerei betreiben.« Die einzige adäquate, wenngleich zugegeben mißverständliche Sprechweise sieht Breitling in der Formulierung: »›Ich bin Malerin und Maler.‹ Ich habe nämlich den Anspruch, meine Kunst im Zusammenhang mit aller Malerei zu sehen.« Was linguistisch auf derselben Ebene liegt wie

»Der Dichter Ruth Silber«.[22] Wenn, wie immer noch postuliert wird, Wahrheit die Übereinstimmung von Sachverhalt und Rede bedeuten soll, dann stimmt hier jedenfalls schon lange nichts mehr zusammen, es sei denn, wir würden die beständige Negierung und Hintanstellung von Frauen durch Sprache für sachlich richtig halten, weil Frauen nun mal wesensgemäß den Männern gegenüber minderwertig sind. Die Frau einfach deshalb »unten«, auch sprachlich verdeckt, weil sie Frau ist? Der alte Streit von Lilith und Adam, durch unsere Sprache wird er täglich neu zum Leben erweckt; und immer noch zugunsten von Adam entschieden, versteht sich.

Was in der weiblichen Sprach- und Sprechform gesagt ist, noch dazu wenn eine Frau die Autorin ist, gilt nur für Frauen. Ein Grundaxiom unserer Kultur. Nur deshalb ist es möglich, solch irrsinnige Behauptungen aufzustellen wie: feministische Theologie ist Theologie von Frauen für Frauen.[23] Daß eine solche Redewendung der Allgemeinheit gar nicht als irrsinnig erscheint, ist zugleich das Irrsinnigste daran. Was Frauen tun, soll sich angeblich nur auf einen weiblichen definierten Bezirk beziehen, auf andere Frauen. Ja leben Frauen denn im luftleeren Raum, wo außer ihresgleichen niemand anzutreffen ist? Und müssen sie zu Männern werden, sobald sie die Bretter betreten, auf denen Männer die Welt erklären? Niemand käme auf die Idee, was Männer tun, nur auf Männer zu beziehen. Wenn »er« redet, handelt, die Welt deutet, dann selbstverständlich unter dem Aspekt von allgemeiner Gültigkeit und Universalität. Womit er sich letztendlich als geschlechtsloses Neutrum entwirft, das die Frau nur noch mehr als »Geschlecht« in Erscheinung treten läßt. Denn *ihr* verweigert unsere Sprache so selbstverständlich das Recht, geschlechtsübergreifend zu reden, zu handeln, die Welt zu deuten, wie sie es *ihm* gleichzeitig und fraglos zubilligt.

Denken hat zwar ein Geschlecht, aber nur ihres wird beim Sprechen (Schreiben, Denken) permanent sichtbar. Wobei die Tatsache, daß sie »mitgemeint« sein kann, sie noch wirksamer von gesellschaftlicher Einflußnahme ausschließt, als wenn es nicht so wäre. Wenn sie etwas beizutragen hat, dann muß es, bitteschön, etwas wirklich Neues sein, was noch kein Mann gesagt/getan hat. Denn würde sie nichts anders sagen/machen als der Mann, wozu brauchten wir sie dann überhaupt? Wenn sie nicht »anders« wäre als der Mann, wozu wäre sie dann überhaupt da? In diesem Schema bleibt er stets der ihr Vorgegebene, wie der biblische »Adam«, dem sie allenfalls Ergänzung und »Hilfe«, in der bildenden Kunst dann Muse sein darf (zu der ein männliches Pendant bezeichnenderweise gänzlich fehlt). Mit dem Recht des Erst-Gebildeten ruft er all überall »ich bin schon da«, und läßt ihr nur die sekundäre Rolle übrig. So wird über unsere traditionellen Denk-, Sprach- und Sprechgewohnheiten die Ur-Vereinnahmung aus Gen 2 fortgesetzt wiederholt. Sie ist zwar die Andere, aber nicht wirklich anders, für sich selbst und aus sich selbst heraus, wie sie es sein will, sondern immer nur »für ihn«, auf den hin sie einst erschaffen wurde. Noch in ihrem Anderssein ist sie von ihm bestimmt. Gisela Breitling hat »den Schöpfer« bei der Arbeit beobachtet:

> Adam indessen versuchte sich als Bildhauer und machte sich sofort mit Eifer an sein Geschöpf … Vorrangiger Gegenstand seines akribischen Tuns ist bis auf den heutigen Tag die Gestaltung von Evas Körper. Ständig entwirft er neue Proportionen und Linien, mal mehr glockenförmig mit enger Taille, mal rund, mal schlank. Er schnürt sie ein, damit er sie auffangen kann, wenn sie in Ohnmacht fällt, oder biegt ihr die Zehen hoch, damit sie kleine Füße hat und nicht gehen kann. Mal quetscht er ihr den Busen ab, zwängt ihn in irgendwelche Korsagen, dann soll er lieber groß sein und wird ausgestopft oder mit Silikon behandelt. Mal wird der Busen hochgeschnallt, dann wieder soll er flach sein. Auch die Möse bedarf der Korrekturen, wird eingenäht, durchbohrt, verkleinert oder vergrößert. Mal soll Eva einen dicken Hintern haben und wird entsprechend gefüttert, dann wieder verordnet er Hungerkuren, weil er sie mit ganz schmalen, knabenhaften Hüften haben will. Sehr wichtig ist ihm, daß sie stets kleiner bleibt als er. Sobald er eine neue Eva-Version fertig hat, verfaßt er eine längere philosophische Abhandlung, in der er seine Gestaltungsrichtlinien zusammenfaßt, systematisiert und theoretisch begründet. Zumeist stellt er dabei fest, daß Eva so, wie sie jetzt gerade ist, mit Grund und natürlicherweise sei … Wenn Adam seine Analyse beendet hat, konzipiert er sofort neue, verbesserte Auflagen von Eva und macht sich wieder ans

Werk. Ach, das Weib, das Weib! ruft er dann seufzend aus, es ist ein Kreuz, eine Strafe. Herrgott, ich danke dir, daß ich nicht bin wie sie und daß du mich als einen Mann geschaffen hast und ich dein Ebenbild bin.«[24]

Noch und gerade in ihrem Anderssein bleibt »Eva« also »Adam« einverleibt. Er aber bleibt im Sein, Denken und Fühlen »Ebenbild Gottes«, weil und solange Eva nur als Teil von ihm erscheint.

Eine ganz neue Möglichkeit, mit »Adam und Eva« umzugehen, habe ich unlängst in dem schon zitierten »Kinderlexikon der Religionen« entdeckt; um so bemerkenswerter deshalb, weil der Autor, Georg Schwikart, selbst noch jung (Jg. 1964) ist. Unter dem Stichwort »Eva« findet sich bei ihm, man/frau lese und staune: Nichts! Zu »Adam« heißt es dort:

»Die Hebräische Bibel beginnt mit der Geschichte von der Erschaffung der Welt durch Gott. Der Erzähler nennt den ersten Menschen »Adam«, weil er aus »adama« (= hebräisch »Erde«) geschaffen ist. Adam ist ein Gattungsname. Damit sind alle Menschen, Männer und Frauen, gemeint.«[25]

Daß er sich dazu ausgerechnet auf Gen 2,4–25 beruft, ist zudem völlig unverständlich; schließlich kommen gerade hier beide, und namentlich genannt, vor. Eva ist in diesem Lexikon ganz weggefallen. Ihr Name wird nichtmals mehr erwähnt. »Adam«/Schwikart hat sie gründlicher verschluckt als Zeus die Metis! Was sollen nun unsere Kinder daraus lernen?

Vorsicht also mit der Androgynität, die gerade feministischen TheologInnen, aber auch PsychologInnen als wegweisend für ein neues Gottesbild schien. Adam ist vor allem deshalb Gottes Ebenbild, weil und insofern er dessen Androgynität von Anfang an widerspiegelt. Deshalb müssen alle eigenständigen Entwürfe seiner möglichen Gefährtin zurückgewiesen werden. Lilith, die auf Ebenbürtigkeit pocht und selbst noch die erste Eva, die – kaum erschaffen – schon verworfen wurde. Warum? Weil sie auf eigenen zwei Beinen gehen konnte, geschaffen aus einer Substanz, die nicht Adam war. Isolde Kurz bringt das Ziel der Erschaffung Evas auf den Punkt: »Kein Hirn in diesem Rippenstück.« Daß dies Rippenstück zu Liliths (und wohl auch der Autorin Entsetzen) Adam wie einen Gott verehrt, ist die natürliche Konsequenz. »Eva nannte Adam ihren Herrn«, weiß auch die jüdische Legende zu erzählen.[26] Die freiwillige Umsetzung des biblischen Befehls aus Gen 3,16: »er aber wird über dich herrschen«; und zugleich wird noch mehr assoziiert, denn »Herr« nennen Juden wie Christen auch ihren Gott. Nach jüdischer Vorstellung ist die weibliche Seite in Gott enthalten: »seine« Schekina (nicht »ihr« Adonai!). Nach gleichem Muster ist auch Eva in Adam enthalten. So leistet die Androgynität gerade nicht, was sie vielen InterpretInnen immer noch zu versprechen scheint: die Unterstützung der Gleichwertigkeit der Geschlechter. Die Vorstellung von der »weiblichen Seite« Gottes wirft mehr Fragen auf, als sie löst. Wie hätten wir uns auch »weiblich« vorzustellen in einer Kultur, die jahrtausendelang »weiblich« mit allem gleichgesetzt hat, was vom »Mann« aus gesehen als minderwertig, zumindest aber als kompletter Gegenpol zu »männlich« entworfen wurde? Wobei stets vom Männlichem als dem Vorgegebenen aus gedacht wurde.

In diesem Zusammenhang ist es wichtig, sich nochmals bewußt zu machen, daß die Vernunftideale von Theologie und Philosophie unseres Kulturkreises seit Beginn ihrer Entstehung die Überwindung des Weiblichen implizieren, und zwar durchgängig und in allen Epochen unserer Geschichte, wie Geneviève Lloyd detailliert und dezidiert selbst bis hin zu Simone de Beauvoir nachweisen konnte. In diesem Prozeß wird das Weibliche allein über seine Andersartigkeit, Minderwertigkeit und Unterlegenheit in bezug auf das Männliche überhaupt erst definiert. M.a.W.: die Vernunftideale der westlich-abendländischen Philosophie haben sich nur über den Ausschluß einer Vorstellung vom Weiblichen herausgebildet, die sie gleichzeitig mit ihrem Ausschluß erst konstituieren halfen.

> »Rationales Erkennen wird dabei gedeutet als transzendierender, transformierender und kontrollierender Prozeß in bezug auf natürliche Mächte und Gewalten; und das Weibliche wird traditionell mit dem assoziiert, was mit Hilfe rationalen Erkennens transzendiert, dominiert oder schlicht ignoriert wird.«[27]

Unter solchen Voraussetzungen konnte selbst noch das sittlich Gute, das sich in der Vorstellung mit den höchsten Vernunftidealen verbindet, nur als etwas in Erscheinung treten, das sich im letzten allein unter Ausschluß und Überwindung des Weiblichen erlangen läßt. Des Weiblichen, wie es von Männern definiert wurde, wohlgemerkt, denn nur sie hatten den entscheidenden Anteil an der Traditionsbildung. Und was sie mit derlei Definitionen erreichen konnten, war natürlich nicht das Weibliche an sich und aus sich selbst heraus, sondern von vorneherein eine Fiktion, die nicht die Erfahrung von Frauen, sondern lediglich das männliche Bild von »Frau« transferierte.

Für unsere Kultur bedeuten solche Überlegungen, daß evtl. deren höchste Vernunftideale nichts weiter erbracht haben mögen als eine Verzerrung der Sicht- und Erlebensweise der Welt. Erkenntnisse, die per definitionem nur über den Ausschluß der einen Hälfte der Menschheit zu gewinnen waren, müssen notwendigerweise zu einseitigen Ergebnissen führen und können gerade das nicht beanspruchen, was sie doch zu beanspruchen vorgeben: Allgemeingültigkeit und Universalität.

Was aber ist mit jener Schöpfungsgeschichte, die uns in Gen 1 präsentiert wird und die von zahlreichen TheologInnen neuerdings favorisiert wird, wenn es um die angeblich biblische Begründung der Gleichwertigkeit von Mann und Frau geht?

> Und Gott schuf den Menschen nach seinem Bilde, nach dem Bilde Gottes schuf er ihn, als Mann und Frau schuf er sie. (Gen 1,27)

»Gott hat zwei Menschen geschaffen, die zusammen Gottes Ebenbild sind. Gott ist nur in zwei unterschiedlichen Wesen gespiegelt. Differenz, Andersheit, Polarität der beiden Geschlechter waren ›im Anfang‹ da, nicht eine androgyne Einheit, von der manche Kulturen träumen. Der erste Schöpfungsbericht feiert die Zweiheit der Menschen«, resümiert Dorothee Sölle und spricht damit sicherlich stellvertretend für viele ExegetInnen.[28] Mich beschleicht dabei ein mulmiges Gefühl. Als der Autor – die Autorin? – von Gen 1 dies niederschrieb, war die Geschichte aus Gen 2–3 schon seit ca. 500 Jahren in Umlauf, und es ist kaum zu vermuten, daß er sie nicht kannte. Da in Gen 1,27 nicht das Geringste über das Verhältnis ausgesagt ist, in dem die beiden Geschlechter zueinander stehen, müßte man eigentlich annehmen, er setzt dieses bereits als gegeben voraus. Wenn er sagt: »als Mann und Frau schuf er sie«, dann wissen in dieser Kultur alle, wie deren Zueinander auszusehen hat, ohne daß er noch näher darauf eingehen müßte. Daß die Frau noch dem Verfasser des etwa zeitgleich entstandenen Dekalogs nicht als handelndes Subjekt in den Blick kam, haben wir ja schon gesehen. Sollten für Gen 1 andere Maßstäbe gelten? Ich wage dies gelinde zu bezweifeln, nicht zuletzt unter Berufung auf die zahllosen Bibelstellen (insbesondere Gesetzestexte), welche die Frau fortwährend herabsetzen und sogar noch die Einhaltung ihrer Gelübde, die sie Gott gegenüber ausspricht, dem Gutdünken ihres Vaters oder Ehemannes unterstellen (Num 30,4–17). Der Satz würde herausragen wie ein Stecknadelkopf aus Meereswogen, wenn es so wäre, daß darin das Ideal gleichwertiger GefährtInnenschaft zum Ausdruck käme, doch dazu ist er zu unspezifisch. Außerdem heißt es »nach dem Bilde Gottes schuf er *ihn*, den Menschen«, das evoziert doch zunächst wieder das Bild eines Mannes, das sich danach erst in Mann und Frau »teilt«. Sonst hätte es ja adäquater heißen müssen: nach dem Bilde Gottes schuf er *sie* – beide und gleichzeitig! Barbara Koltuv jedenfalls deutet Gen 1,27 aus jüdischer Sicht, ganz im Sinne der Kabbala: »Hier sind sowohl Adam oder der Mensch als auch Gott androgyn.«[29]

Es ist nicht mehr zu entschlüsseln, was genau in Gen 1,27 gemeint sein könnte. Schule gemacht hat es jedenfalls nicht, denn wirkungsgeschichtlich – gerade was die verhängnisvolle Sichtweise der Frau anbelangt – dominiert bis heute die ältere und bildhaftere von den beiden Schöpfungsgeschichten. Bereits im Neuen Testament wird nur auf sie Bezug genommen, wenn es gilt, Eva – und mit ihr symbolisch alle Frauen – zu verunglimpfen. Loci classici der Argumentation sind 1 Kor 11,2–16; Eph 5,21–33; 1 Tim 2,9–15. Daneben hat zwar auch das Bewußtsein von der angeblich »glücklichen Schuld« (»felix culpa«), die überhaupt erst den Erlöser angezogen und Erlösung möglich gemacht hat, die Christenheit nie ganz verlassen, doch war dies ein Thema, das erst im Zuge der Aufklärung stärker zum Durchbruch kam. Nun wird der Sündenfall nicht mehr als Sturz und Unglück des Menschen gedeutet, sondern eher im Sinne Kants als Übergang in einen freien, vernünftigen Zustand angesehen. Aber da sind wir schon im 18./19. Jahrhundert, und es ist auch nicht so sehr »Eva«, die von dieser Sichtweise profitiert, sondern – entsprechend der auch von der Aufklärung keineswegs außer Kraft gesetzten Gleichsetzung von Mann und Mensch und Subjekt – »Adam«.

Interessant ist, daß Dorothee Sölle im obigen Zitat die Vorstellung von androgyner *Zweiheit* nicht in ihr Konzept mit einbezieht. Beim Menschenbild von einer androgynen Einheit auszugehen, würde in der Tat nicht weiterhelfen und ist zudem schon das, was wir seit Jahrtausenden haben. Wenn schon ein androgynes Menschenbild favorisiert würde (wofür biologisch und psychologisch durchaus einiges spricht), dann bitte beidseitig. Allzuoft wird auch heute bei Androgynität nur wieder daran gedacht, daß Männer ihre »weibliche« Seite integrieren und kultivieren sollten. Daß Frauen im Gegenzug auch ihre »männlichen« Charakterzüge stärker ausleben sollten, wird dagegen weniger gern gesehen. Animusbesessen; männeridentifiziert sind die Plakate, die dem psychologisch einen Riegel vorschieben sollen. Ganz zu schweigen vom Verdikt »Mannweib«, das immer noch zieht. Eine Frau, die nichts anderes machen würde als ein Mann, wäre die in unserer Kultur nicht schlichtweg überflüssig? Unsere einseitig von »männlichen« Werten dominierte Welt braucht doch das »Weibliche« dringend als Ausgleich und Relativierung – als ergänzende »Hilfe« eben!

Wieder ist sie, ehe sie sich's versieht, in der zweiten Reihe. Vorsicht ist geboten: auch Androgynität könnte sich als Sackgasse erweisen, solange sie nicht als beidseitiges Austauschverhältnis verstanden wird. Wie so etwas aussehen könnte? Beobachten wir im folgenden zur Abwechslung einmal eine Schöpfergöttin bei der Arbeit:

> ›Männer und Frauen sollen über die Kraft verfügen, einander ein Leben lang anzuziehen‹, dachte sie (*Erste Frau*). Sie formte ein Glied aus Türkis. Dann schabte sie lose Oberhaut von der Brust einer Frau, vermischte sie mit Yuccafrucht und steckte diese Mischung in das Glied aus Türkis. Und sie nannte das Organ ›*aziz*. Danach machte sie eine Scheide aus weißer Muschelschale und fügte einen Kitzler aus roter Muschelschale hinzu. Dann schabte sie lose Oberhaut von der Brust eines Mannes, vermischte sie mit Yuccafrucht und gab diese Mischung in den Kitzler. Sie vermengte Wasser mit mancherlei Kräutern und brachte diese Mischung tief in die Scheide ein. Dadurch konnte die Schwangerschaft eintreten. Dieses Organ nannte sie *ajóózh*.
> Sie legte die Scheide auf die Erde. Daneben stellte sie das Glied. Dann hauchte sie aus ihrem Mund Medizin über beide. Und zu beiden sprach sie diese Worte:
> »Nun ruft!« sagte sie zu beiden zugleich.
> »Ruft beide.
> Glied, rufe, damit deine Gefährtin die Kraft deiner Stimme spürt.
> Scheide rufe, damit dein Gefährte die Berührung deiner Stimme fühlt.« Glied rief sehr laut. Doch Scheide hatte nur eine schwache Stimme. Da sagte *Erste Frau:*
> »Macht es noch einmal«, sagte sie zu ihnen.
> »Berührt einander und ruft noch einmal.
> Glied rufe, daß deine Gefährtin es fühlen kann.
> Scheide rufe, daß dein Gefährte es fühlen kann.«
> Beide versuchten es noch einmal. Diesmal konnte Glied jedoch nicht so laut rufen wie beim ersten Mal. Dafür hatte Scheide diesmal eine gute Stimme.
> Erste Frau war mit ihrem Werk zufrieden. Jetzt würden Männer und Frauen lernen, füreinander da zu sein. Sie würden

ganz erpicht darauf sein, Kinder zu bekommen. Sie würden die Arbeit gleichmäßig aufteilen. Und ein/e jede/r würde gern geben, wessen die/der andere bedurfte.«[30]

Ein Teil derselben Navajo-Schöpfungsgeschichte, aus der ich bereits im ersten Kapitel zitiert habe. Die Gleichgewichtung/Gleichberechtigung von Frauen und Männern zeigt sich als durchgängig in der Mythologie dieses matrilinear organisierten Volkes. Und führt auch in der Regelung des Zusammenlebens zu völlig anderen Ergebnissen; insbesondere zu einer gleichrangigen und daher selbstbewußten Stellung der Frau (was eben gerade nicht bedeuten muß, daß nun der Mann »unten« gehalten würde).

Die Andere in ihrem Eigen-Sein und Eigen-Sinn anzuerkennen wäre für unsere Kultur die eigentliche Revolution. Dies ist, wie aus dem Vorangegangenen deutlich geworden sein müßte, nur möglich über die sukzessive Rehabilitierung des Weiblichen in all seinen Facetten und Zuschreibungen. Dazu gehört als erstes, daß wir die Bilder, die Männer für genuin »weibliche« ausgaben, entschieden zurückweisen müssen. Womit wir in ein gewisses Vakuum geraten, denn es gibt seit Jahrtausenden kaum noch andere, zumindest keine, die philosophisch oder theologisch Schule gemacht hätten; nichtmals psychologisch; denn selbst da fußen die Erkenntnisse zumeist auf den gängigen Vorurteilen. Frauen lassen sich eben nicht so ohne weiteres in ein Denk- und Glaubenssystem integrieren, das sich jahrtausendelang allein durch ihren Ausschluß erst konstituiert hat.

In der Bibel jedenfalls, die immer noch eine wichtige Quelle und Grundlage unserer Kultur darstellt, vor allem in Gen 2, wird allen Gerüchten zum Trotz keine Frau erschaffen, sondern nur ein »schwangerer« Mann, der die Frau in sich einverleibt und nach seinem Bilde formt. Griechische Mythen von schwangeren Göttern (Göttinnen sind in diesem Fall nicht mitgemeint!) halfen diese Vorstellung unterstützen, bis sie durch die abendländische Philosophie allmählich zum System erhoben wurde. Die spätere Geschichte vom Penisneid lenkt nur notdürftig davon ab, daß der männliche Gebärneid das eigentliche Movens unserer Kultur darstellt (bis hin in die moderne Reagenzglas-Fertilisation und andere Versuche, die Gebärmutter zu ersetzen, was einen immensen und gut finanzierten Forschungsbereich abgibt). Der Mythos vom »schwangeren« Mann jedenfalls ist die heimliche Grammatik unserer Sprache. Ein erster, erkenntnistheoretischer Schritt ins Neuland wäre, der »Männersprache«, bzw. der männlichen Wortform, die das Weibliche nur als Sonderfall zuläßt, systematisch ihren Anspruch auf Allgemeingültigkeit abzusprechen. Wollen wir diesem Denken den Boden entziehen, können wir das nur tun, indem wir den männlichen Universalanspruch auf Weltdeutung, der das Weibliche einfach als Teil von sich subsumiert und damit vorgibt, geschlechtslos zu sein, nicht länger hinnehmen. Schluß also mit dem ewigen »mitgemeint«. Nennen wir statt dessen die »Dinge«, sprich die Geschlechter beim Namen, die einen explizit weiblich, die anderen explizit männlich, je nachdem, wer wirklich gemeint ist. Es kann doch wohl nicht länger angehen, daß unser Bemühen um Sprachgenauigkeit ausgerechnet vor dieser banalsten aller Hürden kapitulieren müßte.

Die Frau als gleichwertige Partnerin in den »herrschaftsfreien Diskurs« einzuführen geht nur, wenn endlich offengelegt wird, daß und inwiefern Denken – immer – ein Geschlecht hat. Wir denken, fühlen, handeln nicht als Neutra, sondern aus unseren Bedingungen und Erfahrungen als Geschlechtswesen heraus, die wir nun mal – und glücklicherweise – sind. »Der Mensch ist zwei!«[31] Warum wollen wir diese Grundgegebenheit nicht endlich philosophisch (theologisch, psychologisch) wirksam werden lassen? Die Antwort ist klar: Weil damit Männerherrschaft und Männerherrlichkeit auf dem Spiel steht, die ganze schöne und philosophisch-theologisch abgestützte Männeridentität vorerst in sich zusammenfällt. Ein inflationäres männliches Selbstbild, das sich einbildete, sein Sein und Wesen auf die andere Hälfte der Menschheit gleich mitausstrekken zu können, wird nun in seine Schranken zurückverwiesen. Wie wollen wir diese neue Art zu sprechen überhaupt nennen? Damit nicht doch wieder nur alles beim alten bleibt? Als vorläufige Arbeitshypothese schlage ich das Wort »maskulinistisch« vor, so wie man(n) ja auch die philosophisch-theologischen Entwürfe von Frauen »feministisch« genannt hat, um ihnen sogleich nach Erscheinen den Anspruch auf Allgemeingültigkeit gezielt zu verwehren; einen Anspruch, den das maskulinistische Denken bisher ganz selbstverständlich für sich reklamiert hat, ohne dabei die eigene geschlechtliche Vorbedingtheit zu reflektieren; womit es dem Denken von Frauen gegenüber strukturell gewalttätig und sich selbst gegenüber erkenntnisblind geworden ist.

Erst wenn nunmehr der Männersprache der Anspruch auf Allgemeingültigkeit verweigert wird (die Wucherung endlich auf die ihr entsprechende »Hälfte« der Menschheit zurückgedämmt wird), stehen sich zwei prinzipiell gleichwertige Welt-Anschauungen gegenüber, von denen keine mehr per se Recht und Normativität auf ihrer Seite hat. Der Monolog öffnet sich zum Dialog. »Lilith« ist doch noch eine Möglichkeit!

Anmerkungen

1 Mulack, S. 131

2 Ebd. S. 93

3 In Gen 3,22 heißt es: »Siehe, der Mensch ist geworden wie einer von uns, so daß er Gutes und Böses erkennt, daß er nun aber nicht seine Hand ausstrecke und auch von dem Baum des Lebens nehme und esse und ewig lebe! Darum entfernte ihn Jahwe Gott aus dem Garten Eden.«

4 Shuttle/Redgrove, S. 211 ff.

5 Zitate, zusammengestellt bei Schirmer, S. 84–86; vgl. Sprenger/Institoris, Teil 1, S. 89–107

6 Sprenger/Institoris, Teil 1, S. 107

7 Bataille, zitiert nach Dworkin, S. 181; vgl. auch die Abhandlung von Kappeler

8 Mulack, S. 110

9 Bührer, S. 23

10 Einen hervorragenden Abriß zur theologie- und philosophiegeschichtlichen Deutung von Gen 2,18–24 bietet Hillman, 1972, in seinem Artikel »First Adam, Then Eve.«

11 Das hebräische Wort für Mann ist *isch*, für Frau *ischah*; »Männin« ist danach die korrekte Übersetzung von *ischah* als der – von der männlichen Wortform abgeleiteten weiblichen »Erweiterung«

12 So wurden z. B. die Juden von den Nazis als weibisch eingestuft; die Juden ihrerseits bezeichnen die Palästinenser heutzutage oft als »Huren«.

13 Aristoteles, Über die Zeugung der Geschöpfe, zitiert nach Keller, S. 65

14 Keller, S. 68 f.

15 Karl Kerenyi, Die anthropologische Aussage des Mythos, in: Kubes-Hofmann, S. 12

16 *Delphica*, S. 185 f.

17 Breitling, S. 32

18 bei Rinne, S. 19

19 vgl. meine »Erläuterungen zum Ursprung des Wortes *Schaman*«, in: »Schlangenbrut« Nr. 57/1997; dazu das Kapitel über »Die Frau als Seherin und Priesterin« in meinem Buch »Der Himmel ist mein ...«; vgl. auch Mühlmann, S.28

20 Auch beim kleingeschriebenen Wort »man« wird uns immer wieder erklärt, es sei geschlechtsneutral, dabei sehen wir es noch zur Goethezeit ganz selbstverständlich in seiner Urform »mann« in Gebrauch. Von wegen geschlechtsneutral! Vgl. dazu Kleßmann, S. 83

21 Hasler, S. 140 f.

22 Breitling, S. 27 f.

23 So Herbert Haag in seinem Vorwort zu dem von Bührer hg. Band »Große Frauen der Bibel«, S. 8; vgl. Schwikart, S. 29 f. zum Stichwort »Feministische Theologie«; ausgerechnet

24 Breitling, S. 116

25 Schwikart, S. 7

26 Vgl. Bührer, S. 23

27 Lloyd, S. 2

28 bei Bührer, S. 14

29 Koltuv, S. 24

30 Zolbrod, S. 55 f.; auch die beiden größten Göttinnen des Navajo-Pantheons, die zum beschriebenen Zeitpunkt gleichwohl noch gar nicht existieren, werden dem Mythos zufolge dieselbe Substanz haben wie Scheide und Glied: Türkis (die »Frau, die immer wieder wird«) und weiße Muschelschale (»Weißmuschelfrau«). Ihrer Substanz nach werden damit die menschlichen Sexualorgane als etwas Heiliges angesehen. Menschliches und Göttliches sind nach dieser Vorstellung »vom selben Stoff«.

31 So der Titel des Buches einer Philosophinnengruppe, die unter dem Pseudonym *Diotima* zum »Denken der Geschlechterdifferenz« anregen will.

Lebenswasser und Weisheitsquelle – Die Schlangen- und Drachensymbolik im Vergleich verschiedener Kulturen

Weihrelief der Göttin Isis in der schlangengestaltigen Erscheinungsform der alten Fruchtbarkeitsgottheit Thermutis. Hier erscheint sie im Bild einer sich aufbäumenden Uräusschlange und dem charakteristischen Kopfschmuck der Isis: Sonnenscheibe, Kuhhörner und zwei Straußenfedern. Die »Inschrift Ep' Agathon« – »zum Guten« bringt den Wunsch auf ein gutes Gelingen zum Ausdruck. (Die Bedeutungszunahme dieser Schlangenkulte im hellenistischen Ägypten ist sicherlich bedingt durch verwandte griechische Vorstellungen, die Schlangen als gute Hausgeister kennen und als solche für den Schutz von Grab und Haus zuständig waren.)

In unserer – christlich-jüdisch geprägten – Kultur sind wir daran gewöhnt worden, Schlangen und Drachen zuallererst unter ihrem furchterregenden und bedrohlichen Aspekt wahrzunehmen. Weit verbreitet ist zudem ihre Identifizierung mit Erde und Chaos (Meer) und der Qualität des Verschlingenden, wobei bis hin in moderne psychoanalytische Theorien die Symbolik des Verschlingens recht unhinterfragt dem »Weiblichen« (sozusagen als genuine Charaktereigenschaft) zuerkannt wird. Eine »unbewußte« Spätfolge des »Sündenfalls« vielleicht?! Der Chaosdrache der C. G.-Jung-Schule jedenfalls erscheint überwiegend im Verstehenszusammenhang mit der Symbolik des »Großen Weiblichen« und dort in engster Verwandtschaft zur »Todesmutter«, deren herausragende Eigenschaft darin besteht, das – stets unter männlichen Vorzeichen gefaßte – Bewußtsein in die Unbewußtheit und damit in Tod und Verderben hinabzuziehen. Weshalb sich die Vernichtung eines solchen Wesens auch beinahe von selbst versteht. C. G. Jungs Behauptung, die weltgeschichtliche Tat des »Helden«-»Logos« sei der Muttermord,[1] speist sich u. a. aus derlei Symbolzusammenhängen, deren Konstruiertheit und kulturelle Bedingtheit dann nur zu bald gar nicht mehr gesehen werden. Ich möchte deshalb mit diesem Artikel den Blick auf die Vielfalt eines Symbols lenken, dessen Facettenreichtum so alt zu sein scheint wie die Menschheit selber, wenn nicht noch wesentlich altehrwürdiger. Die Schlangen und Drachen, scheint es, waren schon bei der Schöpfung dabei, und – wichtiger noch – halten sie immer noch in Atem, oder?!

Regenmacherin und Schatzhüterin

Faszinierend sind die Drachen in *China*. Faszinierend vor allem deshalb, weil man sie hier als reine Geschöpfe des Wassers und des Himmels, als BringerInnen von Regen, Fruchtbarkeit, Weisheit und Glück phantasiert. Sie sind schlanke Geschöpfe, haben nichts von plumper Erdenschwere, ihr Leib ist eher schlangenähnlich-geschmeidig dargestellt. Sie leben in weitverzweigten Familienverbänden unter Wasser und bevölkern mit ihren Schlössern und Burgen Meere, Flüsse und Seen. Sie horten alle Schätze der Erde, insbesondere Perlen und Edelsteine. Sie sind nicht aggressiv, sondern geben freiwillig von ihren Reichtümern ab, wenn sie aufrichtigen Herzens darum gebeten werden. Und sie hüten – gewissermaßen als Konzentrat all ihrer guten Eigenschaften – die Perle der Weisheit, die sie spielend kreisen lassen (dabei ab und an Menschen zuwerfen) und deren Anblick »sehend« macht, bzw. Blinden das Augenlicht zurückgibt, sobald nur ein Schimmer davon auf ihre Augen fällt

Obwohl die Drachen vorwiegend unter Wasser zu finden sind, werden sie gleichzeitig als Geschöpfe des Himmels verehrt. Sie fliegen wie Wolken am Himmel und sind damit verantwortlich für Regen und Fruchtbarkeit. Alljährlich, zur Zeit des Winters, ziehen die Drachen sich »unter Wasser« zurück, wo sie verdeckt leben und völlig inaktiv zu sein scheinen. Im Frühling jedoch, mit den ersten Gewittern, steigen sie zum Himmel auf, um dort während der warmen Jahreszeit die Regen- und Gewitterwolken mit ihrem fruchtbaren Naß zu senden. Dabei können die Menschen sie unterstützen, indem sie gegen Ende des Winters die Gewässer aufrühren, um die Drachen zum Verlassen ihrer Winterquartiere zu bewegen, die sie regelmäßig im Spätherbst wieder aufsuchen, um sich zur wohlverdienten Ruhe zu begeben.

Manchmal kann es sein, daß sie sich verirren, wie die schöne Geschichte *Der Drache nach dem Winterschlaf* uns erzählt:

> Es war einmal ein Gelehrter, der las im oberen Stockwerk seines Hauses.
>
> Es war ein wolkiger Regentag und trübes Wetter. Da sah er ein

kleines Ding, das leuchtete wie ein Glühwurm. Es kam auf den Tisch gekrabbelt.
Wo es gegangen war, hinterließ es schwarze Brandspuren, gekrümmt wie die Spuren eines Regenwurms. Allmählich schlängelte es sich auf das Buch, und auch das Buch wurde schwarz. Da fiel ihm ein, daß das wohl ein Drache sein könnte. Darum brachte er es auf dem Buche vor die Tür hinaus. Er stand eine gute Weile da; aber es blieb aufgeringelt sitzen, ohne sich im mindesten zu regen.
Da sprach der Gelehrte: »Man soll nicht von mir sagen, daß ich es an Ehrerbietung habe fehlen lassen.« Mit diesen Worten trug er das Buch zurück und legte es wieder auf den Tisch. Dann zog er Feierkleidung an, machte eine tiefe Verbeugung und geleitete es hinaus.
Kaum war er aus der Tür, so sah er, wie es den Kopf hob und plötzlich sich streckte. Mit einem zischenden Laut flog es vom Buche auf, indem es einen leuchtenden Streifen bildete. Es wandte sich noch einmal nach dem Gelehrten um, da war sein Kopf schon so groß wie ein Faß, und sein Leib maß wohl ein Klafter an Umfang. Noch eine Schlangenwindung: da krachte ein schrecklicher Donnerschlag, und der Drache fuhr in die Lüfte.[2]

Zu Beginn der Geschichte vom *Mönch am Yangtsekiang* geht es gar um einen Streit zwischen zwei altehrwürdigen Drachen und Regenspendern:

Zur Zeit des Kaisers Tai Dsung aus der Tangdynastie geschah es, daß einst eine große Dürre herrschte, also, daß der Kaiser und alle Beamten überall Altäre errichteten, um Regen zu erflehen.
Da redete der Drachenkönig des Ostmeers mit dem alten Drachen der Milchstraße und sprach: »Heute bitten sie drunten auf der Erde um Regen, und der Herr hat die Bitten des Königs von Tang erhört. Morgen mußt du drei Zoll Regen fallen lassen.«
»Nein, ich muß nur zwei Zoll Regen fallen lassen«, sprach der alte Drache.

Also gingen die beiden Drachen eine Wette ein, und der, der unrecht hatte, sollte zur Strafe zum Schlammolch werden.
Am Tage darauf kam plötzlich ein Befehl des höchsten Herrn heraus des Inhalts, daß der Drache der Milchstraße die Wind- und Wolkengeister anweisen solle, drei Zoll hoch Regen auf die Erde niederzusenden. Ein Widerspruch war nicht möglich.
Da dachte der alte Drache bei sich selbst: ›Der Drachenkönig kennt die Zukunft doch besser als ich. Wenn ich nun aber ein Schlammolch werden sollte, wäre das gar zu schmählich.‹ So ließ er denn nur zwei Zoll Regen fallen und berichtete dem himmlischen Hofe, daß der Befehl erfüllt sei.[3]

In seiner Eigenschaft als Regenmacher erscheint der Drache als Symboltier für den Kreislauf des heiligen Jahres (und des Lebens überhaupt) mit seinen sich ablösenden Gegensätzen, die gleichzeitig in seiner Gestalt religiöse Verehrung erfahren. Als Donnergott sorgt er für Regen und Fruchtbarkeit, doch auch Überschwemmungen sind sein Werk, und sein Blitz kann zerstören und letztlich todbringend sein. »Aus den Wassern der Tiefe, den Quellen und Brunnen, den Flußläufen und Sümpfen, den Seen und Meeren steigen die Drachen empor. Das Element des Lebens ist das ihre. Sie vereinen die Tiefe mit der Höhe«, den Tod mit dem Leben, sind ebenso furchterregend wie verspielt, »sie hüten die Schätze des Meeres und stützen die himmlischen Wohnungen der Götter. Sie sind wahrhaft göttliche Tiere, die den Kosmos und den Kreislauf des Jahres umspannen und zum großen Teil regeln.«[4]

Daß Drachen dabei selber wie Göttinnen und Götter verehrt werden konnten, zeigt u. a. das Märchen *Hilfe in Not*, von dem ich (wegen seiner Länge) hier nur den Anfang zitieren kann:

»Zwanzig Meilen östlich von Gingdschou ist der Mädchensee. Er hat einige Meilen im Geviert. Er ist von dichtem grünem Gebüsch und hohen Wäldern rings umgeben. Sein Wasser ist klar und tiefblau. Oft zeigt sich darin allerlei Wundergetier. Die Leute der Umgegend haben dort einen Tempel errichtet für die Drachenprinzessin. In dürren Zeiten wallfahrten sie alle da hin um zu beten.«[5]

Umgekehrt können allerdings auch die Drachen – und Drächinnen – immer wieder in Not geraten und sind dann auf die Hilfe der Menschen angewiesen, wozu es zahllose Geschichten gibt. Eine, schon aus buddhistischer Zeit, erzählt von der Königstochter *Miau-schan* (= »wundersame Güte«), die von ihrem Vater enthauptet wurde, weil sie sich einem kontemplativen Leben verschreiben wollte.

> Vor ihrer Rückkehr ins Leben als große buddhistische Lehrerin erschien ihr Buddha auf einer Wolke und riet ihr, sich zur Meditation auf die Insel Pu-to-schan zurückzuziehen. Nach neun Jahren nahm sie dort ihren ersten Schüler auf. Als nun einst der dritte Sohn des Drachenkönigs in Gestalt eines Fisches in ein Netz geriet und auf dem Markt verkauft werden sollte, da entsandte die hellsichtige Miau-schan einen ihrer Schüler, der den Fisch kaufen und freisetzen sollte. Der Drachenkönig, bewegt von ihrer Güte, sandte ihr zum Dank seine Enkelin und ließ ihr durch sie die Perle überreichen, die in der Finsternis leuchtet und beim nächtlichen Studium der heiligen Tradition das Lesen und Verstehen ermöglicht. Diese junge Drachenfrau blieb als zweite Schülerin für immer bei Miau-schan, die dem jüngeren chinesischen Volksglauben nach sogar als Erscheinungsform der Göttin Kuan-yin gilt. Die bildende Kunst kennt viele Darstellungen dieser Göttin »wie sie traumhaft in meditativer Erleuchtung und in der Haltung ›königlicher Lässigkeit‹ unter einer Grotte dasitzt, vor ihr aber rauschen die Wogen der See, und der Drache taucht empor, ihr seine Verehrung zu bezeugen.«[6]

In Tempeln und Thronsälen erblickt man häufig in kleinen Kuppeln Darstellungen von goldenen Drachen, die mit silbernen Perlenkugeln spielen, jene Perlen, über die sie ihre göttliche Weisheit und Macht wirken und »spielen« lassen. In taoistischer und buddhistischer Esoterik schließlich ist der Drache die geheime Tätigkeit unserer lichten Kraft, die den Kreislauf von oben und unten in Einklang bringt und der das alle Wünsche erfüllende Kleinod des Glanzes unserer wahren ewigen Natur und des Samens des todlosen »Diamantleibes« besitzt.

Was Wunder, daß die chinesische Tradition so gut wie keine Drachenkampfgeschichten kennt, die in unserer eigenen Kultur so bestimmend geworden sind, daß sie uns heute – zu Stein geworden – an beinahe jedem Dorf- oder Stadtbrunnen begegnen. Kein »Georg« sticht den chinesischen Drachen nieder. Statt dessen führen sich die ältesten Dynastien Chinas sogar in direkter Abstammungslinie auf Drachenfamilien zurück, werden verwandtschaftliche Beziehungen zwischen Menschen und Drachen in den Märchen als etwas völlig »Normales« angesehen, weshalb auch gegenseitige Hilfsbereitschaft sich von selbst versteht. Die Drachen sind zwar Hüter, doch auch freiwillige Spender all jener Schätze, die ihnen anvertraut sind, und sie schenken oft und gerne, wenn man ihnen die gebührende Ehrerbietung entgegenbringt. Auf Raub reagieren allerdings auch sie mit Drohung und Rache, und wir werden uns wohl fragen dürfen, weshalb in unserer eigenen Kultur die Motive von Drachenberaubung und -tötung so dominierend geworden sind.

Inbegriff von Weisheit und schöpferischer Kraft

Für die chinesische Kultur waren die Drachen Inbegriff des Schöpferischen und hatten als solche Vorbildcharakter für die Menschen. Entsprechend wurde auch das erste Hexagramm des I Ging, des Buches der Wandlungen, diesem großartigen Symboltier gewidmet. Die Gesamtsituation des »Schöpferischen« wird hier dem Jahreslauf des Drachenlebens parallelisiert, was bedeutet, daß Menschen sich in einer solchen Situation an Leben und Verhalten der Drachen orientieren sollen/können; je nach Lebenslage werden sie sich dann evtl. als »verdeckter« (Winter-)Drache oder als »fliegender Drache am Himmel« wiederfinden, bzw. ihr Leben kurzzeitig nach den darin mitschwingenden symbolischen Ratschlägen auszurichten versuchen.[7]

Ganz im Stile des chinesischen Blitz-Donner-Regen-Drachens erscheint in manchen Hymnen noch die große sumerische *Inanna*, die Königin von Himmel, Erde und Unterwelt, die etwa ab 3000 v. Chr. im Zweistromland (heute Irak) verehrt wurde. Ihr Lob konnte folgendermaßen besungen werden:

> Herrin, von Ningal jubelnd zur Freude geboren,
> gleich einem Drachen ist dir Zerstörungs(kraft) gegeben,
> Inanna, von Ningal jubelnd zur Freude geboren,
> wie einem Drachen ist dir Zerstörungs(kraft) gegeben.
> Auf einem Sturmwind thronst du, hast aus dem Abzu *(Meerestiefe)* die ›göttlichen Kräfte‹ erlangt,
> hast den König Ama'uschumgalanna auf deinem heiligen Hochsitz Platz nehmen lassen,
> Inanna, auf einem Sturmwind thronst du, hast aus dem Abzu die ›göttlichen Kräfte‹ erlangt,
> hast den König Ama'uschumgalanna auf deinem heiligen Hochsitz Platz nehmen lassen.
> Göttin, du hast deine ›göttlichen Kräfte‹ im Himmel unerreichbar gemacht,
> hast vom Leibe deiner Mutter an Wehr und Waffen ergriffen,
> Inanna, du hast deine ›göttlichen Kräfte‹ im Himmel unerreichbar gemacht,
> hast vom Leibe der Ningal an Wehr und Waffen ergriffen.

Dazu paßt auch eine Hymne, in der Inanna als »laut donnernder Sturm« gepriesen wird, mit Attributen, die man in späteren Zeiten gewohnt war, nur noch mit männlichen Blitz- und Donner-Gottheiten zu verbinden:

> Stolze Königin der Erdgötter, Höchste unter den Himmelsgöttern,
> Laut donnernder Sturm, du gießt deinen Regen über alle Länder und Völker aus.
> Du läßt die Himmel erzittern und die Erde erbeben.
> Große Priesterin, wer kann dein aufgewühltes Herz besänftigen?

Eine Hohepriesterin am Tempel in Ur ehrt die Göttin als

> Königin aller *me*-Kräfte, strahlendes Licht,
> Leben spendende Frau, Geliebte des An (und) Urasch,
> Ans Hierodule, mit Juwelen reich geschmückt,
> Welche die lebenspendende Tiara liebt, gestärkt für das *en*-tum (das Amt der Hohepriesterin),
> Die alle sieben *me* im Griff hält,
> Du hast die *me* hoch erhoben, hast die *me* auf deine Hände gebunden,
> Hast die *me* gesammelt und sie fest an deine Brust gepreßt.
>
> Mit (Schlangen)Gift hast du das Land erfüllt, wie ein Drache.
> Wenn du donnerst wie Ischkur, gedeiht das Wachstum der Pflanzen,
> Du, die du die große Flut vom Berge herab bringst,
> Allerhöchste du, Inanna von Himmel (und) Erde,
> Die flammenden Feuerregen über das Land streut,
> Der die *me* von An übergeben wurden, Königin, die auf wilden Tieren reitet,
> Die – auf Ans heiligen Befehl hin – göttliche Worte ausspricht,
> Wer kann deine erhabenen Riten ergründen![8]

Die (sieben) *me*-Kräfte, von denen hier die Rede ist, bedeuten die Gaben der Weisheit in ihrer Fülle. Das Wort *me* leitet sich ab aus der Sanskrit-Wurzel *medha*, Weisheit, die wiederum mit der Silbe *ma*, ausmessen, planen (nach Art der Tischler und Architekten) zusammenhängt. *Ma* aber ist die Kernsilbe des Wortes *Maya*, der Name, der die größte Gottheit Indiens in ihrem Wesen erfaßt, die Fülle der Möglichkeiten und das mütterliche Maß der Welt: »Große Weisheit, große Maya, große Einsicht, großes Gedenken, große Verblendung, verehrungswürdige große Göttin, große Widergöttin! O du, die du die Welt bist!« wird sie von Brahma (Mit-Schöpfer der Welt in ihrem Auftrag) gepriesen.[9]

Wer dächte hier nicht sogleich auch an die ägyptische Göttin *Ma'at*, jener Personifkation kosmischer Ordnung und Gesetzlichkeit, ohne deren beständiges Wirken, nach Auffassung der alten Ägypter, kein Leben möglich schien? Auf Abbildungen trägt sie häufig (neben der obligatorischen Straußenfeder) eine Krone aus lauter Uräusschlangen, wie sie im übrigen auch zum Ornat von amtierenden KönigInnen gehörte. Damit wurden die PharaonInnen zu StellvertreterInnen der Ma'at auf Erden.

Die Kernsilbe *me* finden wir in zahlreichen, uns aus der Mythologie bekannten Namen wieder: *Demeter, Metis, Medea, Medusa*, um nur die wichtigsten aufzuzählen. Bis auf Metis haben alle diese Gestalten mit Schlangen zu tun, und allesamt gelten sie als weise.

Die griechische Göttin Metis, Titanin des vierten Tages und des Planeten Merkur, regierte über alle Weisheit und über alles Wissen. Sie war schwanger mit der späteren Göttin Athene, bis sie eines Tages von Zeus auf hinterhältige Weise hereingelegt und verschluckt wurde. Eine Geschichte mit weitreichenderen Folgen als nur einer Kopfgeburt. Athene, die zwar das Wissen um ihre Mutter verloren hat, führt dennoch das Symbol der Schlange auf ihrer Aigis. Diese wiederum wird in späteren und noch patriarchalischeren Zeiten mit dem Haupt der Gorgo Medusa in Zusammenhang gebracht. Von ihr weiß Ovid folgendes zu erzählen:

> »Sie war wegen ihrer Schönheit hochberühmt und die Hoffnung vieler eifersüchtiger Freier. Doch nichts an ihr war schöner als ihr Haar. ... Der Beherrscher des Meeres soll sie im Tempel der

> Minerva« (lat. Name für Athene) »geschändet haben. Jupiters Tochter wandte sich ab und bedeckte ihr keusches Antlitz mit der Ägide. Um dies nicht ungestraft zu lassen, verwandelte sie das Haar der Gorgo in häßliche Schlangen. Auch heute noch trägt sie, um ihren Feinden lähmendes Entsetzen einzuflößen, vorn auf der Brust die Schlangen, die sie schuf.«[10]

Eine klar erkennbare, erzpatriarchalische Mythe, wird doch hier die Schandtat nicht am – männlichen – Verursacher, sondern am – weiblichen – Opfer bestraft. Perseus, der Held, dessen Name »Zerstörer« bedeutet, zieht aus, um die Gorgo Medusa zu erschlagen. Mit Athenes Hilfe gelingt es ihm, sie zu enthaupten, während sie in tiefem Schlaf liegt. Dabei schaut er sie nicht direkt an, sondern nur ihr Abbild, das sich auf der glänzenden Bronze seines Schildes spiegelt. Der abgetrennte Kopf behält die Kraft zu versteinern, eine Kraft, die nun auf den Bezwinger übergeht und die er sich in zahlreichen Kämpfen gegen seine Feinde zunutze machen kann, bis er das Gorgonenhaupt Athene zum Geschenk macht. Fortan trägt sie es in ihrem eigenen Brustschild, um ihre Feinde schreckensstarr zu machen. Ursprünglich galt dieser Schild jedoch als eigenes Symbol der Athene.

Das Wort Medusa stellt sich überdies dar als die weibliche Form von *medon,* Herrscher. Eine »Medusa mit goldenen Schwingen« wurde im 7./6. Jh. v. Chr. als Erscheinungsform der Aphrodite verehrt. Ihre heraushängende Zunge, die immer noch als zusätzlich gräßlich dargestellt wird, sollte die Bitte um Regen zum Ausdruck bringen.[11]

Medea heißt übersetzt: »die Göttin mit dem weisen Rat«. Sie jagt auf einem von Drachen gezogenen Wagen durch die Lüfte:

> »› … und nicht umsonst ist, von fliegenden Drachen gezogen, der Wagen da!‹ Da stand, vom Himmel herabgekommen, der Wagen. Kaum hat sie ihn bestiegen, die aufgezäumten Drachenhälse gestreichelt und die leichten Zügel mit den Händen geschwungen, wird sie in die Höhe entführt, blickt hinab auf das thessalische Tempeltal, das unter ihren Füßen liegt, und lenkt die Schlangen nach bestimmten Gegenden.« Dort sammelt und schneidet sie Kräuter und »lebenspendendes Gras«, um

> dem Vater des Jason seine Jugendkraft zurückzugeben. »Und schon hatten der neunte Tag und die neunte Nacht sie auf dem Wagen mit den geflügelten Drachen alle Felder durchmustern sehen, als sie zurückkehrte; und die Drachen hatten nur den Duft eingeatmet und streiften doch schon ihre greisenhafte Haut ab.«[12]

Eine Geschichte, die zudem klarmacht, wie austauschbar Drachen und Schlangen gesehen werden konnten.

Sehen wir uns noch *Demeter* an. In ihrem Namen verbindet sich die *me*-Kraft mit dem Mütterlichen: *meter*, so wird das Wort für Mutter noch im heutigen Griechisch geschrieben (metera). Somit ist das Wort Mutter »von Anbeginn« mit der Vorstellung von all-umfassender Weisheit verknüpft. Und wir messen unsere Welt bis heute noch in Metern!

Obgleich als Erdmutter verehrt, kann sich auch Demeter mit Leichtigkeit in die Lüfte schwingen. Und auch sie benutzt dazu den Schlangenwagen:

> »Die Göttin der Fruchtbarkeit aber spannte zwei Schlangen vor ihren Wagen, legte ihnen Zaumzeug ums Maul, fuhr durch die Luft, die zwischen Himmel und Erde ist, schickte den leichten Wagen in die Stadt der Tritonis zu Triptolemus und gebot ihm, Samen, den sie ihm gab, teils auf bisher unbebautes Land zu streuen, teils auf Land, das nach langer Zeit wieder bebaut wurde.«[13]

Auch bei der Suche nach ihrer Tochter »spannte sie gezäumte Schlangen vor den Wagen und fuhr trockenen Fußes über die Fluten des Meeres.«[14]

Den Einklang des Mütterlichen mit Weisheit und Spiritualität spiegelt eigentlich noch sehr schön unsere biblische Schöpfungsgeschichte aus Gen 2,4 ff. (wenngleich mit verzerrtem Ausgang). Nicht zufällig wohl hält hier Eva, die »Mutter alles Lebendigen«, Zwiesprache mit der Schlange, die dem Alten Orient als Symbol höchster Geistigkeit galt. Was Eva anstrebte, war Erkenntnis, und zum Denken und Erkennen wollte sie Adam (ver)führen, nicht zum Sex, was in der späteren Auslegungsgeschichte zu dieser Stelle gern vergessen wurde.

Symbol von Wandlung, Heilung und Unsterblichkeit

Die Verbindung von Schlangen/Drachen zu den Wassern des Lebens (und damit zur Unsterblichkeit) wurde vor allem auch im alten Ägypten gesehen und verehrt. Zu verweisen ist hierbei natürlich in erster Linie auf die Verehrung der *Isis in Schlangengestalt*, insbesondere als Uräusschlange, als die sie noch bis in die mittlere Kaiserzeit hinein verehrt wird. Auf einem Weiherelief aus dem 2. Jh. n. Chr. erscheint sie als aufgerichtete Kobra mit dem charakteristischen Kopfschmuck der Isis: Sonnenscheibe, Kuhhörner und zwei Straußenfedern (als Sinnbild der Maat) oder als *Isis-Thermutis* (letztere ist die griechische Erscheinungsform der schlangenförmigen Fruchtbarkeitsgöttin *Renenutet*), deren menschengestaltiger Oberkörper aus dem Leib einer Schlange erwächst. Ihr zu Ehren wurden Schlangen als gute Hausgeister, denen der Schutz von Grab und Haus anvertraut war, in Hausaltären gehalten.[15]

Wegen ihrer Fähigkeit, sich zu häuten, gilt die Schlange als altes Symbol der Unsterblichkeit und Lebenserneuerung und daher auch der Heilkunst, weshalb sie in vielen Volkssagen in enger Beziehung zum »Wasser des Lebens« steht. Bereits im *Gilgamesch-Epos* (ca. 1200 v. Chr.) hören wir von einer Schlange, die dem Helden, der sich an einer Quelle erfrischt, das Unsterblichkeitskraut stiehlt und dadurch selber unsterblich wird:

Utnapischtim sprach zu ihm, zu Gilgamesch:
»Du, Gilgamesch, kamst, hast dich abgemüht, abgeschleppt –
Was soll ich dir geben, daß du kehrst in die Heimat?
Ein Verborgenes, Gilgamesch, will ich dir enthüllen,
Und ein Unbekanntes will ich dir sagen:
Es ist ein Gewächs, dem Stechdorn ähnlich,
Wie die Rose sticht dich sein Dorn in die Hand.
Wenn dies Gewächs deine Hände erlangen,
Findest du das Leben!«
Kaum hatte Gilgamesch dieses gehört, grub er einen Schacht.
Da band er schwere Steine an die Füße,
Und als zum Apsu sie ihn niederzogen,
Da nahm er's Gewächs, ob's auch stach in die Hand,

Schnitt ab von den Füßen die schweren Steine,
Daß ihn die Flut ans Ufer warf.
Gilgamesch sprach zu ihm, zum Schiffer Urschanabi:
»Urschanabi, dies Gewächs ist das Gewächs gegen die Unruhe,
Durch welches der Mensch sein Leben erlangt!
Ich will's bringen nach Uruk-Gart, es dort zu essen geben und dadurch das Gewächs erproben!
Sein Name ist ›Jung wird der Mensch als Greis‹;
Ich will davon essen, daß mir wiederkehre die Jugend.« –
Nach zwanzig Doppelstunden nahmen sie einen Imbiß ein,
Nach dreißig Doppelstunden schickten sie sich zur Abendrast.
Da Gilgamesch einen Brunnen sah, dessen Wasser kalt war,
Stieg er hinunter, sich mit dem Wasser zu waschen.
Eine Schlange roch den Duft des Gewächses.
Verstohlen kam sie herauf und nahm das Gewächs;
Bei ihrer Rückkehr warf sie die Haut ab![16]

Ebenso aufschlußreich ist die in Griechenland überlieferte Geschichte von *Glaukos und Polyeidos*:

Glaukos, Sohn der Pasiphae und des Minos von Kreta, fällt eines Tages beim Ballspielen im Palast zu Knossos kopfüber in einen Bottich mit Honig und ertrinkt darin. König Minos schickt den Wahrsager Polyeidos von Argos auf die Suche nach dem Knaben, und nachdem dieser ihn tot aufgefunden hat, befiehlt ihm Minos, seinen Sohn ins Leben zurückzurufen. Zusammen mit dem Toten mauert er Polyeidos (den v. Ranke-Graves für eine Erscheinungsform des Heilgottes Asklepios hält) ein, damit er seinen Befehl erfülle. Nachdem er sich an die Dunkelheit gewöhnt hatte, entdeckte dieser plötzlich, »wie sich eine Schlange dem Körper des Knaben näherte. Mit seinem Schwert tötete er sie. Da kroch eine zweite Schlange heran. Als sie ihren Genossen erschlagen fand, verschwand sie und kehrte kurz darauf mit einer magischen Pflanze in ihrem Munde zurück. Diese Pflanze legte sie auf den toten Körper. Langsam kehrte das Leben in diese zurück. Polyeidos war zunächst erstaunt, dann aber legte er geistesgegenwärtig die gleiche Pflanze auf den toten Glaukos und hatte Erfolg.[17]«

Von dieser Symbolik her ist es nur zu verständlich, daß die Schlange sich im Stab des *Asklepios*, des Gottes der Heilkunst, wiederfindet, der noch heute das Wahrzeichen des Ärztestandes ist. Daß dieser Stab ursprünglich ein Baum war, wird auf einem antiken Marmorrelief aus der Gegend von Saloniki sichtbar, das Asklepios zusammen mit seiner Gattin Hygieia (Hygiene!) bei der Fütterung einer Schlange zeigt, die sich um einen Baum windet. »Das Lebenskraut entspricht dem Lebensbaum, welcher z. B. in der Johannes Apokalypse 22,2 am Strom des Lebenswassers wächst und dessen Blätter zur Heilung der Nationen dienen. Vgl. Ez 47, 1–12.«[18] C. A. Meier zitiert dazu eine hochinteressante Legende aus der *Moses Apokalypse* 5–15 *und der Vita Adae et Evae* 30–44, welche im Mittelalter eine beachtenswerte Weiterbildung erfuhr:

> »Seth schaut im Paradies Bäume mit den schönsten Früchten und eine Quelle, aus der die vier Paradiesflüsse entspringen. Oberhalb der Quelle steht ein verzweigter *Baum*, aber ohne Laub und ohne Rinde. Es ist der Baum der Erkenntnis, der infolge der Übertretung Adams und Evas noch die Spuren des göttlichen Fluches an sich trägt. Als Seth zum zweiten Mal ins Paradies schaut, sieht er, daß die Schlange um den entblößten Baum gewunden ist. Und beim dritten Blick ins Paradies gewahrt er, wie der Baum mit seinem Gipfel in den Himmel ragt, auf dem Gipfel aber liegt ein neugeborenes in Windeln gewickeltes *Kind*. Auch das dazugehörige Motiv der Heilsamkeit fehlt nicht in dieser Legende, indem die aus den Apfelkernen vom Lebensbaume wachsenden Reiser dem Moses als Heilmittel dienen. Bekanntlich wird aus diesen Reisern auch das ›Kreuzesholz‹, das von Salomo, nachdem es sich der Einfügung in den Tempel als Türbalken widersetzt hatte, tief in der Erde vergraben worden war. Nach einiger Zeit entstand an dieser Stelle eine *piscine* (Teich) von wunderbaren Heilkräften. Alle Kranken, die sich in ihr badeten, wurden geheilt.«[19]

Nach Philo v. Byblos galt die Schlange der Antike deshalb als das allergeistigste Tier. Für die Isis-Mysten aber war die sich häutende Schlange zugleich ein Vorbild ihrer eigenen Wandlung und Gesundung. Deshalb legten sie bei der Weihe ihr altes Gewand ab und bekleideten sich – zum Zeichen ihres neu gewonnenen Lebens – mit einem neuen. Von daher läßt sich auch jener Spruch aus den Pyramidentexten verstehen, demzufolge der tote König beim Aufstieg in den Himmel sagt: »Ich steige empor zu jener meiner Mutter, der lebendigen Uräusschlange am Haupt des Re.«[20]

Lilith, verdammte Schlange

Die *Vita Adae et Evae* aber führt uns zurück auf die Traditions- und Deutungsgeschichte unserer ältesten biblischen Schöpfungserzählung und daselbst zu einem Wesen, das geradezu zu einem Symbol für die dunkle Seite des Weiblichen wurde: *Lilith,* die geflügelte Dämonin der Nacht und der Wassertiefen. Obwohl Lilith im Laufe ihres langen (und noch keineswegs erschöpften) mythologischen Lebens mit einer Vielzahl von (häufig widersprüchlichen) Attributen und Legenden bedacht wurde, gibt es auch eine (jüdisch-kabbalistische), die sie in direkter Linie mit dem Leviathan, dem Chaos-Meeresdrachen verbindet:

> »Dies sind der Leviathan und sein Weib. Und jede lebende Kreatur, die kriecht. Dies ist die Seele des Geschöpfs, das in alle vier Gegenden der Welt kriecht, nämlich Lilith.« *(Sohar I 34a)*

Das Wasser, heißt es dort, ernährt Lilith, und der Südwind verbreitet ihren Einfluß und gibt ihr Macht über alle Tiere des Feldes. So wird sie schließlich zur Seele aller Tiere des Feldes und aller Kriechtiere.

Während ihres Aufenthaltes am Roten Meer, wohin sie auf Gottes eigenen Befehl verbannt wurde, wird sie zur Gemahlin des Samael (Satan):

> »Das Weib des Samael heißt Schlange, Hurenweib, Ende allen Fleisches, Ende des Tages.« *(Sohar I 148a)*

Im Mythos dieser »teuflischen« Vermählung wird Lilith gern als Leviathan, die geringelte Schlange, und Samael als Leviathan, die flüchtige Schlange, vorgestellt.

> »Und wir fanden es geschrieben, daß der üble Samael und die böse Lilith das Aussehen eines Paares haben, das, mit der Verbindung durch den blinden Drachen als Brautführer, eine Emanation des Bösen und der Anmaßung empfängt, die von einem zum andern fließt. Und über dieses Mysterium steht

geschrieben: »An jenem Tag sucht Er heim mit seinem Schwert, dem harten, dem großen, dem starken, den Lindwurm flüchtige Schlange und den Lindwurm geringelte Schlange, er erwürgt den Drachen, den am Meer« (Jes 27,1). Leviathan besteht aus der Verbindung und Verknüpfung zwischen den beiden, die das Aussehen von Schlangen haben. Daher ist er verdoppelt: Die flüchtige Schlange entspricht Samael, und die geringelte Schlange entspricht Lilith.

Das Schicksal, das Lilith treffen soll, ist Vernichtung. Der blinde Drache, der die Heirat zwischen Lilith und Samael herbeigeführt hat, »reitet Lilith, die sündige – mag sie in unseren Tagen bald ausgelöscht werden, Amen!« Wobei die Kabbala immerhin anerkennt, daß Lilith, wie Samael, aus dem strengen und strafenden Aspekt Gottes hervorgegangen und damit letztlich Teil von ihm ist.

Es bleibt zu überlegen, inwieweit nicht unsere Nixen-, Melusine- und Undine-Märchen mit dieser Lilith-Tradition in Verbindung zu sehen sind. Weibliche Wesen, die – wie auch Lilith immer wieder – um Erlösung aus der Verbannung kämpfen, was ihnen aber letzten Endes nie auf Dauer gelingt. Bis eine Autorin wie Ingeborg Bachmann schließlich den Spieß herumdreht und programmatisch sagt: *Undine geht*, gerichtet an alle »Ungeheuer mit Namen Hans«:

»Ich gehe ja schon.
Denn ich habe euch noch einmal wiedergesehen, in einer Sprache reden gehört, die ihr mit mir nicht reden sollt. Mein Gedächtnis ist unmenschlich. An alles habe ich denken müssen, an jeden Verrat und jede Niedrigkeit. An denselben Orten habe ich euch wiedergesehen; da schienen mir Schandorte zu sein, wo einmal helle Orte waren. Was habt ihr getan! Still war ich, kein Wort habe ich gesagt. Ihr sollt es selber sagen. Eine Handvoll Wasser habe ich über die Orte gesprengt, damit sie grünen mögen wie Gräber. Damit sie zuletzt heil bleiben mögen.«[21]

Ein trauriger Ausblick, mit dem ich diesen Artikel nicht enden lassen möchte. Und so wage ich zu guter Letzt einen Sprung über den großen Teich gen Westen, zu den Ojibway, einem der Völker Kanadas. Sie erzählen eine Geschichte über die Klapperschlange, die uns dieses geheimnisvolle Tier noch einmal in einem ganz anderen Licht erscheinen läßt:

Vorbild für unerschöpfliche Geduld

Die Schlange, so heißt es hier, war bei der Schöpfung eher benachteiligt worden: keine Arme, keine Beine, keine Flügel. Mit derart geringen körperlichen Hilfsmitteln ausgestattet, wurde sie dennoch zur Hüterin der Felder, Wiesen und Grünpflanzen bestellt. Und im Gegensatz zu anderen Tieren (wie etwa dem Vielfraß), die sich beim Großen Geist lauthals über ihr Aussehen beschwerten, ertrug sie ihr Geschick klaglos. Heiter und zufrieden machte sie das Beste aus ihren allerschwächsten Kräften und schützte die Pflanzen so gut sie es vermochte. Nur mit den gierigen Kaninchen, die unterschiedslos alles fraßen, was ihnen an Grünzeug zwischen die Zähne geriet, kam sie beim besten Willen nicht zu Rande. Die Kaninchen fraßen sämtliche Blätter, Stiele, Blüten und meist auch noch die Wurzeln der Pflanzen, sogar die Rinde der jungen Baumtriebe knabberten sie ab. Wo sie sich niederließen, wuchs buchstäblich kein Gras mehr. Die Schlangen aber waren zu schwach, um sich gegen die Kaninchen zur Wehr zu setzen, im Gegenteil machten sich die Kaninchen einen Spaß daraus, die Schlangen zu tyrannisieren. Sie zogen sie am Schwanz, setzten sich auf sie, zogen und zerrten sie über den Boden und warfen sie sogar hoch in die Luft, von wo sie nicht selten blutend auf der Erde aufschlugen. Alle Versuche der Schlangen, sich mit den Kaninchen zu einigen waren vergebens. Schließlich entschlossen sie sich, den Großen Geist um Hilfe zu bitten, weil sie sich außerstande sahen, die ihnen bei der Schöpfung zugeteilte Aufgabe weiter zu erfüllen.

Und der Große Geist hatte Mitleid mit den bedauernswerten Schlangen. So gab er den einen Gift, den anderen die Fähigkeit, ihre AngreiferInnen zu erdrücken. Wobei er sie gleichzeitig warnte, diese ihre neue Macht nur im äußersten Notfall zu gebrauchen und es zuerst mit Drohungen zu versuchen (wozu die Klapperschlange natürlich die beste aller Ausstattungen erhielt). Die Schlangen, so scheint es, haben sich daran gehalten. Nachdem die Kaninchen sie auch weiterhin und trotz aller Warnungen zum Spielball ihres Übermuts machen wollten, ließen sie ihren Giftzahn antworten, der auf der Stelle einen der Angreifer tötete. Seine GenossInnen wurden dadurch wirksam in die Flucht geschlagen. Die Schlangen aber, die sich nun endlich den gebührenden Respekt verschaffen konnten, sorgten weiterhin aufopferungsvoll für den Schutz der Felder und sicherten damit letztlich allen Wesen das Leben, Pflanzen, Tieren und Menschen. Den Ojibway erscheint die (Klapper-) Schlange bis heute als Sinnbild der unerschöpflichen Geduld. Sie haben sie in den Kreis ihrer Tier-Totem-Symbole aufgenommen und verehren sie als große Lehrmeisterin für alle, die lernen wollen, sich in Geduld zu fassen.[22]

Die Schlange, so jedenfalls scheint es mir, ist – im Kulturvergleich gesehen – doch eher ein Symbol des Lebens als des Todes oder vielmehr eines Lebens, das sich mit dem Tod noch eins fühlt.

Anmerkungen

1 vgl. Werke Bd 9.1, S. 110
2 Wilhelm, Märchen, S. 138
3 ebd. S. 275
4 Rousselle, S. 21 f.
5 Wilhelm, Märchen, S. 150
6 Rousselle, S. 25; vgl. Zingsem 1995, S. 469 f.
7 vgl. Wilhelm, I Ging, S. 25–30; 341–355
8 vgl. zum Ganzen: Zingsem 1995, S. 74, 80, 85
9 Zimmer, 1978, S. 479; vgl. Zingsem 1995, S. 387–390
10 Metamorphosen IV, 794–803
11 vgl. Johnson, S. 94
12 vgl. Ovid, Metamorphosen VII, 215–235
13 ebd. V, 642–649
14 vgl. Ovid, Fasten Bd 1, 4. Buch, 393–620; Zingsem 1995, S. 163–168
15 vgl. Götter, Pharaonen, Abb. 143 u. 151
16 ebd. S. 104 f.
17 v. Ranke Graves 1982, Bd 1, S. 276
18 Meier, S. 79; vgl. S. 50
19 ebd. S. 79 f. Mit Seth ist übrigens hier der dritte Sohn Adams gemeint, nicht der ägyptische Gott und Gegenspieler des Osiris
21 Bachmann, bei Moog, S. 299
22 vgl. Johnston, S. 47–49; 53

Alter Mythos in neuem Gewande – Zur Psychologie des Weiblichen bei C. G. Jung und Erich Neumann

Heldisches Bewußtsein und der verschlingende Schoß der Urfinsternis

Die Theorie der Bewußtseinsentwicklung, wie sie im Rahmen der Analytischen Psychologie verfochten wird, vollzieht sich als Aktualisierung des Heldenmythos antiker Zeiten. Nach dieser Theorie ereignet sich Bewußtwerdung als ein Akt des Raubes und der Gewaltanwendung gegen das Unbewußte. Sie vollzieht und konstituiert sich als gewaltsame Trennung des Bewußten vom Unbewußten: Das Bewußtsein ist »seinem ganzen Wesen nach Diskrimination, Unterscheidung von Ich und Nicht-Ich, Subjekt und Objekt« und ist damit grundsätzlich definiert als Vermögen zur Unterscheidung von Gegensätzen.[1] In seiner Existenz ist es gebunden an die Existenz eines Ich, das den Inhalten des Bewußtseins Kontinuität und Zusammenhang verleiht. Was keine Verbindung mit dem Ich hat, bleibt unbewußt.

Das Ich spielt die Hauptfigur im Drama um die menschheitliche Bewußtseinsentwicklung. Mythologisch wird es identifiziert mit dem Helden, der den Drachen (das Unbewußte) erschlägt, um die kostbare Perle (der Bewußtheit) in seinen Besitz zu bringen. Doch nicht genug damit, daß hier Bewußtwerdung explizit als Akt der Gewalt vorgestellt wird. Dieser Akt der Gewalt richtet sich gegen ein Unbewußtes, das seinem Wesen und Charakter nach als genuin weiblich und naturhaft beschrieben wird. Die bekämpften Gottheiten werden deshalb in der Regel als Natur- und Fruchtbarkeitsgöttinnen vorgestellt (z. T. ohne jede Rücksicht darauf, wie sie in den betreffenden Kulturen selber begriffen werden). Der Held, der die Befreiung erwirkt, ist demgegenüber grundsätzlich ein Vertreter des sog. männlichen Prinzips, das sich mit dieser Tat aus der Umschlingung der sog. Großen Mutter befreit, die symbolisch mit dem Phänomen des Unbewußten identifiziert wird.

»Es gibt keine Bewußtheit ohne die Unterscheidung von Gegensätzen. Das ist das Vaterprinzip des Logos, der sich in unendlichem Kampfe der Urwärme und der Urfinsternis des mütterlichen Schoßes, eben der Unbewußtheit entwindet.[2]« Unbewußtheit meint hier also nichts anderes als die Abwesenheit des Gegensatzdenkens. Die Analytische Psycholgie spricht in diesem Zusammenhang auch gerne von der »Einheitswirklichkeit«, um ein Denken zu kennzeichnen, das die sogenannte Weltelterntrennung der Erkenntnis von Gegensatzpaaren noch nicht vollzogen hat.

Und das sind die Kennzeichen des Logosprinzips, die in aufsteigender Folge sozusagen die Quintessenz männlichen Wesens charakterisieren sollen: Kraft, Tat, Wort und Sinn.[3] Dem Weiblichen bleibt, als Produkt des Gegensatzdenkens, seine angeblich grundlegende und angeborene Passivität. Und im günstigsten Falle, da das Logosprinzip bereits durch das männliche Prinzip okkupiert ist, wird ihm das Erosprinzip zugeordnet, das als generelle Tendenz zur Herstellung von Beziehungen begriffen wird.

Die eigentliche Domäne des Weiblichen jedoch ist nach dieser Vorstellung das Unbewußte. Folglich wird die »Große Mutter«, auch das »Große Weibliche« genannt, zum Symbol des Unbewußten schlechthin. Im Vergleich zum heldischen (Ich-)Bewußtsein, das sich als »solares« Bewußtsein mit Sonne, Licht und den ihnen entsprechenden Gottheiten identifiziert, wird es zum Dunkel der Nacht, welches der siegreiche Sonnenheld durch seine *Nachtmeerfahrt* überwindet. »Die Tat des Helden besteht immer darin ... aus der Tiefe des Unbewußten, dessen Symbol die Große Mutter ist, etwas zu ›rauben‹, und das Geraubte an die Tagwelt des Bewußtseins zu bringen, es zu erkennen oder zu gestalten«, so Erich Neumann in seinem Aufsatz »Zu Mozarts Zauberflöte«.[4] Und weiter heißt es dort mit Bezug auf die Zauberflöte: »Das Stumme der Nacht und des Unbewußten, die dunkle Gefühlswelt des Weiblichen bekommt durch die Zauberflöte ... Stimme. Die vom Weiblichen, von der Königin der Nacht, Geliebten, sind die Dichter und Sänger ..., welche die Stummheit des weiblichen Dunkels nicht nur zum Licht rationaler Erkenntnis und Erleuchtung heben, sondern sie zu Klang und Ton kommen lassen.«

Die Verbindung zwischen dem Weiblichen, dem Unbewußten und der Natur wird schließlich dadurch hergestellt, daß man das Weibliche mit »Naturumschlossenheit« identifiziert. Die Zuordnung des Weiblichen zur Natur aber ergibt sich zwangsläufig aus der – bereits von vorneherein feststehenden – Zuordnung des Männlichen zur Kultur. Die Analytische Psychologie setzt also für das männliche Prinzip die Gleichung: bewußte Kultur als Ergebnis eines aktiven, schöpferischen Prozesses, und für das weibliche

Prinzip stellt sie die Gleichung auf: unbewußte Natur als Ergebnis einer zugrundeliegenden Passivität und Trägheit.

Der Held, als Verkörperung des männlichen Prinzips, ist damit zugleich Kulturbringer. Bewußtseinsentwicklung aber stellt sich nach diesem Muster dar als berechtigte – wenn auch »nur« symbolische – Gewaltanwendung des männlichen gegenüber dem weiblichen und zugleich naturhaften Prinzip. Da dieser Vorgang als archetypisch vorgestellt wird, soll er die gesamte Menschheit betreffen. Weil von vorneherein feststeht, daß der Held männlich zu sein hat, Kultur und Natur überdies in unserer Philosophie schon traditionell in Gegensatz zueinander gedacht werden, ist klar, welche Rollen das Weibliche in dieser Partitur zu spielen hat: vorzugsweise all diejenigen, die vom männlichen Prinzip nicht besetzt werden.

Woher nimmt die Analytische Psychologie ihr Anschauungsmaterial zur Untermauerung dieser These? Angeblich aus der Mythologie, wie vor allem Erich Neumann in einem seiner Hauptwerke über »Die Große Mutter« nicht müde wird zu betonen. Neumann wie auch Jung (letzterer vor allem in »Symbole der Wandlung«) ziehen eine Fülle von Mythen heran, um die Befreiung des heldischen (Ich-)Bewußtseins aus dem verschlingenden Rachen des weiblichen Chaosdrachens, der den Unterweltsaspekt der Magna Mater darstellt, zur unverzichtbaren Grundlage für die gesamtmenschheitliche Entwicklung zu erklären. *Keine Bewußtseinsentwicklung ohne Drachenkampf* (auch nicht bei der Frau!); das meint: Keine Bewußtseinsentwicklung ohne die Loslösung des Männlichen vom Weiblichen. Und das sollen all die vielen Mythen und Riten belegen, die aus den unterschiedlichsten Kulturen zusammengetragen wurden. In ihnen soll klar werden, wie das Bewußtsein sich seinen Weg aus der Dominanz des dumpfen Mutterarchetyps hin zur Geist- und Lichtwelt des Vaterarchetyps bahnt, wo das männliche Prinzip endlich zu seiner Heimat findet.

Diese Weltanschauung speist sich im wesentlichen aus zwei Quellen:

a) aus Johann Jakob Bachofens These vom Mutterrecht.

b) aus den, im Gegensatz zur menschheitsgeschichtlichen Entwicklung, aktuell noch beobachtbaren Stadien der Bewußtseinsentwicklung bei Kleinkindern.

»Das Unbewußte tritt zunächst als gute Mutter auf, d.h. die Urbeziehung des Kindes zu ihr hat einen positiven Akzent, denn das kindlich unselbständige Ich wird von dem mütterlichen Unbewußten geschützt und genährt«, schreibt Erich Neumann in seinem 1952 herausgegebenen Aufsatz über »Die psychologischen Stadien der weiblichen Entwicklung«. »Die archetypische Erfahrung dieser Ursprungssituation, nämlich die totale Abhängigkeit des Ich und einzelnen vom Unbewußten und Ganzen, geschieht in der Projektion auf die Mutter, die unabhängig von ihrer Individualität den Säugling und das Kleinkind als mütterlicher Uroboros und als ›Große Mutter‹ beeindruckt.«[5]

Was, so wird hier suggeriert, sich dereinst menschheitsgeschichtlich zugetragen hat, das können wir heute noch an jeder kleinkindlichen Entwicklung ablesen. Der Schluß liegt nahe, daß in dieser gesamten Theorie die Stadien der kleinkindlichen Bewußtseinsentfaltung völlig ungebrochen auf die gesamtmenschliche Kulturentwicklung übertragen werden.[6] Sie werden projiziert auf das vorhandene Mythenmaterial, das sich ihrer Perspektive zu beugen hat.

So verwundert es nicht, wenn der Jungianer Wolfgang Giegerich in seinem Artikel »Die Neurose der Psychologie« den »personalistischen Reduktionismus innerhalb der Analytischen Psychologie« beklagt: Wir reden von der konkreten Mutter und den anderen Frauen in der Familie und setzen als Überschrift darüber ›der matriarchale Raum‹. Wir beschreiben eine Mutter als negativ und sagen dann, sie habe den negativen Aspekt des Mutterarchetyps durch ihr Wesen evoziert.« Die konkrete Person ist damit »die wahre und entscheidende Wirklichkeit. Der Archetypus ist dann kein Urbild mehr, sondern eine bloße Verdoppelung dieser Mutter.«[7] Der Verdacht liegt nahe, daß diese Verdoppelung von Anbeginn der Theorie mit im Spiel war, denn die These von der Bewußtseinsentwicklung via Heldenkampf läßt sich in dieser Ausschließlichkeit weder aus der Mythengeschichte noch aus der aktuellen ethnologischen Literatur belegen. Wohl aber aus der Matriarchatstheorie Johann Jakob Bachofens, die sich in einem entscheidenden Punkt mit der Weltanschauung Erich Neumanns deckte: Sie erachtete die Entwicklung des Patriarchats aus dem Matriarchat als unabdingbar notwendig für den Fortschritt der Menschheit. Wobei sie eine Phantasie zu ihrer grundlegenden Voraussetzung machte: Die Vorstellung vom unselbständigen Sohn und Jünglingsgeliebten in den Armen einer ihn festhaltenden Mutter. Eine Phantasie, die Neumann nur zu bereitwillig übernahm: »Das Männliche wird (im Matriarchat, d. Verf.) als Kind und Jüngling geliebt und als Fruchtbarkeitswerkzeug verwendet, aber es bleibt dem Weiblichen ein- und untergeordnet und wird niemals in seiner männlichen Eigentlichkeit und Eigenart anerkannt.«[8]

Dieses aus der Religionsgeschichte herausgelesene Vorbild dürfte als Urbild gesamtmenschheitlicher Erfahrung trotz aller Bemühungen schwerlich zu belegen sein. Im Rahmen der Analytischen Psychologie nimmt es allerdings geradezu eine Schlüsselstellung ein. Es dient als Vorbedingung für die Entfaltung des Vorstellungskomplexes von der »*Furchtbaren Mutter*«. Es ist dies die Mutter(Gottheit), die den Helden an seiner Bewußtseinsentwicklung hindern will und seinen Kampf um Befreiung dadurch erst herausfordert. Im Fachterminus der Analytischen Psychologie konstelliert sich dabei der Archetypus der Großen Mutter in seinem negativen und im letzten Sinne kulturfeindlichen Aspekt (z. B. in der Gestalt des Drachens).

Kein Archetyp, der im Rahmen dieser Psychologie stärker strapaziert würde; und es läßt sich schlechthin kein Negatives denken, das nicht letztlich mit diesem Archetypen in Zusammenhang gebracht werden könnte. Die Abhandlungen über den Archetypus der Furchtbaren Mutter sind Legion, vergleichbare Untersuchungen über den Furchtbaren Vater stehen dagegen noch aus. Die Gründe dafür liegen auf der Hand. Mit dem Konzept der Furchtbaren Mutter oder auch »Todesmutter« steht und fällt das gesamte Konzept der Bewußtseinsentwicklung. Denn nur in der Überwindung einer als furchtbar vorgestellten Mutter erhält der Kampf um die Befreiung des (Helden-)Bewußtseins überhaupt Sinn und Berechtigung. Je schauriger deshalb die Züge der furchtbaren Mutter ausgemalt werden, um so einleuchtender der »entwicklungsnotwendige« Befreiungskampf. Mit welchen Geschützen dabei aufgefahren wird, möchte ich nur an einem Beispiel illustrieren. In seinem 1984 erschienenen Buch »Männersache. Kritischer Beifall für den Feminismus« schreibt der Zürcher Analytiker Helmut Barz: »Freilich ist die göttliche Mutter alles andere als eine liebe gute Frau. Ihr tiefstes Wesen ist Zweideutigkeit, ihr letztes Geheimnis die Einheit von Leben und Tod. Darum ist sie einerseits die Mutter Erde: ohne Ende gebärend, ohne Ende zerstörend; Pflanzen, Tiere, Menschen, Gebirge, Flüsse und Gestirne in unermeßlicher Schöpfungswonne und -wut aus sich entlassend und gleichzeitig deren Blut in sich zurücksaufend, die Leiber zermalmend, das Geformte zerstückelnd, so gebiert und tötet sie vor und jenseits aller Unterscheidung von Ursache und Wirkung, Anfang und Ende, Gut und Böse – nur immer das eine, ewig gleiche bewirkend: die nie abreißende Kette von Geburt und Tod.«[9]

Männliche Initiationsriten und der angebliche Kampf gegen das »Weibliche«

Um diese These zu untermauern, werden Belege aus der Religionsgeschichte von überall her gesammelt, und – weil man schon weiß, was man sucht, – »findet« man auch überall dieselben Muster wieder. Wie wenig man allerdings die gefundenen Bilder innerhalb ihres kulturellen Zusammenhangs deutet, sei an zwei Beispielen erläutert:

Als Beispiel für die verschlingende, furchtbare Mutter wird gern die indische Göttin Kali herangezogen. Barz' Beschreibung liest sich auch beinahe wie eine Nacherzählung der von ihr überlieferten Beschreibungen. Nun ist die Göttin Kali zwar wahrhaftig keine bequeme weibliche Gestalt, ihr Messer, das den Lebensfaden zerschneidet, ihre Hauer, die sie in die menschliche Schädeldecke gräbt, erhalten jedoch innerhalb der indischen Mythologie eine durchaus positive Bedeutung. Durch ihr Zerstörungswerk hilft sie, den sog. Schleier der Maya zu lüften und die für das indische Denken verhängnisvolle Verstrickung im sinnlich-irdisch-ich-haften Bereich zu lösen. Ihre Grausamkeit bedeutet dem Inder eher Erlösung, weshalb die Göttin Kali in Indien bis heute in höchstem Ansehen steht. Wie anders gerade auch ihre zerstörerische Seite interpretiert werden kann, dafür gibt der Indologe Heinrich Zimmer ein beredtes Zeugnis:

»In der Thronhalle der Juweleninsel hält die Göttin vier bekannte Waffen oder Instrumente in ihren Händen, die uns von ihren Darstellungen als der kriegerischen, dämonenvernichtenden Gottheit bekannt sind. Hier besitzen sie einen psychologischen Sinn und müssen auf der spirituellen Ebene verstanden werden. Die Göttin trägt nämlich Bogen und Pfeil, die Schlinge und den Stachelstock. Bogen und Pfeil bedeuten die Willenskraft; die Schlinge – der Lasso, der wilde Tiere fängt und im plötzlichen Angriff auf dem Schlachtfeld den Feind in Bann schlägt – das Wissen, die Meisterkraft des Intellektes, welche die Gegenstände erfaßt und mit festem Griff hält. Der Stachelstock, zum Treiben von Reit- und Lasttieren bestimmt, bedeutet die Aktivität.« An einer anderen Stelle schildert Zimmer sie als »ganz schwarz. Anstelle einer Blumenguirlande baumelt ihr ein Kranz abgeschnittener Köpfe vom Hals bis zu den Knien. In der einen Hand trägt sie das Schwert, das Sinnbild physischer Auslöschung und spiritueller Entscheidung, das Schwert, das Irrtum und Unwissenheit und die Hülle des nur individuellen Bewußtseins durchschneidet. Die andere Hand hält ein ungewöhnliches Symbol, nämlich eine Schere, die den Lebensfaden durchschneidet. Aber in ihren beiden linken Händen hält sie die Schale dar, die Überfluß an Nahrung spendet, und das Lotossymbol ewiger Zeugung.«[10] Hier entspräche Kali sogar eher dem Bild der befreienden und erlösenden Mutter. Tatsächlich wird sie als die aktive Seite nicht nur Shivas, ihres Gemahls, sondern sämtlicher männlicher Gottheiten des indischen Pantheons gesehen, ganz wie auch die ägyptische Göttin Isis als die aktive Seite des Osiris/Horus vorgestellt wurde, womit sich zugleich ihre Rolle als Beschützerin, Retterin und Erlöserin gefestigt hatte. Die kämpferische, angeblich »männliche« Aktivität ist von vielen großen Göttinnengestalten nicht wegzudenken. So wird bspw. auch die ägyptische Neith, die Göttermutter, ohne weiteres als zu zwei Dritteln männlich vorgestellt, ohne daß dies ihrer Mütterlichkeit den geringsten Abbruch täte.[11] (Shiva, Kalis göttlicher Gemahl, und in seiner Ambivalenz als Welterhalter und -zerstörer ebenso gepriesen wie sie, wird übrigens mit ganz ähnlichen Attributen versehen wie sie, ohne daß er deshalb von der Analytischen Psychologie zum »Furchtbaren Vater« deklariert würde.)

Die Befreiung des Helden-Ich aus dem Schoß der Urmutter setzen sich angeblich auch die zahlreichen Einweihungsriten der Völker zum Ziel.[12] Dabei wird übersehen, daß in vielen Kulturen beide Geschlechter eingeweiht werden und wurden (etwa bei der Visionssuche verschiedener uramerikanischer Völker), daß in manchen Kulturen (z. B. Ojibway) Frauen nicht initiiert wurden, mit der Begründung, daß sie durch ihre Natur bereits in die Mysterien von Leben und Tod eingeweiht seien. Danach liegt es sogar nahe, bestimmte Initiationsriten eher als Angleichung an das Weibliche zu verstehen und nicht als seine Überwindung. Dies wird auch von der Sozio-Ethnologin Ursula Wolf bestätigt, die aus einem ihrer Interwiews folgendes erfährt:

Jedes Jahr findet der Sonnentanz statt, bei dem die Männer durch ihren Tanz alles Weibliche ehren, Pflanzen, Tiere und

Menschen. Sie gehen durch all die Zeremonien der Reinigung, die Schwitzhütten, die die heißen und kalten Schauer der Frauen vor der Geburt repräsentieren, sie verbinden ihre Brust mit dem Baumwollbaum, wie das Baby durch die Nabelschnur mit der Mutter verbunden ist. Und wenn sie sich losreißen, ist das, wie wenn sich Mutter und Kind bei der Geburt voneinander losreißen. Sie gehen durch diese Reinigung, durch dieses Leiden, aus Respekt für die Frauen, um sich darauf zu beziehen, was es für die Frau heißt, zu gebären, um etwas von diesem Schmerz nachzuempfinden, den die Frauen erleben.

Wir wissen, daß die Frauen spirituell stärker als die Männer sind. Und in allen Zeremonien zeigt sich dieser Respekt für die Frauen, denn unsere Mutter Erde ist eine Frau, wenn du die Frau nicht respektierst, respektierst du die Erde nicht, denn sie gibt Leben.«[13]

Dem gleichen Vorstellungsmuster begegnen wir auch in der Mythologie der Navajo. In ihrer Schöpfungsgeschichte werden die Taten des jugendlichen Helden ausdrücklich in Verbindung gesetzt zur schöpferischen Leistung von Frauen bei der Geburt neuen Lebens: »Auch für dich war es schwer, unter Wehen zu gebären. Und doch hast du es getan«, sagt jedesmal der Sohn zu seiner Mutter, bevor er wieder auszieht, eine neue Schlacht gegen die Ungeheuer zu bestehen, die das Leben der Gemeinschaft vernichten wollen.[14]

Zusammenhänge, die sich im übrigen durchaus auch für unseren eigenen (aus vorderorientalischen Mythologien erwachsenen) Kulturkreis belegen lassen: Dem sumerisch-akkadischen Mythos von Inanna-Ischtar zufolge steigt diese große Himmelsgöttin freiwillig hinab in die Unterwelt, ins »Land ohne Wiederkehr« zu ihrer Schwester Ereschkigal, der »Herrin des großen unteren Ortes«. Sie stirbt dort und bleibt, von Ereschkigal betrauert, drei Tage lang in der Unterwelt, ehe sie an die obere Welt zurückbefreit wird. Anschließend schickt sie ihren (Königs-)Gemahl Dumuzi-Tammuz an ihrer Statt zu Ereschkigal, denn er war der einzige, der während ihrer Abwesenheit nicht um sie getrauert hatte. Dieses Geschehen läßt sich ohne weiteres als Initiation in weibliche Mysterien deuten, vergleichbar den Demeter-Mysterien, in welche sich Männer in Frauenkleidern einweihen ließen, um auf diese Weise eine Angleichung ans Weibliche zu vollziehen.

Es scheint so, als wenn es Neumann, wie auch der Jung-Schule insgesamt, weniger um eine religionsgeschichtliche Fragestellung zu tun war, als um die Rechtfertigung des Status quo. Zwar wird eingestanden, daß das patriarchale Weltverständnis in eine Sackgasse geraten sei und dringend der Wiederbelebung aus dem (weiblichen) Unbewußten bedürfe, doch an den Grundfesten der abendländischen Kulturentwicklung darf nicht gerüttelt werden. Gewaltanwendung und Sieg des Männlichen über das Weibliche werden als Grundlagen unserer Tradition nicht nur hingenommen, sondern ausdrücklich noch als entwicklungsnotwendig, weil bewußtseinsbildend, begrüßt: »Die weltschöpferische Tat des Helden« (sprich des Logos als des Vaterprinzips) »ist der Muttermord« erklärt C. G. Jung kategorisch,[15] was wiederum die amerikanische Theologin Catherine Keller zu der Aussage veranlaßt: »Weder faktisch noch in der Theorie überlebt eine erste Frau, eine Gottmutter, die patriarchale Schöpfung: nicht theologisch und nicht psychoanalytisch.«[16] Nicht zu vergessen, daß auch Freud es als therapeutisches Anliegen betrachtete, das Ich gegenüber den sog. ozeanischen Gefühlen der Verschmelzung zu retten, die selbstverständlich mit den Charakteristika des Weiblichen zusammengedacht wurden.

Damit ist das »Furchtbare Männliche« (ein Terminus, der überdies auffallend selten auftaucht) in seinem »Tötungstrieb« entwicklungsgeschichtlich immer schon gerechtfertigt und in der Theorie entsprechend verharmlost. Die Entwicklung hin zum Patriarchat war dann eben nicht »Wille ›*der*‹ Männer, sondern eine zum Übermaß neigende Tendenz des sich entwickelnden Bewußtseins«, so Barz noch im Jahre 1984.[17] Ohne diese treibende Kraft, so wird suggeriert, würden wir heute noch mit einem Stock in der Suppe rühren. Den zahllosen Untersuchungen über die Große Mutter steht noch nicht einmal ein Zehntel so viele Abhandlungen über den Großen Vater gegenüber. Und auch das ist wiederum vor allem aus der Persönlichkeitspsychologie erklärlich. Denn für die Kleinkindererziehung, wie für Erziehung überhaupt, sind in unserer Kultur eben in erster Linie Frauen zuständig, die dadurch selbstverständlich ein Übergewicht im kindlichen Erleben wie auch in der späteren und rückblickenden Deutung dieser Erfahrung erhalten. Dies ist jedoch kulturbedingt und keineswegs archetypisch.

Bewußtseinsentwicklung als Selbstentfremdung

Das Weibliche wird nach dieser Theorie in seinen positiven (bewußtseinserneuernden) Aspekten zwar gefeiert, in seinen negativen (bewußtseinsauflösenden) Tendenzen hingegen verteufelt. Und das von einer Psychologie, die sonst nicht genug daran tun kann, die unauflösliche Verbindung von Licht und Schatten sowohl im persönlichkeitspsychologischen wie im archetypischen Bereich zu betonen. Es fehlt auch durchaus nicht an Einsicht, daß der positive Aspekt der Großen Mutter (wie bei allen anderen Archetypen auch) nicht ohne ihren negativen zu erfahren ist, doch weil die Grundlage der Theoriebildung in sich nicht stimmig ist, fördert sie auch nur ein verzerrtes Bild vom Weiblichen zutage. So stellen sich Neumann, Jung und ihre NachfolgerInnen bspw. nie die Frage, wieweit durch ihre Theorie etwa das Weibliche in seiner Eigentlichkeit und Eigenart (an)erkannt wird. Für sie steht nicht nur fest, daß das weibliche Bewußtsein mit Begriffen wie matriarchal, naturhaft und unbewußt hinreichend umschrieben ist, sondern sie machen darüber hinaus Trennung, Abgrenzung und Überwindung der Magna Mater zur Vorbedingung für ein produktives und reifes Menschsein überhaupt.

Damit wird endgültig der männliche Entwicklungsweg zum Vorbild auch für den weiblichen erhoben. Und so liest man auch bei Neumann, daß die Frau nur erwachsen werden könne, indem sie männliches Bewußtsein und damit männliche Werte übernimmt. Zugunsten seiner Bewußtseinsentwicklung wird das Weibliche »gezwungen, auch die männliche Seite zu entwickeln, ohne welche eine Kulturleistung nicht möglich ist«[18]. Die Analytische Psychologie sieht demnach für Mann und Frau zwei verschiedene Entwicklungswege vor:

1) Für den Mann führt die Loslösung von der Mutter zum Männlichen als dem Eigenen.

2) Für die Frau führt sie dagegen in die Selbstentfremdung.[19]

Und diese Selbstentfremdung geschieht dem Weiblichen gleich in doppelter Hinsicht: Unter dem Bild der Furchtbaren Mutter oder Todesmutter wird das Weibliche zunächst niedergekämpft und seiner Eigenständigkeit beraubt; anschließend darf es seine eigene

Unterwerfung noch als Erlösung feiern, denn das Männliche bedeutet für das Weibliche »Erlösung zum Bewußtsein«.[20]

Allein die Weigerung, im Eigenen der Frau oder des Weiblichen etwas anderes sehen zu wollen als Naturhaftigkeit, gibt solchen Thesen Nahrung und Halt. Eine eigen-artige weibliche Bewußtheit existiert nach dieser Vorstellung nicht. Wo das Weibliche Bewußtsein entwickelt, ist dieses von seinen Vorzeichen her immer männlich. Bleibt es beim Eigenen, bleibt es minderwertig und unreif, weil naturhaft.

Wie ein solcher Übergang aus der matriarchalen in die patriarchale Phase aussehen soll, beschreibt wiederum Helmut Barz am Beispiel frühkindlicher Entwicklung: »Wo vorher Einheit und Nähe bestanden, da herrschen jetzt Trennung und Abstand. Was früher das einfach Gegebene war, wird jetzt zum Fragwürdigen. An die Stelle der unmittelbaren Erfahrung der Welt tritt ihre Deutung. Der ewig sich wiederholende Rhythmus wird zur gemessenen Zeit, unendlicher Raum wird zum gemessenen Lebensraum, zweckfreies Spielen wird zum zielgerichteten Lernen, freischwebendes Verfließen zur festgefügten Struktur.«[21] Die Gleichsetzung von weiblichem und kindhaftem Bewußtsein wird hier perfekt: Die matriarchale Phase ist der Kindheitszustand der Menschheit. Und das spätere Bewußtsein, so müßte man folgern, wird nur deshalb patriarchal genannt, weil der Vater in der Erlebniswelt des Kindes später auftaucht. Die Phase, in der das Kind unbewußt ist (wohlgemerkt – und nicht die Frau!), wird behandelt, als sei diese Unbewußtheit dem Weiblichen an sich anzulasten. Die Erfahrung des Kindes an der Mutter wird – via Projektion – zur Erfahrung der Menschheit an der Frau.

Sämtliche Kulturen aber, die noch nicht die Höhe patriarchaler Verfassung erreicht haben, gelten nun in gleichem Maße als mehr oder weniger – auf jeden Fall aber noch nicht ganz – erwachsen. Dadurch wird auch im Bereich der Menschheitsgeschichte der Status quo sozusagen archetypisch verankert. Die patriarchale Kultur – und das bezieht sich vor allem auf die jüdisch-christlich-abendländische Tradition – hat trotz aller eingestandenen Mängel in der Bewußtseinsentwicklung den höchsten Ast erklommen. Indem dieser Vorgang als entwicklungsnotwendig vorgestellt wird, wird er zugleich verbindlich gemacht für alle Völker und Kulturen aller Zonen und Zeiten. Diese haben sich folglich messen zu lassen am Bewußtseinsgrad unserer Kultur. Ähnlich wie den Frauen wird auch ihnen eine eigenständige Bewußtseinsentwicklung damit abgesprochen. Auch sie werden sozusagen gemessen an der Latte des Heldenkampfes und je nach dem Stand seiner Verwirklichung qualifiziert. So muß sich das indische Denken bspw. sagen lassen, es sei – bildlich gesprochen – noch nicht von der Mutter abgenabelt, sondern kreise sozusagen noch in ihrem Banne.[22] Oder findet Hayao Kawai (Prof. für Psychologie an der Universität Kyoto und ausgebildeter Jung'scher Analytiker) noch in einem erst vor wenigen Jahren veröffentlichten Artikel nichts dabei zu betonen, es sei »charakteristisch für die japanische Kultur, daß sie die Muttertötung nicht vollzogen« habe, wohingegen »das entwickelte europäische Bewußtsein die Muttertötung hinter sich« habe.[23]

Für den Bereich der *Ethik* aber – und Neumann hat sich nicht umsonst auch dieser Thematik ausführlich gewidmet – ergibt sich aus allem Gesagten folgendes: Auch Ethik wird zu einer Angelegenheit des heldischen Bewußtseins. »Der große Einzelne ist auf allen Gebieten stifterisch, d. h. geistig zeugerisch. Er ist es als Täter und Held, künstlerisch, wissenschaftlich, philosophisch, religiös und ebenso auch ethisch.« Denn »die Urfakten der Ethik entstammen der ›*Stimme*‹, die im begnadeten Einzelnen spricht«.[24]

Ethik wird aus dieser Perspektive vornehmlich zu einer Angelegenheit zwischen (den Symbolen von) Vater und Sohn. Nachdem der patriarchale Geist sich symbolisch im Muttermord befreit hat, verjüngt und erneuert er sich beständig im Sohn, wobei der transpersonale Vater-Archetyp sich allerdings aufspaltet in einen konservativ-bewahrenden und einen progressiv-treibenden Aspekt. Der konservative Aspekt manifestiert sich im persönlichen Vater oder im geltenden Gesetz, der progressive Aspekt bricht sich dagegen Bahn im »Sohn«, insofern dieser sich gegen das geltende Gesetz auflehnt und damit den »Vatermord« herbeiführt, zu dem er gleichwohl vom transpersonalen Vater angetrieben wird. »Immer und unausweichlich hat die Stimme ›Sohn‹-charakter gegenüber dem ›Vater‹-charakter des Gesetzes, und der Vatermord durch den Sohn bleibt ein ewiges Urbild der inneren Geschichte der Menschheit und des Menschen.«[25]

»Der Held«, so heißt es in der von Neumann verfaßten »Ursprungsgeschichte des Bewußtseins«, »ist notwendigerweise der Brecher des alten Gesetzes. Er ist der Feind des alten Herrschaftssystems ... und des herrschenden Gewissens und tritt so notwendig in Gegensatz zu dem persönlichen Vater, der im Umkreis des Sohnes das herrschende Kultursystem verkörpert. In diesem Konflikt steht die ›Stimme‹ als Auftrag des transpersonalen Vaters, des Vater-Archetyps ... gegen den persönlichen Vater als Ausdruck des alten Gesetzes.«[26] »Dieser Held und ›Große Einzelne‹ ist immer grundsätzlich der Mensch der direkten inneren Erfahrung, der als Seher, Künstler und Prophet oder Revolutionär die neuen Werte und Inhalte, die ›neuen Bilder‹ sieht, formuliert, darstellt und verwirklicht ... Seine Orientierung ist die ›Stimme‹, die individuelle innere Äußerung des Selbst in der Unmittelbarkeit der direkten ›Ansprüche‹.«[27]

Gefahr droht dieser Ethik des Vaterprinzips einzig und allein – es bleibt nicht aus – vom Prinzip der Furchtbaren Mutter, welche »die Einzelseele ... und mit ihr die individuelle Erfahrung der Stimme« zurückschlucken kann in die »Verweiblichung ... als Überschwemmung durch die unbewußte Seite«[28].

Mit der hier vorgelegten Theorie der Bewußtseinsentwicklung geht einher, daß sie ein Denken, das sich in Dualismen, Trennungen, Unterscheidungen und Gegensatzpaaren abspielt, ein polares Denken also, für prinzipiell wertvoller, zumindest aber bewußtseinsnäher hält als eines, das ohne diesen strikten Dualismus auskommt, bzw. ihn sogar bewußt zu vermeiden sucht. Nach dieser Auffassung wäre folglich auch der ethische Dualismus, der die Welt in Gut oder Böse, Richtig oder Falsch aufteilt, ein Meilenstein auf dem Weg zu einer höheren Bewußtseinsbildung (und in der Tat deutet Neumann die sog. Sündenbockpsychologie in ebendiesem Sinne). Nun ist aber schwerlich einzusehen, wieso ein Bewußtsein, das eher Verbindungen als Trennungen zu erkennen und herzustellen weiß, deshalb per se und in se in die Nähe des Unbewußten und also »matriarchalen« Denkens rücken soll. Die Tatsache, daß in unserer Kultur das ausschließende und trennende Denken im Entweder-Oder-Schema von Männern propagiert und vorangetrieben wurde, gibt uns weder das Recht, gerade dieses Denken mit Bewußtheit zu identifizieren, noch gibt es uns andererseits das

Recht, das verbindende Denken als ausschließliche Prärogative des Weiblichen hervorzuheben und es folglich mit dem Etikett »matriarchales« Bewußtsein zu belegen. Wobei mit matriarchalem Bewußtsein ein eher bildhafter Dämmerzustand umschrieben wird, der in Gegensatz gebracht wird zur Taghelle des »solaren« männlichen Bewußtseins.

Hier gehen in die Entwicklung einer Theorie Vorurteile mit ein, die wenig über die Bewußtseinsbildung allgemein und schon gar nichts über die fremder Kulturen auszusagen hat, um so mehr aber verrät über die herrschende Bewußtseinsstruktur der Kultur, aus der sie stammt. Wenn das Weibliche in der Analytischen Psychologie mit dem Unbewußten verknüpft wird, so wird damit zunächst einmal nichts anderes als die Erfahrung zum Ausdruck gebracht, daß der Bereich des Weiblichen innerhalb unserer eigenen Kultur ins Unbewußte entraten ist und quasi in den Bewußtseinsschatten fällt. Aus dieser kulturbedingten Entwicklung auf allgemeinmenschliche Vorgänge schließen zu wollen, ist damit allerdings noch lange nicht gerechtfertigt. Vielmehr gilt es, die leitenden Hintergrundsmythen und somit die Wurzeln ausfindig zu machen, die eine derartige Entwicklung begünstigen konnten. Und letzteres natürlich nur unter der Voraussetzung, daß man altbewährte Etiketten wie bewußt – unbewußt, matriarchal – patriarchal, Geist – Natur …, oder wie sie auch immer heißen mögen, vorübergehend in die Schublade verbannt.

Solange jedenfalls die Phantasie vom Heldenmythos noch die Grundbegriffe der Analytischen Psychologie beherrscht, solange wird sie auch in ihrer Kulturkritik stets zwiespältig bleiben. »Mann« taucht dann eben in das Unbewußte ein im Sinne eines »reculer pour mieux sauter«, womit sich letztlich das heldische Bewußtsein wieder stabilisiert. Der Held begibt sich nach dieser Vorstellung lediglich zum »weiblichen Urgrund«, um aus dieser Energiequelle Kraft zu schöpfen für sein Werk. – Und dies ist übrigens genau die Funktion, die C.G. Jung dem Archetypus der »Anima« zudenkt, dem ersten Archetypen aus der Welt der kollektiven Bilder, dem das männliche Bewußtsein sich nach der Auseinandersetzung mit dem »Schatten« und den Aspekten der Großen Mutter ausgesetzt sieht. Der »Animus« der Frau hingegen, als Pendant zur »Anima« gedacht, hat – man höre und staune – nicht ihr selber, sondern wiederum in erster Linie dem Mann zu dienen: »Wie der Mann sein Werk als ein ganzes Geschöpf aus seinem inneren Weiblichen hervorgehen läßt, so bringt das innere Männliche der

Frau schöpferische Keime hervor, welche das Weibliche des Mannes zu befruchten vermögen. Das wäre die ›femme inspiratrice‹, die – wenn falsch aufgezogen – die Möglichkeit hat, auch zum schlimmsten Rechthaber und Prinzipienschulmeister … zu werden.«[29]

Das Weibliche wird hier gleich in doppeltem Sinne zur Dienerin des Mannes. Seine schöpferischen Potenzen regeneriert er sowohl aus dem eigenen Unbewußten wie auch aus dem der Frau. Die Frau geht demgegenüber doppelt leer aus: Weder darf sie die »Logos-Keime« ihres Animus direkt für ihr eigenes schöpferisches Werk einsetzen (sonst läuft sie Gefahr, als »animusbesessen« beschimpft zu werden), noch wird vice versa ihr Animus von der Anima des Mannes in gleicher Weise genährt, wie der Animus die Anima inspirieren soll. Kollektive Vorurteile also in einer Theorie, die Frau und Mann als gleichwertige und gleichberechtigte Menschen ansprechen und in diesem Sinne auch therapieren wollte. Doch es ist wohl James Hillman, einem modernen Vertreter der Jung-Schule, Recht zu geben, wenn er behauptet: »The image of female inferiority has not changed, because it remains the image of the masculine psyche.«[30]

Als C. G. Jung daranging, die Welt des Unbewußten zu erforschen, da erkannte er es – im Vergleich zum herrschenden (Ich-) Bewußtsein – seinem Charakter nach als »weiblich«. Und er hielt dies für eine allzeit gültige Zuordnung. Im Grunde genommen beschrieb er jedoch exakt den Zustand einer kulturell bedingten Bewußtseinslage, in welcher nicht der Bereich des Unbewußten weiblich, sondern das Weibliche unbewußt geworden war.

Und als sich Jung daranmachte, den, seiner Meinung nach, zu dessen Vollständigkeit noch fehlenden vierten Aspekt ins christliche Gottesbild zu integrieren, da identifizierte er diesen vierten Aspekt sowohl mit dem Weiblichen als auch mit dem »Schatten« (dem dunkel-trieb- und instinkthaft »Bösen«, das vom herrschenden Bewußtsein normalerweise ausgeblendet wird). Wieder fällt hier – in bester Übereinstimmung mit der kirchlichen Tradition, die doch eigentlich korrigiert werden soll, – das Weibliche mit dem Bösen zusammen. An dem Dogma von der »leiblichen Aufnahme Mariens in den Himmel« rühmt Jung vor allem, daß damit die abgründige, animalische und instinktverbundene Seite des Menschen endlich ihren Platz bei Gott erhalte, was wiederum zeigt, wie sehr er der Identifikation des Weiblichen mit dunkler Trieb- und Naturhaftigkeit erlag.

Noch für James Hillman bedeutet das Himmelfahrtsdogma von 1950 in seiner Vorbildstruktur vor allem »the union with dark materiality and the abyss.« Und er leitet von dieser Prämisse sein neues, für die Zukunft der Menschheitsentwicklung seiner Ansicht nach wegweisendes Modell von der bewußten (dionysischen) Bisexualität ab. Als Zielvorstellung gelungenen Menschseins meint bewußt gelebte Bisexualität »that incarnation of durable weakness and unheroic strength such as we find in the image of Dionysos«[31]. Ein Bild, wie es sich ergibt, sobald die Projektionen der Inferiorität vom Weiblichen abgezogen und der männlichen Psyche reintegriert werden. Was Hillman nicht anspricht, was sich aber als logische Konsequenz aus diesem Denken ergeben müßte, ist, daß die Rücknahme der Projektionen wechselseitig verlaufen müßte. Der Rücknahme der Inferioritätsprojektionen vom Weiblichen auf seiten der Männer entspräche dann die Rücknahme der Superioritätsprojektionen vom Männlichen auf seiten der Frauen. Mit anderen Worten: So wie der Mann gehalten ist, seine Schwächen als die eigenen anzuerkennen (statt sie via Projektion auf das Weibliche abzulehnen), so müßte es der Frau erlaubt sein, ihre bis dato auf den Mann projizierten Stärken als die eigenen anzunehmen und in ihr Selbstbild zu reintegrieren.

Der Weg zur Erreichung des Ideals bewußter Bisexualität, so wie Hillman ihn sich vorstellt, geht nämlich im Grunde immer noch an der weiblichen Lebenswirklichkeit vorbei; denn nur vom Männlichen aus gesehen ist das Weibliche (insofern es im männlichen Bewußtseinsschatten liegt) mit Dunkelheit, Körperlichkeit, Abgründigkeit und Schwäche kontaminiert. Was es an sich selbst und aus sich heraus sein kann, ist damit noch in keiner Weise beschrieben. Für die Frau ist es eben nicht einfach damit getan, die gesellschaftlich minderbewerteten Persönlichkeitsanteile zu integrieren (die ja überdies im herrschenden Denken gerade mit »Weiblichkeit« zusammenfallen), liegen doch bei ihr gerade die gesellschaftlich höherbewerteten Eigenschaften im Persönlichkeitsschatten, insofern sie an ihr als angeblich unweibliche – und erst von daher minderwertige – Wesenszüge unterdrückt und bekämpft werden. So stellt der »Schatten« (im Jung'schen Sinne) bei der Frau

– vom herrschenden Bewußtsein aus – auch weniger einen inferioren als vielmehr einen superioren Persönlichkeitsanteil dar (und m.E. ergeben sich die Schwierigkeiten, welche die Jung-Schule bis heute mit dem Archetypen des Animus hat, genau aus dieser, bisher noch zu wenig reflektierten Problemlage).

Denkt man Hillmans Überlegungen konsequent weiter, hat der Mann die Befreiung des Weiblichen allein zu leisten, die Frau bliebe dabei (wie gewohnt) passiv. Übernimmt dagegen die Frau eine aktive Rolle bei der Projektionsrücknahme, dann wird der Mann es auch auszuhalten haben, daß er nicht mehr den Mittelpunkt ihrer Wünsche nach Stärke und Anerkennung bildet. Erst wenn der Projektionsrücknahmeprozeß also beidseitig verläuft, ist wirklich etwas für die Befreiung des Weiblichen, letztlich aber auch des Männlichen, in Gang gesetzt. Denn dem weiblichen (kulturbedingten) Minderwertigkeitskomplex entspricht auf der andern Seite ein männlicher (und ebenso kulturbedingter) Grandiositätskomplex, der dem Mann ein ebenso verzerrtes Selbstbild aufoktroyiert wie der Frau. Das polare Denken enthält somit beiden, Frau wie Mann, das ganze Menschsein vor, indem es vorgibt, beide verwirklichten jeweils nur Teilantworten in bezug auf das Ganze.

In der gegenwärtigen Diskussion wird, meiner Meinung nach, nur zu schnell vergessen, daß nicht nur das Weibliche aus den männlichen, sondern ebenso das Männliche aus den weiblichen Projektions- und Interpretationsschemata zu befreien ist. Dies ist allerdings nur möglich, wenn auch sie (mythischen) Vorbilder anderer werden, nach denen sich unser Denken und Handeln ausrichten kann. So wie ein neues Bild vom Männlichen – darin ist Hillman rechtzugeben – die weibliche Existenz sicher entlasten wird, so wird dann auch umgekehrt ein verändertes Bild vom Weiblichen zur Entlastung der männlichen Existenz beitragen.

Das Ziel könnte eine nicht-gespaltene Welt sein, »a world, undivided into spirit and matter, imaginal and real, body and consciousness ... when we are no longer certain what is masculine and what feminine, what inferior and what superior ...«[32] Eine Welt, die nicht länger unterteilt und polarisiert ist in Geist und Materie, imaginal und real, Körper und Bewußtsein, Kultur und Natur; wenn wir nicht länger sicher sind, was weiblich und was männlich, was höher- und was minderwertiger ist.

Anmerkungen

1 Jung, Werke Bd. 6, S. 118
2 Jung 1954, S. 116
3 vgl. Emma Jung, S. 11 ff.
4 In: Neumann 1983, S. 141
5 ebd. S. 10
6 Vgl. dazu auch Neumann 1980, Das Kind …
7 Giegerich, S. 255
8 Neumann 1983, S. 18
9 Barz, S. 113
10 Beide Zitate aus: Zimmer 1981, S. 226 u. 238
11 vgl. Bergman, S. 282
12 vgl. Neumann 1980, S. 183–195
13 Wolf 1983, S. 34 f.
14 Zolbrod, S. 229
15 Jung, Werke Bd. 9.1, S. 110
16 Keller, S. 122
17 Barz, S. 123
18 Neumann 1983, S. 27, unter Bezugnahme auf C.G. Jungs Untersuchungen über »Die Beziehungen zwischen dem Ich und dem Unbewußten«
19 Neumann 1983, S. 25 u. 51
20 ebd. S. 25
21 Barz, S. 93
22 Zimmer 1978, S. 488
23 Kawai, S. 43
24 Neumann 1984, S. 52 f.
25 ebd. S. 123
26 Neumann, Ursprungsgeschichte, S. 193
27 ebd. S. 400
28 ebd. S. 417
29 Jung, Werke Bd. 7, S. 230
30 Hillman 1972, S. 373
31 ebd. S. 402
32 ebd.

Pygmalion – oder: Warum kann eine Frau nicht so sein wie ein Mann?

Warum kann eine Frau nicht so sein wie ein Mann?
Männer sind ehrlich, gediegen und echt,
zu jeder Zeit nobel und immer gerecht.
Wenn du sie schlägst, sie schlagen nie zurück, oh nein!
kann eine Frau nicht auch so sein?

Kann eine Frau nicht so sein wie ein Mann?
Männer sind taktvoll, diskret und dezent,
immer gleich hilfreich, wenn's irgendwo brennt.
Für den Kollegen tun sie alles, allemal …
Wann sind die Frauen kollegial?!

Redest du von Vernunft, gehen sie sofort hinaus.
Logisch haben sie noch nie gedacht.
Pudern sie die Stirn, dann sieht sie weiß aus,
doch was dahinter steckt, bleibt schwarz wie die Nacht.

Kann eine Frau nicht verzeihn wie ein Mann?
Männer sind freundlich, von Sanftmut durchwebt,
ein besserer Mitmensch hat niemals gelebt.

Kann eine Frau nicht so sein wie, wie … ich!?

Ich bin ein Mann wie jedermann
und ich wünsche mir nichts mehr,
als daß man mir die Chance gibt,
zu leben, wie es mir gefällt,
und nur zu tun, was mir beliebt.
Jawohl, ein Durchschnittsmensch,
der nicht exzentrisch lebt,
und nur eins begehrt:
unbeschwert
das zu erreichen,
wonach er gerade strebt.
Nur ein Mann wie jedermann …
Doch: – laß ein Weib an dich heran!
Dann gib es auf, dein eignes Ich!

Bis zum Dach vom Keller aus
dekoriert sie neu dein Haus,
und am Ende jubiliert sie,
denn jetzt renoviert sie
DICH!!!
Aus: My Fair Lady

Henry Higgins, ein moderner Pygmalion aus dem Musical *My Fair Lady*, der damit auf eine altbewährte Vorlage zurückgreifen kann: Sehen und hören wir ihn uns also an, den Ur-Pygmalion (einst legendärer König von Zypern), wie er beschrieben ist in den *Metamorphosen* des Ovid:

»Weil Pygmalion sah, wie diese Frauen ihr Leben verbrecherisch zubrachten, blieb er einsam und ehelos, abgestoßen von den Fehlern, mit denen die Natur das Frauenherz so freigebig bedacht hat, und schon lange teilte kein Weib mehr sein Lager. Inzwischen bearbeitete er mit glücklicher Hand und wundersamer Geschicklichkeit schneeweißes Elfenbein, gab ihm eine Gestalt, wie keine Frau auf Erden sie haben kann, und verliebte sich in sein eigenes Geschöpf. Es sieht aus wie ein wirkliches Mädchen! Du möchtest glauben, sie lebe, wolle sich bewegen – nur die Sittsamkeit halte sie zurück. So vollkommen verbirgt sich im Kunstwerk die Kunst! Pygmalion steht bewundernd davor, und gierig trinkt seine Brust das Feuer in sich hinein, das von dem Scheinbild ausgeht. Oft legt er prüfend die Hände an das Geschöpf, ob es Fleisch und Blut sei oder Elfenbein, und will immer noch nicht wahrhaben, daß es nur Elfenbein ist. Küsse gibt er und glaubt sie erwidert; er redet mit dem Bild, er hält es im Arm. Rührt er es an, so ist ihm, als drückten sich seine Finger in den Körper ein; ja, er fürchtet, an den Gliedern, die er preßt, möchten blaue Male entstehen. Bald schmeichelt er, bald bringt er Gaben, wie sie ein Mädchenherz erfreuen: Muscheln, geschliffene Steinchen, kleine Vögel, Blumen in tausenderlei Farben, Lilien, bunte Bälle und Bernstein, vom Baum getropfte Tränen der Sonnentöchter. Er schmückt ihr die Glieder mit Gewändern, die Finger mit Edelsteinen, den Hals mit langen Ketten. Am Ohr hängt eine zierliche Perle, an der Brust ein Geschmeide. Alles steht ihr, aber auch nackt erscheint sie nicht weniger schön. Er legt sie auf Decken, die mit sidonischem Purpur gefärbt sind, nennt sie seine Gemahlin, die sein Lager teilt, und bettet den geneigten Nacken, als müsse es dieser spüren, auf weichen Flaum.

Der Feiertag der Venus, den ganz Cypern festlich begeht, war gekommen. Schon waren die Opferkühe, deren krumme Hörner Gold überzog, in den schneeweißen Nacken getroffen, niedergestürzt, und Weihrauch stieg empor: Da trat Pygmalion, nachdem er der heiligen Pflicht genügt hatte, zum Altar und sprach zaghaft: ›Ihr Götter, könnt ihr alles gewähren, so soll meine Gattin‹ – er wagte nicht zu sagen: das elfenbeinerne Mädchen sein'; darum sprach er nur: ›dem Mädchen aus Elfenbein gleichen!‹ Venus, die Goldene, erriet – war sie doch selbst bei ihrem Fest zugegen –, was mit diesem Wunsch gemeint war. Und zum Zeichen, daß die Gottheit ihm hold sei, stieg dreimal die Flamme züngelnd in die Luft empor.

Als er nach Hause kam, zog es ihn zu seinem Mädchenbild. Er warf sich auf das Lager und küßte sie. Da war ihm, als sei sie warm. Wieder legt er Mund an Mund und tastet mit der Hand nach der Brust. Er tastet noch, da wird das Elfenbein weich, verliert seine Starrheit, weicht zurück und gibt den Fingern nach, so wie Wachs vom Hymettus an der Sonne geschmeidig wird, sich unter dem Druck des Daumens zu tausenderlei Gestalten formen läßt und in der Hand des Bildners immer bildsamer wird. Pygmalion staunt. Er traut seiner Freude noch nicht und fürchtet, er täusche sich. Wieder und wieder prüft der Liebende mit der Hand sein Wunschbild. Fleisch und Blut ist's; mit dem Daumen prüft er, wie es in den Adern pocht. Da dankt der Held von Paphos der Venus mit Worten, die aus vollstem Herzen strömen, und preßt den Mund endlich auf wirkliche Lippen.

Das Mädchen hat den Kuß empfunden, sie ist errötet! Jetzt hebt sie scheu zu seinem Auge ihr Auge empor – und zugleich mit dem Himmel erblickt sie den Mann, der sie liebt. Der Ehe, die sie gestiftet, steht die Göttin bei. Schon haben sich die Hörner des Mondes neunmal zur vollen Scheibe gerundet, da gebiert sie Paphos, nach der die Insel benannt ist.«[1]

Das Dilemma, dem sich Pygmalion, »ein Mann wie jedermann«, gegenübersieht: Die Frau erscheint von ihm aus gesehen als ein glattes Fehlkonstrukt der Natur. Weit unter dem Mann stehend, und selbst noch in ihrer Paradeform als Dienstmagd, kann sie seinen Ansprüchen einfach nicht genügen. Sie ist so voller Defizite, daß »Mann« sie unmöglich lieben und sich auf die Eigenheiten ihrer Existenz einlassen kann. »Mann« ist sich zu schade für die Frauen, wie sie ihm aus der Wirklichkeit entgegentreten. Einziger Ausweg aus der Sackgasse: Männer müssen die Frauen insgesamt und paradigmatisch neu erschaffen, und zwar nach ihrem eigenen, dem männlichen Bild und Blickwinkel. Gelungen ist fortan nicht die Frau, die sich selbst gleicht, sondern nur die Frau, die sich männlichen Wünschen fügt und angleicht, in der Hand des Bildners zu Wachs und Pappmaché gedeiht. Erst männlicher Erfindungsreichtum macht die Frau akzeptabel, durch ihn wird sie zum Menschen, ohne ihn ist sie nichts oder nicht viel mehr als ein bedauerlicher Irrtum der Natur.

Geliebt wird nach dieser Vorstellung nicht die wirkliche Frau, so wie sie selber sein will, sondern eine Männerphantasie, bzw. das, was Männerphantasien ihr als Wirklichkeit lassen und übriglassen. Was sie selbst mitbringt, ihr eigener Charakter, zählt nicht. Ein Recht gar zu leben, wie es ihr gefällt, und nur zu tun, was ihr beliebt, wie es der moderne Pygmalion und Jedermann ganz selbstverständlich für sich beansprucht, – gerade auch Frauen gegenüber –, kann es bei ihr nicht geben, denn ihr Eigen-Sein und Eigen-Sinn richten sich – ganz wie es der zweite Liedtext ausdrückt – gegen sein eigenes Ich, werden somit als Bedrohung erfahren, die mit allen Mitteln niedergekämpft, besser noch: umgearbeitet werden muß. Männer machen Frauen liebbar und nehmen damit ganz fraglos für sich in Anspruch, unter allen Umständen liebenswert zu sein. Und die (Literatur-) Geschichte scheint ihnen Recht zu geben: »Es gibt eine Flut von Literatur, die, von der Antike an, den männlichen Ekel vor dem weiblichen Körper verkündet: Ekel davor, wie er schmeckt, Ekel davor, wie er aussieht. Männer können unangenehm schmecken und verboten aussehen, Frauen lieben sie trotzdem,« behauptet Naomi Wolf.[2]

Pygmalion schafft sich, dem Mythos zufolge, eine Frauengestalt, »wie keine Frau auf Erden sie haben kann«, und verliebt sich darauf in sein eigenes Geschöpf. Somit ist die »Liebe« des Pygmalion letztlich nichts anderes als Selbstverliebtheit. In dieser Art von Verliebtheit begegnet er nicht einer wirklichen Frau, sondern seinem Bild von der Frau, und diesem Bild kann keine wirkliche Frau je gleichen. Hinter diesem Bild, das ist von seinem Gestalter so vorgesehen, wird die reale Frau stets um mindestens eine Schrittlänge zurückbleiben. Dem Ideal gegenüber wird sie stets Mängelwesen bleiben. Es wird ihr Schicksal und zugleich ihr Menetekel.

Der Mythos von Pygmalion beschreibt, wie ein Mann sich sein Bild von einer Frau erschafft, in das er sich verliebt, und wie diese Verliebtheit das Kunstgeschöpf schließlich lebendig macht. Doch die Verwandlung läuft wohl eher in umgekehrte Richtung und besagt, daß die lebendige Frau für den männlichen Blick erst und nur dann von größtem Anreiz ist, wenn sie zu seinem Geschöpf wird, d. h. zu dem Bild erstarrt, das er sich von ihr gemacht hat und das sie hinfort nicht nur ihrerseits anschauen, sondern mit Leben füllen soll; und zwar stellvertretend für ihn. *Seinem,* nicht ihrem eigenen Traum soll sie nachleben, wenn und solange er sie als Frau wahrnehmen will. Damit wird sie zur Stellvertreterin seiner Träume und ungelebten Wünsche. Sie muß erfüllen, was er sich ersehnt, aber selbst nicht zu verwirklichen sich zugesteht. Ihre eigenen Träume sind demgegenüber gegenstandslos, sind nicht Gegenstand seiner Betrachtung und erst recht nicht seiner Zuwendung. Pygmalion schmückt seine Statue und putzt sie heraus nach seinem Gutdünken, lange bevor sie zum Leben erwacht, und nachdem sie zum Leben erwacht ist, wird sie ein Leben lang brauchen, um Schmuck und Ketten abzuschütteln, die sie nicht um ihretwillen, sondern um seinetwillen anlegen sollte und die sich deshalb schon bald wie Fesseln um ihre Gelenke legen.

Die Frage »warum kann eine Frau nicht so sein wie ein Mann« müßte deshalb übersetzt werden mit »warum darf eine Frau nicht so sein wie ein Mann«, warum muß sie unter allen Umständen anders sein als er, und warum muß mit allen Mitteln und bis heute noch verhindert werden, daß sich daran je etwas ändert? Und auch die Antwort ist eigentlich von vorneherein klar: Weil es bei diesem Thema gar nicht um sie selbst geht, sondern bei allem immer nur um ihn. Sie muß und soll so sein, wie er es sich wünscht und erhofft, weil *er* sich dann besser fühlen kann. Daß es ihr gut geht, wenn und solange sie nur ihn glücklich macht, wird dabei als gegeben vorausgesetzt.

»Ännchen von Tharau ist, die mir gefällt.
Sie ist mein Leben, mein Gut und Geld.
Ännchen von Tharau, mein Reichtum, mein Gut.
Du meine Seele, mein Fleisch und mein Blut.«

So heißt es in einem Lied, das um 1650 entstanden ist, aber bis heute noch durch sämtliche Wunschkonzerte geistert und dort offensichtlich immer noch begeistert. »Es wäre viel zu wenig zu sagen, die Frau wäre hier bloß ein Besitzstück. Sie ist wie ein nach außen gesetzter Teil des männlichen Selbst, den es sich wieder einzuverleiben trachtet, Medium der Wünsche des männlichen Selbst und Name für das Gewünschte zugleich«, kommentiert Klaus Theweleit treffend.[3] Oder Medium für das Nicht-Gewollte, Minderwertige des männlichen Selbst, wie »Mann's« gerade will und braucht.

Mit »Adam und Eva« fing an, was Rousseau vollendete

Der Mythos von Pygmalion müßte uns nicht weiter beunruhigen, wenn er nicht bis in unsere Gegenwart ein zentrales, wenn auch immer noch nicht psychologiewürdiges Thema unserer Kultur widerspiegeln würde. Und dieses Thema ist deshalb nicht psychologiewürdig, weil es so zentral ist und seine Bewußtmachung unserer gesamten Kultur den Boden entziehen könnte. Letztendlich ist auch der biblische Adam in seiner Grundstruktur nichts anderes als ein Pygmalion, seine jüdisch-christliche Spielart sozusagen und damit ein Kulturpfeiler par excellence. Mit Adam und Eva schließlich fing alles an. Hier wurden Grundmuster gestanzt, die bis heute unsere (Vor-)Urteilsbildungen prägen, von denen wir uns immer wieder aufs Neue bestätigen lassen, was und wie ein »richtiger« Mann und eine »richtige« Frau zu sein haben. Und auch der biblische Adam erscheint bereits als eine – wenngleich unselbständigere – Facette des Pygmalion, des Mannes, der eine Frau nach seinem eigenen Geschmack nicht nur wünschen darf, sondern, nach göttlichem Ratschluß, auch erhält. Eva wird für Adam erschaffen. Der hebräischen Mythologie zufolge braucht der Schöpfergott gar drei Versuche, bis er den ersten Mann überhaupt zufriedenstellen kann. Die erste Frau – Lilith – ist von Anfang an zu selbständig, die zweite ist nicht hübsch genug und wird einfach weggeworfen, und erst die dritte Version läßt keine Wünsche mehr offen. Da ist sie nur noch Fleisch von seinem Fleisch und Bein von seinem Bein, folglich nichts mehr ohne ihn, der die Grundsubstanz geliefert hat. Ihre eigenen Wünsche sind – und bleiben – so nachrangig wie ihre Erschaffung. Sie werden zusammen mit Lilith, die es noch wagen konnte, eigene Ansprüche zu formulieren, zum Teufel gejagt, unter das Rote Meer verbannt, was symbolisch nichts anderes besagt, als daß sie für unsere Kultur in den Bereich des Unbewußten versenkt wurden.

Die Frau als Wunsch- und Kunstprodukt des Mannes, eine Idee, die sich durch die Zeitenwechsel hindurch nicht nur nicht verflüchtigt, sondern eher noch intensiviert und stabilisiert hat. Noch *Kant* und *Rousseau* z. B., die beiden großen und innovativen Denker der Aufklärung, bleiben völlig in diesem Grundmuster verfangen.

Beide waren der Ansicht, daß die komplementären Charakterzüge von Mann und Frau gemeinsam ein einziges moralisches Wesen ausmachten: »In dem ehelichen Leben soll das vereinigte Paar gleichsam eine einzige moralische Person ausmachen, welche durch den Verstand des Mannes und den Geschmack der Frauen belebt und regiert wird«, erklärt Kant in seinen *Beobachtungen über das Gefühl des Schönen und Erhabenen* (1763). Dieser »komplementäre Charakter sollte beiden Geschlechtern zum Vorteil gereichen, obwohl Kants Beschreibung zu der Annahme führt, daß eher der männliche Teil einen Nutzen daraus zieht. Er wird nämlich als Mann perfekter, wohingegen die Frau lediglich als Gattin perfekter wird. Der Mann wird also wiederum zur Norm erhoben.«[4]

Wie kommt es, daß gerade die Aufklärungszeit, die sich doch der Herstellung von Freiheit und Gleichheit unter den Menschen verschrieben hatte, nicht weiter als bis zur Brüderlichkeit kam und Frauen bewußt und sogar in neuer Rigidität von den neuen Lebens- und Vernunftidealen, von einer neuen Menschlichkeit und Mitmenschlichkeit ausschloß? War die Frau etwa kein Mensch? Im Grunde gebärden sich auch die Philosophen der Aufklärung wie neue Pygmalions, allen voran Rousseau, der als wichtigsten, weil angeblich naturgegebenen, Grundsatz des Zusammenlebens herausstreicht, daß die Frau eigens geschaffen ist, um dem Mann zu gefallen. Ihr Lebenswerk erfüllt und erschöpft sich zugleich mit ihrer geschlechtlichen Bestimmung, Kinder zu bekommen. Ihre Berufung ist nicht die des freien über sich selbst verfügenden Menschen, sondern die der Gattin und Mutter. In der Vereinigung der Geschlechter muß der eine aktiv und stark, die andere dagegen passiv und schwach sein. Diese neu aufgelegte Ungleichheit wird noch dadurch zementiert, daß sie gleichermaßen als Werk der Natur, wie auch als Werk der Vernunft hingestellt wird. »Männer entscheiden und handeln. Frauen fühlen und bitten.«[5]

Während für den Jungen die Erziehung zum autarken Individuum angesagt ist, heißt das Erziehungsziel für Mädchen: Formung zur Gattin, Hausfrau und Mutter. In dieser Eigenschaft soll sie als Platzhalterin und Garantin der Mitmenschlichkeit in einer zunehmend von egoistischen Prinzipien beherrschten, rational-kalten Welt fungieren. Würden Frauen parallel zu den Männern die gleiche Entwicklung durchlaufen, so würden auch bei ihnen statt Mitmenschlichkeit und Güte bald kalkulierende Vernunft und Egoismus zu leitenden Handlungsmotiven werden. Fazit: Frauen dürfen sich nicht entwickeln, sie sollen im Stadium des sog. Goldenen Zeitalters verbleiben, um – stellvertretend für die Männer – die für die Gesellschaft unabdingbaren Qualitäten der Mitmenschlichkeit und Tugend zu bewahren. Insofern billigt Rousseau ihnen sogar zu, das moralischere Geschlecht zu sein. Allerdings nur auf einer vorzivilisatorischen Stufe. Weshalb Frauen ihre Tugenden auch nicht in den Gesellschaftsprozeß einbringen dürfen, der sich ja gerade nach den entgegengesetzten Prinzipien zu richten beginnt. Allein im Privatbereich sollen sie ihre moralischeren Qualitäten ausleben. Hier fällt ihnen die Aufgabe zu, die zwischenmenschlichen Bindungen in einer zerrissenen und depravierten Gesellschaft wiederherzustellen.

Frauen repräsentieren im System von Rousseau, das in sämtliche nachfolgenden pädagogischen Theorien eingeflossen ist, die idealisierte Natur der Menschen des Goldenen Zeitalters. Männer repräsentieren dagegen die zerstörerischen Prinzipien der Konkurrenzgesellschaft. Um für Männer ein menschlich angenehmeres Refugium aufrechtzuerhalten, müssen Frauen deshalb an einer weiteren Entwicklung gehindert werden. »Mit der Erziehung der Frauen soll also der gesamtgesellschaftliche unaufhaltsame Prozeß des Fortschritts, den Rousseau für die Übel der Gesellschaft verantwortlich macht, geschlechtsspezifisch-individuell aufgehalten werden. Die für die Gesellschaft unabdingbaren Attribute der natürlichen Moral und Mitmenschlichkeit sollen wenigstens für den – hiermit erst hergestellten – Privatbereich gerettet werden.«[6]

Damit werden Frauen neu funktionalisiert. Sie haben die Bedingungen bereitzustellen, die das Leben lebenswert machen, ihr Sein reduziert sich aufs Dasein für andere. Gleichzeitig ist ihre Güte und Moral aber nicht gesellschaftsfähig, da sie ja daran gehindert werden, sich zu den die Gesellschaft bestimmenden autarken Individuen zu entwickeln. Ihre naturgegebene Güte ist deshalb, eben weil sie nur einer natürlichen Neigung entspringt, auch moralisch weniger wertvoll als die erworbene Tugend des Mannes, die darin besteht, daß er seine Leidenschaften besiegt und sein eigenes Herz zu beherrschen lernt. Frauen haben mithin die hehre Aufgabe, die Gesellschaft vor Verrohung zu retten und werden gleichzeitig dafür verachtet, da das, was sie zum Menschen und die gesamte Menschheit erst human macht, sie gleichzeitig auf einer vormenschlichen Entwicklungsstufe festhält. Die Frau wird hier zum Wunschprodukt und -konstrukt des Mannes, das er gleichzeitig verehren, herabwürdigen und auf Abstand halten kann. Sie ist sein Paradies auf Erden, das sie selber niemals verlassen kann, weil sie es darstellen muß.

Es ist wohl überflüssig, die Parallelen zur Gegenwart zu ziehen. Sie sind uns allen sattsam bekannt. Zitieren möchte ich dazu lediglich zwei neuere Untersuchungen:

Zum einen die *Broverman-Studie* aus dem Jahre 1970. Hier wurden Psychiater aufgerufen, Listen von Eigenschaften zusammenzustellen, die geeignet wären, eine gesunde Persönlichkeit, einen erwachsenen Mann und eine erwachsene Frau zu beschreiben. Die Studie ergab, daß die Psychiater ganz allgemein gesunde, »normale« Menschen mit gesunden, »normalen« Männern gleichsetzten, Frauen dagegen mit abweichenden Kategorien bedachten. »Geistig gesunde Frauen wurden z. B. als gefügiger, abhängiger, weniger objektiv und emotionaler eingestuft als geistig gesunde Erwachsene. Außerdem wurde die intensive Beschäftigung mit dem eigenen Äußeren für eine Frau als normal betrachtet, nicht aber für eine gesunde Persönlichkeit.«[7] Zur Kennzeichnung eines normalen Erwachsenen, dessen Eigenschaften mit dem normalen Mann zusammenfallen sollen, wurden insgesamt 37 Charakterzüge herangezogen, während man einer normalen Frau nur 11 Eigenschaften zubilligte, davon z. T. noch gesellschaftlich unerwünschte wie Abhängigkeit und stärkere Fixierung an ihr Äußeres. Die sich daraus ergebenden Konsequenzen sind für Frauen fatal: Verhält sich eine Frau »normal« im Sinne von erwachsen, dann ist sie nicht weiblich, verhält sie sich dagegen im landläufigen Sinne als »weiblich«, dann gilt sie als nicht normal (eben nicht der – selbstverständlich männlichen – Norm entsprechend!).

1988 befragte die Psychologin Sigrid Steinbrecher für eine ähnliche Untersuchung 60 Frauen und Männer zum Thema »Selbstbild der Frau« und »Frauenbild des Mannes«. Alle TeilnehmerInnen waren Menschen, die sich selber als emanzipiert bezeichnen würden.

Und so sah das *Frauenbild der Männer* aus:
– Sie muß treu sein;
– sie darf nicht klüger sein als er;
– sie soll dem Mann die Sorgen abnehmen, ihn verwöhnen;
– sie muß vermitteln und tolerant sein;
– sie soll soziale Kontakte herstellen;
– sie darf in der Familie bestimmen, ist zuständig für die Sauberkeit;
– sie muß sich anschließen können;
– sie muß vom Mann beschützt werden;
– eine Frau ohne Mann gilt nicht.

Das *Selbstbild der Frauen* unterschied sich davon wenig bis gar nicht:
– Sie muß brav, lieb und nett sein, bescheiden und selbstlos;
– sie darf nicht klüger sein als der Mann;
– sie sollte den Mann unterstützen;
– sie darf auf künstlerischem Gebiet zur Geltung kommen;
– sie darf nicht mit dem Mann konkurrieren.[8]

Aus all dem folgt unter anderem die schizophrene Situation, daß Männer Frauen als Stütze für sich selbst phantasieren, sie aber gleichzeitig hilflos und schwach erleben wollen. Die von beiden entworfenen Vorstellungsmuster spiegeln überdies ziemlich ungebrochen das Frauenbild des 19. Jahrhunderts wider, worauf auch Steinbrecher hinweist. Die Frau wurde zu einem Wesen gemacht, wie Männer es sich wünschen, und hat diese männlichen Projektionen nunmehr so stark verinnerlicht, daß sie sich kaum noch ein Eigenleben vorstellen kann. »Nach wie vor lassen Frauen ihre eigenen Bedürfnisse außer acht und leben für die des Mannes. Sie leisten die emotionale Beziehungsarbeit. Sie bereichern die männliche Kampf- und Konkurrenzwelt um die Gefühle der Schwäche, Hilflosigkeit und Verletzlichkeit. Kaum eine Frau ist sich des großen Nachteils dieser Position bewußt, aus der heraus sie sich selbst und ihrer Umwelt die eigene Schwäche demonstriert«, stellt Sigrid Steinbrecher dazu summarisch fest.[9]

»Wie keine Frau auf Erden«

Ebensowenig wie die philosophische hat unsere theologische Tradition zur Erkenntnis des Weiblichen beigetragen. Das zentrale, weil ikonographisch allüberall gegenwärtige Frau-Mann-Beziehungsmuster, das uns von christlicher Seite aus nahegelegt wird, ist ausgerechnet die Beziehung zwischen Mutter und Sohn, in der Gleichrangigkeit auf der Basis von Gegenseitigkeit wieder nicht anvisiert ist. Wo im Gegenteil einerseits die Frau alles für den (werdenden) Mann tut, für seine Ziele und Zwecke vereinnahmt ist, andererseits der Sohn ihr erst ihre Bestimmung verleihen soll (was sich nahtlos bis in unsere modernen Familienverhältnisse fortsetzen läßt).

Auch in der christlichen Überlieferung stellt sich die Mutter und Jungfrau Maria noch zudem als vollständiges Kunstprodukt und aberwitzigste Männerphantasie dar, die mit der Statue des Pygmalion vor allem das eine verbindet: Keine Frau auf Erden wird und kann ihr jemals gleichen. Sie ist allem wirklichen Frausein von vornherein entzogen und entfremdet, so daß sie auch weniger einen Bezugspunkt für Frauen als für Männer abgibt.

»Die Madonna verliert jegliche menschliche Konkretheit und wird zu dem, was Männer ersehnen: zu einem vollkommen verschlossenen weiblichen Körper.«

»Die Madonna ist der Inbegriff aller Sehnsüchte, Träume und Hoffnungen der Männer, die sie gegenüber dem Weiblichen haben. Oder besser gesagt, die sie gegenüber einem Körper haben, der den göttlichen Samen in sich aufnimmt, einen Sohn hervorbringt und der dennoch keine weiblichen Geschlechtsmerkmale aufweist. Die Madonna, mit der sie sich identifizieren, ist das, was die Männer selbst gern sein möchten: Bräute Gottes, Gefäße und Zeuger der Potenz Gottes.«

»Jungfrau, Jungfrau, Jungfrau ... dieses Wort, das fortwährend erklingt, spiegelt, ohne daß jemand noch die ihm innewohnende körperliche Brutalität begreift, die echte Besessenheit der Männer wider. Denn schließlich ist die Madonna vor, während und nach der Entbindung eine verschlossene Frau, sie ist eine ›uneinnehmbare Mauer‹, ein ›sicherer Fels‹, ein ›mächtiger

Turm‹, ein ›Berg, der niemals abgetragen wurde‹, ein ›Land, das nie gepflügt wurde‹, eine ›verschlossene Tür‹, ein ›versiegelter Garten‹.« Die Madonna wird nicht und vergeht nicht. Sie ist unwandelbar. »Sie kann alles sein, weil sie nicht ist und nicht wird.«[10]

Auf Unwandelbarkeit der Frau arbeitet bezeichnenderweise auch der moderne Schönheitsmythos hin, der Frauen unter dem Vorwand, ihre Attraktivität zu erhöhen, in neue, nicht unbedingt von ihnen selbst erfundene Modelle und Schablonen zwingt. Dieser Schönheitsmythos definiert Schönheit als etwas Objektives und weltweit Gleiches, vor allem aber als etwas unabdingbar Notwendiges, und zwar für Frauen, nicht für Männer. Er erhält seine Anziehungskraft fatalerweise gerade dadurch, daß er für Frauen nicht lebbar, aber stets erstrebbar gehalten wird. Wie an der Madonna wird die konkrete Frau auch am Schönheitsmythos zu Fall kommen, der ihr in altbekannter Weise immer nur das eine vermittelt: So wie du bist, bist du nicht gut. Und die weibliche Ursünde besteht nunmehr darin, alt, fett und häßlich werden zu können. Die ideale Frau dagegen soll ewig jung bleiben (auch die Madonna unterliegt keinem Alterungsprozeß!), ewige Jugend repräsentieren. Sie soll zwar Mutter werden, aber man soll es ihr möglichst nicht ansehen. Alle Spuren eines normalen weiblichen Lebens müssen aus ihr getilgt werden, insbesondere die der Reife und des Alters, damit sie zu einem ewig unwandelbaren Idol ein- und festfrieren kann. Was dabei immer auch mitschwingt, ist, daß erst ein von außen gesetztes Ideal ihr Femininität und weibliche Würde verleihen soll, daß sie aus sich selbst heraus, so wie sie ist, mangelhaft und daher nicht liebenswert ist. Wie aber, so fragt Naomi Wolf, »kann ein ›Frauenideal‹ dadurch bestimmt sein, wie viele weibliche Geschlechtsmerkmale am Körper einer Frau *nicht* wahrzunehmen sind und wieviel Leben einer Frau sich *nicht* in ihrem Gesicht widerspiegelt?[11]«

Erst die verdinglichte Frau scheint für den Mann die wirklich akzeptable Frau. Die wirkliche Frau verschwindet dagegen hinter den Bildern, die »Mann« von ihr entwirft. Am Ende von Ingeborg Bachmanns Roman *Malina* symbolisch hinter der Tapetenwand, so daß der Mann behaupten kann:

»Hier ist keine Frau.
Ich sage doch, hier war nie jemand dieses Namens.
Es gibt sonst niemand hier.«
Und dann, als Schlußsatz unter den ganzen Roman:
»Es war Mord.«[12]

Pygmalion oder die Einbahnstraße der Liebe

Ein lebendiges Wesen in ein Ding zu verwandeln, in tote, wenn auch formbare *Mate*rie, ist nichts anderes als ein Verbrechen, das aber in unserer Kultur nicht als solches bewußt gemacht wird. Die wirkliche Frau verschwindet hinter den Bildern, die »Mann« von ihr entwirft, und diese Bilder schieben sich zwischen jede Begegnung von Frauen und Männern, so daß sie eine echte Begegnung zwischen zwei verschiedenen Persönlichkeiten von vorneherein verhindern. Schlimm ist dabei vor allem, daß das jeweilige Bild als Bild nicht bewußt gemacht wird und daher trotzdem – von Männern wie Frauen – für die reale Frau ausgegeben wird. »Sie hört immer auf den Namen, mit dem Mann sie gerade ruft … Sie ist immer schon da, wenn Mann und Frau einander begegnen, steht dem Mann zur Seite als seine Verbündete. Jede Frau kennt sie, keine entkommt ihren Ansprüchen, keine dem Vergleich mit ihr … ›Die imaginierte Weiblichkeit‹ trägt die Eichzeichen eines Prädestinationskults. Angenommen, verworfen, Gnadenwahl und Verdammnis: jedes sich entwickelnde Ich ist – als weibliches – bereits vorab definiert, muß sich bilden mit und gegen die Bilder, die die konkrete Erscheinung der Frau deuten, verdunkeln, mißverstehen, erhöhen und erniedrigen«, so Gisela Breitling.[13]

In ihrer *Büchner-Preis-Rede* von 1980 erklärt Christa Wolf dasselbe Geschehen auf ihre eigene Weise:

> »Rosetta, das ist nun mal ihr Los, haust, sich selbst und Leonce unsichtbar, sprachlos, entwirklicht, gerade in jenem verleugneten, schalltoten, wegmanipulierten Raum, den die Welt, der doch auch sie angehört, beim besten Willen nicht wahrnehmen kann. Sie wird definierbar durch das, was sie nicht ist.
>
> Sie läßt sich um ihre Geschichte bringen. Läßt sich die Seele absprechen. Den Verstand. Das Menschsein. Die Verantwortung für sich selbst. Läßt sich verheiraten. Dient dem Mann. Schenkt ihm Erben. Muß ihm glauben, daß die Lust, die er genießt, ihr leider ein für allemal versagt ist. Sie verbirgt ihr Unglück.

Tanzt. Hört seinen Vorwurf: Ich möchte schlafen, aber du mußt tanzen.

Rosetta läßt sich ihr Recht nehmen. Den Mund verbieten. Die Trauer. Die Freude. Die Liebe. Die Arbeit. Die Kunst. Sie läßt sich vergewaltigen. Prostituieren. Einsperren. Verrückt machen. Läßt sich, als Rose, schinden, ausbeuten: ›doppelt‹, heißt es. Läßt sich zwingen, Kinder abzutreiben. Läßt sich ihr Geschlecht weganalysieren. Verfängt sich in den Netzen der Ohnmacht. Wird die Nervensäge. Das Luder. Der Vamp. Das Heimchen. Geht, als Nora, aus dem Puppenheim.

Endlich, da heißt sie Rosa, beginnt sie zu kämpfen. Da wird sie totgeschlagen, in den Kanal geschmissen. Verfolgt, ist sie gleichberechtigt mit dem unterdrückten und verfolgten Mann …

Ein sonderbares Ding um die Liebe. Rosetta unter ihren vielen Namen läßt sich eher zugrunde richten, als daß sie sich zugeben könnte, was ihr geschieht: Daß, wenn der denkende Leonce ›Subjekt‹ sagt, niemals sie, die wirkliche Frau, gemeint ist. Daß sie ihm unter die Objekte geraten ist.«[14]

Aus unserem Bewußtsein verschwunden ist dabei, daß es sich bei all den Zuschreibungen dessen, was in unserer Kultur je weiblich genannt wurde, nicht nur um Bilder handelt, sondern noch dazu um Männerphantasien, die Frauen alles geben können, nur keine Femininität. Mag auch die Werbung dutzendmal versprechen: »Christian Lacroix gibt Frauen ihre Femininität zurück«, so ist diese angebliche Fraulichkeit doch nichts weiter als ein »Code für Weiblichkeit plus allem, was eine Gesellschaft gerade verkaufen will«[15].

Und so sehen wir uns in unserer Kultur dem Paradox gegenüber, daß nicht die imaginierte Weiblichkeit tabu ist, sondern die Tatsache, *daß* sie imaginiert ist. Die konkrete Weiblichkeit hingegen ist tabu, weil sie nicht imaginiert ist. Während sich die weibliche Liebe, die im Mythos des Pygmalion als Aphrodite erscheint, als Anverwandlung an den männlichen Entwurf zu verwirklichen sucht, der gleichwohl nicht ihre Erfindung ist und daher ihr eigenes Selbst auch gar nicht zum Ausdruck bringen kann, modelliert die männliche Liebe immer neue Ideen von Weiblichkeit, wie sie sich in Werbung, Pornographie und Literatur verdinglichen: Unter dem Druck seines Daumens läßt sie sich zu tausenderlei Gestalten formen und wird in der Hand des Bildners immer bildsamer. Die Vereinigung, Ziel der Liebe, geschieht so gerade nicht: Es begegnen sich statt dessen Phantome von Weiblichkeit und Männlichkeit. Verehrt wird in unserer Kultur nicht die Liebe oder die Verbindung der Geschlechter als gegenseitige Bereicherung, sondern gerade ihre Fremdheit und Entfremdung.

Dabei wird der männliche Körper nicht in gleicher Weise gesehen, beurteilt, genommen oder übergangen wie der weibliche. So schützt bspw. die Rechtsprechung allerorten die männlichen Geschlechtsteile vor ostentativer Darstellung. Während der weibliche Körper wie ein öffentliches Objekt gehandelt wird, das an allen Kiosken verschachert wird, verschwinden Darstellungen nackter männlicher Körper, insbesondere wenn sie erigierte Penisse zeigen, umgehend – und auf richterlichen Befehl hin – aus den Schaufensterauslagen. »Das ›Ontario Police Project P‹ befand, daß eindeutig sexuell intendierte Fotos von nackten Frauen, die gefesselt und verletzt waren und bluteten, nicht als obszön einzustufen seien, da kein erigierter Penis abgebildet war. Ein kanadischer Frauenfilm aber wurde verboten, weil er fünf Sekunden lang einen erigierten Penis zeigte, dem ein Kondom übergestreift wurde.«[16] Aber wir brauchen gar nicht so weit zu gehen. Auch bei uns ist es z. B. immer noch gang und gäbe, Männer-Striptease in einschlägigen Lokalen von Amts wegen zu verbieten, wohingegen für Frauen-Strip problemlos Genehmigungen erteilt werden.

Machen wir uns also nichts vor: Die Identität von Frauen ist in unserer Kultur als Nicht-Identität konzipiert. Die Frau ist unserem kulturellen Denkschema zufolge kein Anderes, sondern ein Nichts. Sie kann alles sein, weil sie nichts ist; alles für den Mann, nichts für sich selbst. So gesehen leben wir eigentlich in einer Unisex- oder Homo-Kultur, in der nur ein Geschlecht zählt: das männliche, eine Kultur, in der Frauen zwar vorkommen, aber nicht als eigenständige Wesen, sondern als vereinnahmte, die den Part der jeweils Anderen nur spielen im Auftrag männlicher Regisseure.

Die Erschaffung der Frau steht noch aus – eine satirische Annäherung

Die Erschaffung der Frau steht demnach, soweit es unsere Kultur betrifft, immer noch aus. Und zwar die Erschaffung der Frau aus sich selbst heraus, als Ausdruck ihres Seins und ihrer Welterfahrung. Weil damit auch dem männlichen Selbstbild und einer ganzen Kultur, die sich bisher gänzlich an ihm ausgerichtet hat, der Boden unter den Füßen weggezogen wird, wird der Prozeß der weiblichen Befreiung aus den Fesseln einer nicht selbst verursachten Bildhauerei Züge einer echten Weltrevolution tragen. Weshalb – das sollten wir nicht verkennen oder auf die leichte Schulter nehmen – mit schwersten Kämpfen zu rechnen ist.

Doch – wie schon Irmtraut Morgner hellsichtig in ihrem Roman von der *Trobadora Beatriz* bemerkte: »Uns steht kein langweiliges Leben bevor, wenn die Damen erst tun wollen, was sie tun wollen, nicht was sie tun sollen. Was werden sie als Menschen sagen über die Männer, nicht als Bilder, die sich die Männer von ihnen gemacht haben? Was wird geschehen, wenn sie äußern, was sie fühlen, nicht, was zu fühlen wir von ihnen erwarten?«[17]

Dann kommen Geschichten heraus wie diese: *Kaffee verkehrt*:

> »Als neulich unsere Frauenbrigade im Espresso am Alex Kapuziner trank, betrat ein Mann das Etablissement, der meinen Augen wohltat. Ich pfiff also eine Tonleiter rauf und runter und sah mir den Herrn an, auch rauf und runter. Als er an unserem Tisch vorbeiging, sagte ich ›Donnerwetter‹. Dann unterhielt sich unsere Brigade über seine Füße, denen Socken fehlten, den Taillenumfang schätzten wir auf siebzig, Alter auf zweiunddreißig. Das Exquisithemd zeichnete die Schulterblätter ab, was auf Hagerkeit schließen ließ. Schmale Schädelform mit rausragenden Ohren, stumpfes Haar, das irgendein hinterweltlerischer Friseur im Nacken rasiert hatte, wodurch die Perücke nicht bis zum Hemdkragen reichte, was meine Spezialität ist. Wegen schlechter Haltung der schönen Schultern riet ich zu Rudersport. Da der Herr in der Ecke des Lokals Platz genommen hatte, mußten wir sehr laut sprechen.

Ich ließ ihm und mir einen doppelten Wodka servieren und prostete ihm zu, als er der Bedienung ein Versehen anlasten wollte. Später ging ich zu seinem Tisch, entschuldigte mich, sagte, daß wir uns von irgendwoher kennen müßten, und besetzte den nächsten Stuhl. Ich nötigte dem Herrn die Getränkekarte auf und fragte nach seinen Wünschen. Da er keine hatte, drückte ich meine Knie gegen seine, bestellte drei Lagen Sliwowitz und drohte mit Vergeltung für den Beleidigungsfall, der einträte, wenn er nicht tränke. Obgleich der Herr weder dankbar noch kurzweilig war, sondern wortlos, bezahlte ich alles und begleitete ihn aus dem Lokal. In der Tür ließ ich meine Hand wie zufällig über eine Hinterbacke gleiten, um zu prüfen, ob die Gewebestruktur in Ordnung war. Da ich keine Mängel feststellen konnte, fragte ich den Herrn, ob er heute abend etwas vorhätte, und lud ihn ein ins Kino ›International‹. Eine innere Anstrengung, die zunehmend sein hübsches Gesicht zeichnete, verzerrte es jetzt grimassenhaft, konnte die Verblüffung aber doch endlich lösen und die Zunge, also daß der Herr sprach: ›Hören Sie mal, Sie haben ja unerhörte Umgangsformen.‹ – ›Gewöhnliche‹, entgegnete ich, ›Sie sind nur nichts Gutes gewöhnt, weil Sie keine Dame sind.‹«[18]

Oder Gleichnisse wie das folgende, von Luise Pusch:

»Es war einmal ein Mann, der war ganz oben und blickte stolz und frei und gelassen in die Runde. Er saß auf den Schultern einer Frau. Die Frau begann zu murren, da beschloß der Mann, sie gleichzustellen. Er richtete der Frau eine Gleichstellungsstelle ein, ernannte sie zur Frauenbeauftragten und befahl ihr, für ihre Gleichstellung endlich Sorge zu tragen. Seither bemüht sich die Frau, auf ihren Schultern Platz zu nehmen …«[19]

Frauen jedenfalls haben es nicht nötig, sich als Frauen zu verkleiden, sie sind nämlich welche, und es ist lächerlich, all das, was sie tun und sein wollen, mit dem Etikett »männlich« zu belegen, sobald sie ein Verhalten an den Tag legen, das sich auch bei Männern findet. Damit würde man sie nur neuerlich als das abgeleitete Geschlecht definieren. Frauen befinden sich, was ihre Selbstfindung anbelangt, in einem seelischen Vakuum und gesellschaftlichen Niemandsland. Denn Weiblichkeit wurde bisher konstituiert und definiert durch Ausschluß aus der zugleich als höherwertig vorgestellten Männerwelt. Weder ist es Frauen deshalb möglich, sich mit den Bereichen zu identifizieren, die traditionell als die weiblichen gelten, – denn insofern sie diese nicht frei gewählt hatten, können sie auch nicht Ausdruck ihres Selbst sein –, noch ist es ihnen möglich, die ihnen bisher als höherwertig vorenthaltenen Gebiete frag- und kritiklos für sich zu erobern, denn dann würden sie u. U. wieder nur männliche Werte übernehmen statt der eigenen.

Was »eine richtige Frau« sein kann, wird sich wohl zwischen den traditionell verordneten Vorstellungsmustern herausarbeiten müssen wie ein Blütenstengel, der sich zwischen Wüstengeröll entfaltet. Es wird Zeit, daß wir uns endlich in Liebe, Freundschaft und Sympathie auf uns selbst besinnen und beziehen, auf uns und unseresgleichen: auf andere Frauen. Die uns in jeder Hinsicht mehr über unser Frausein sagen können als Männer. Und daß wir endlich vehement und entschieden die Bilder zurückweisen, die Männer für uns ausgedacht und uns wie schlecht sitzende Masken ohne unser Einverständnis übergestülpt haben; womit wir die wohl größte Entmythologisierung der Geschichte einleiten werden. In diesem Sinne am Ende noch ein satirischer Text von mir: *Lied der Lieder*, der sich mit Vorstellungen aus dem Hohenlied der Liebe (hebr. »Lied der Lieder« genannt) auseinandersetzt:

Ja, ich bin schön, meine Freunde,
ja, ich bin schön!

Zwar nisten meine Augen nicht gleich Tauben in ihren Höhlen, doch lodert ein Feuer hinter ihrem taubenblaugrauen Schleier, und wenn sie Schnäbel hätten, wüßten sie, wohin sie picken müßten – und vor allem – WEN.

Meine Haare sind fein stangengerade und auch mit der Brennschere nur vorübergehend in Ähnlichkeit mit einer den Berghang hinunterflutenden Ziegenherde zu bringen.

Meine Zähne stehen nicht gleich frisch geschorenen Schafen in meinem Mund, sie sind stellenweise schon die dritten und haben ihren Austernperlenschimmer hinter saftig aufgeworfenem Schmollmund selbst mit Colgate-Fluor-Kohlenwasserstoff-Oral-B-Effekt nicht retten können. Eher habe ich Haare auf denselben, die vom vielen Zusammenbeißen schon Knirschrillen aufweisen, und meine Lippen sind rissig, weil ich sie mir schon seit langem fusselig rede.

Meine Lachgrübchen, die sich unterhalb der Denkerinnensteilfalte eingekerbt haben, meißeln mir täglich tiefere Furchen ins Gesicht, weil ihnen Liposome und Lifting verbissen vorenthalten werden, und meinen Pickeln ist auch mit einer Gurken-Kleie-Senfwickel-Pasta asciutta nicht mehr beizukommen.

Meine Brüste ragen nur wie Festungstürme, wenn sie mit Silikon unterspritzt sind, dafür bleiben Bauch und Po nur solange straff, als ihre Muskelfasern im Super-Sonder-Aktiv-Mieder-2000 mit dem Güte-Siegel gestrecht werden.

Über meine Waden, die nur überaus selten an biegsame Elefantenrüssel und zierliche Gazellenläufe erinnern, spinnen Krampfadern ihr zartblaues Bindegewebe, meine Schwangerschaftstreifen sind selbst mit Massageöl Bella-Donna-Ultraschall plus ABC-Tiefenwirkung nicht zu beseitigen, und an den Tagen vor den Tagen bin ich auch mit Efamol-Säuselseicht in Großpackung nicht zu besänftigen.

Ich bin keine Lilie unter Dornen, sondern die Distel pur.

Meine Problemzonen sind so zahlreich, daß sie mühelos zwölf Dutzend Zeitschriften am Leben erhalten können.

Bin ich überhaupt ein Mensch?!

Nein, ich bin eine Frau,
und das war zu allen Zeiten
ETWAS ANDERES.

Anmerkungen

1 Metamorphosen X, 243–298
2 Wolf 1991, S. 212
3 Theweleit, S. 342 f.
4 Lloyd, S. 101 f.
5 Alder, S. 165
6 ebd. S. 179
7 Freedman, S. 38
8 Steinbrecher, S. 58 f.
9 ebd. S. 64
10 Alle Zitate bei Magli, S. 110 f. u. 117 f.
11 Wolf 1991, S. 329; vgl. auch Freedman, S. 76–78
12 Bachmann 1971, S. 355
13 Breitling, S. 130 f.
14 Wolf 1984, S. 325 f.
15 Wolf 1991, S. 249
16 ebd. S. 197
17 Morgner, S. 39
18 ebd. S. 111
19 Pusch, S. 107

Der Lilith-Komplex – eine Auseinandersetzung mit Hans-Joachim Maaz

Lots Weib

Da schreitet Lot gehorsam und gemessen
vor seinem Weibe her den Engeln nach
willfährig seinem Gott der Feuer legt
an Sodom und die Stadt Gomorrha
und nur ihn rettet: Lot der wegsieht
Lot der gehorcht wo ihm befohlen wird.

Verstockt und stockend folgt das Weib
dem schwarzen Rücken. Ihr Schritt
schleppt schwer an der Erinnerung
der hellen Gassen Märkte Gärten
kühlen Brunnen wo Menschen lachten
stritten und ihr nahe waren.

So übermütig fern von Gott
so unbewölkt von seiner Strenge
so heiter war die Stadt.

Den Feuerdonner übertönen
die Folterschreie die aus Sodom branden.
Doch Lot fällt kein Entsetzen in den Schritt
kein Schrecken zerrt an des Gerechten Nacken.

Da richtet sie sich auf
und schwingt herum
zu Salz erstarrt der Tränen von
Gomorrha – setzt sie ihr Leben dran
Um hinzusehn.

Margret Gottlieb

Bereits im März 2001 erschien sein Artikel zum »Lilith-Komplex« in der Zeitschrift *Psychologie heute*. Inzwischen ist ein ganzes Buch daraus geworden, das in etwa zeitgleich mit meiner Neuauflage erschien. Da es eine psychologische Studie ist, hat sie mich neugierig gemacht. Gelingt es hier einem Therapeuten, etwas bahnbrechend Neues zu (er)finden, das unsere Sichtweise von Lilith bereichern, Wege aus Sackgassen und Engführungen eröffnen, Brücken über Kulturen hinweg schlagen könnte, hin zu einem modernen Verständnis von Lilith, das ihr einen Platz in der Seele von Frauen und Männern geben könnte, jenseits des Geschlechterkampfes ein neues gegenseitiges Verstehen eröffnen könnte? Lilith – ein mythisches Modell gar für die befreite Liebe?!

Doch es geht, wie bereits die Untertitel bei Maaz erkennen lassen, vor allem um die »Nachtseite des Weiblichen«, schlußendlich im Buch dann nur noch um »die dunklen Seiten der Mütterlichkeit«. Als sei der Mythos Lilith vorrangig ein Problem der weiblichen Psyche, hätte der Mann nur mit seinen Auswirkungen, nicht aber mit seinen Ursachen und Bedingungen zu tun, wie sie etwa mit den dunklen Seiten der Väterlichkeit zusammenhängen könnten. Der Mann, so wird bereits mit dem neuen Untertitel suggeriert, ist nur passiver, erleidender Partner in diesem Spiel, nicht aber aktiver Mitspieler oder gar noch Verursacher, der als solcher auch einen eigenen Anteil an Verantwortung zu übernehmen hätte. Zwar wird – kritisch – gesehen, daß Adam in der Geschichte von Lilith einseitig auf Überlegenheit pocht, doch die Frage, warum er das tut, welch unseliges Geschick ihrer beider Gott und Schöpfer dazu treibt, sich mit dem nach Dominanz strebenden Ur-Mann zu verbünden, wird nicht gestellt. Die Nachtseiten des Männlichen stehen nicht zur Debatte. Es sind eben – das wird eingeräumt – Männer, die solche Geschichten erzählen. Das scheint als Erklärung zu genügen. Und Lilith schließlich ist ja auch nicht »ohne«. Sie hat einfach keine Geduld mit dem überlegen tun wollenden Adam, der im Grunde Angst vor ihr hat; sie geht einfach weg, statt sich – wie es eine konfliktfähige Frau tun würde –, auseinanderzusetzen, Kompromisse auszuhandeln:

»Gott bestraft Lilith, weil sie flieht, nicht aber Adam, den furchtsamen Macho, der mehr sein will als eine Frau. Gott war offensichtlich kein Psychotherapeut, der die Konfliktanteile beider zur Verhandlung gebracht hätte. Aber die Texte, die uns von diesen Ereignissen berichten, wurden auch nicht von Gott geschrieben, sondern von Männern.«[1] Wäre es dann nicht endlich an der Zeit, diese von Männern verfaßte Literatur auch als einen Ausdruck der männlichen Psyche zu verstehen und entsprechend zu deuten …?

Maaz interpretiert die Gestalt der Lilith im übrigen, ohne auch nur einen einzigen der Quellentexte in Wortlaut und Zusammenhang zu zitieren, was meiner Meinung nach zu einer seriösen Studie unbedingt nötig wäre.

Doch hören wir zuerst noch einmal in den Lilith-Mythos hinein. Setzen wir das Mosaik zusammen, das uns die unterschiedlichsten Quellentexte (die ich im ersten Teil dieses Buches vorgestellt habe) von Adams erster Frau vermitteln:
- Ihr Name leitet sich ab von *Lil* (Wind, Sturm) oder *Leila* (Nacht).
- Sie ist aus reiner Erde geschaffen wie Adam, mithin von gleicher Substanz.
- Deshalb will sie nicht unter ihm liegen, sondern beansprucht *Gleichheit* von Anfang an.
- Nachdem er ihren Gehorsam *gewaltsam* zu erzwingen suchte, wird sie wütend und verläßt Adam.
- Lilith kann *fliegen* (eine Fähigkeit, die ihr nicht von Gott gegeben wurde).
- Sie *kennt* den spezifischen, geheimen und magischen *Namen Gottes.*
- Nach der Trennung von Adam gebiert sie – am Meer – täglich hundert Söhne.
- Gott wird täglich hundert ihrer Kinder *umbringen,* wenn sie sich weigert, zu Adam zurück zu kehren.
- Die drei Engel, die Gott Lilith hinterherschickt, haben den Auftrag, *sie im Meer zu ertränken.*
- Im *Auftrag Gottes* bestraft, mißhandelt und tötet sie die Kinder der sündigen Menschen.

Lilith widersetzt sich auch diesem Befehl und wandelt den Auftrag zum Mord in einen Segen um: Sobald sie die Namen oder Bilder der drei Engel, die sie zu Adam zurückbringen sollten, auf einem Amulett erblickt, verspricht sie, die todgeweihten Kinder zu schonen. So wird sie – auf eigenen Wunsch – zur *Schutzpatronin* der Kinder.

- Da sie Adam lange vor dem Sündenfall verließ, bleibt sie *unsterblich*.
- Lilith ist von verführerischer *Schönheit*, mit langen roten Haaren, süß und duftend wie eine Rose.
- Sie ist eine geflügelte Dämonin der Nacht, wohnt an einsamen und wüsten Orten.
- Sie *verführt* Männer, die nachts alleine schlafen.
- Nach der Vertreibung aus dem Paradies beschloß Adam, 130 Tage lang sexuell enthaltsam zu leben. In dieser Einsamkeit besuchte ihn Lilith. Sie befriedigte ihr Verlangen an ihm, indem sie ihn bestieg und seine unfreiwilligen nächtlichen Ergüsse hervorrief.
  Auf diese Weise empfing und *gebar* sie hunderte von Kindern (*lilim* oder *liliths*), die der Welt Schaden zufügen.
- Sie ist die *Süße der Sünde*, die *Fremde Frau*, die *Hure*, die *Schlange*, die Männer dazu verführt, gewundene Wege zu gehen.
- Sie erzeugt nächtens *Lust* in den Männern und empfängt von ihnen.
- Sie ist hervorgegangen aus dem machtvollen und strafenden Aspekt Gottes (*gevurah*), vom Nabel abwärts eine *Feuersäule*, das lodernde Schwert vor den Toren des Paradieses.
- Sie fühlt sich bei den Engeln (Cherubim) zu Hause, doch *Gott stößt sie immer wieder zurück in die Tiefen des Meeres*.
- Lilith ist die *weibliche Seite Gottes* ebenso wie die *weibliche Seite des Teufels* (Samael). In beiden ist sie enthalten wie Eva in Adam enthalten ist.
- Sie bringt *Hurerei und Krieg* in die Welt.
- Nach Liliths Abgang schafft Gott für Adam noch zwei weitere Frauen: Die erste Eva, aus Fleisch und Blut, die von Adam abgelehnt und weggeschickt wird, die zweite Eva, die aus Adams »Rippe« kommt.

Bei Maaz wird Lilith zum symbolischen Sammelbecken für das tabuisierte Weibliche. Von der schillernden Vielfalt oben genannter

Charakteristika wählt er zur Beschreibung seines Lilithkomplexes allerdings lediglich drei Aspekte aus:
- Eigenständigkeit, bzw. Gleichwertigkeit
- Sexuelle Aktivität
- Kinderfeindlichkeit bzw. Ablehnung der Mutterschaft.

Danach steht Lilith für Gleichwertigkeit und Gleichberechtigung der Frau, für ihre sexuelle Aktivität und Lustfähigkeit, und sie symbolisiert die Ablehnung von Schwangerschaft und Mutterschaft. Eva hingegen repräsentiert für Maaz die Unterwerfung der Frau, sexuelle Passivität, Monogamie, ›aufopferungsvolle‹ (man kann auch sagen »aussaugende«) Mutterschaft. In Eva und Lilith erkennt er die zwei Seiten weiblicher Existenz, die sich voneinander abgespalten haben und sich deshalb meist feindselig gegenüberstehen: Eva, die mütterliche, demutsvolle, keusche, dem Mann treu ergebene Frau, sieht sich einer Lilith gegenüber, die ein sinnliches, verführerisches, lustvolles, leidenschaftliches und selbstbestimmtes Leben führt. Doch während das Bild der angepaßten Eva (Maria) in der christlich-jüdischen Tradition überhöht wird, wird die Gestalt der rebellischen Lilith dämonisiert.

Dadurch daß Eva das in unserer Kultur favorisierte Modell von Weiblichkeit symbolisiert, müssen die Lilith-Anteile von Frauen abgespalten, geleugnet und tabuisiert werden. Was dazu führt, daß die folgenden drei Aspekte des Weiblichen verpönt und unterdrückt werden:

1. »Die gleichwertige Frau, die dem Manne weder untergeordnet noch beigeordnet ist, sondern, gleich ihm, aus gleichem Ursprung entstammt und mit gleichem Recht ausgestattet ist.
2. Die sexuell aktive Frau, mit eigener Lustfähigkeit und Verführungskraft, wodurch sie nicht mehr darauf angewiesen ist, nur erwählt und ›genommen‹ zu werden. Sie steht für ihre sexuellen Bedürfnisse aktiv ein, sie sorgt für ihre Lust und kann im Liebesspiel auch aktiv geben.
3. Die kinderfeindliche Frau, die Mutterschaft ablehnt, um nicht gebunden, verpflichtet, abhängig zu sein.«[2]

Alle drei Aspekte zusammen genommen bilden den Inhalt des Lilith-Komplexes, der – überlagert vom christlichen Mutterideal – unbewußt bleibt und genau deshalb soviel Schaden in der Welt anrichtet: Solange die Frau Angst hat, diese Seiten ihres Wesens zuzugeben und auszuleben, weil sie von unserer Kultur nicht geduldet werden, bleibt sie in ihrem Frausein verunsichert, fühlt sich minderwertig und wird, sobald sie Kinder bekommt, die eigene Verunsicherung als Identitätsschwäche an ihre Kinder weitergeben.

Auf den Mann bezogen spiegelt der Lilith-Komplex dessen Ängste vor der selbstbestimmt agierenden Frau. Indem er Lilith nicht gelten lassen will, gibt Adam – als der prototypische Mann – seine eigene Unreife zu erkennen: Er braucht die Unterwerfung der Frau, um sich als Mann potent zu erweisen. Er muß andere klein machen, um sich selbst groß, ja um sich überhaupt fühlen zu können. Und aus Angst vor weiblicher Kraft, Leidenschaft und Unabhängigkeit versucht er fortan, den Lilithaspekt in jeder Frau zu bekämpfen und moralisch zu ächten. Das erste Menschenpaar der biblischen Tradition erweist sich somit nach Maaz von vorne herein als selbstwertgeschädigt. Er muß zwanghaft dominieren, und sie ist konfliktunfähig. »Eine reife Absprache wie unter Erwachsenen, ein Aushandeln nach situativen Wünschen und Bedürfnissen, Kompromißbildungen und die Fähigkeit, aus verschiedenen Positionen und Gegensätzen auch unterschiedliche Lust zu schöpfen, gelingen den beiden nicht.«[3]

Der wichtigste Teil des Lilithkomplexes ist für Maaz nun ausgerechnet der kinderfeindliche Aspekt, denn er ist die Ursache für das Mutterdefizit, das er als *das* Grundübel unserer Kultur schlechthin diagnostiziert hat. Mutterstörungen, die wiederum zu Selbstwertstörungen führen, begründen den Lilithkomplex und sorgen dafür, daß er an die nächsten Generationen weitergegeben wird. Wobei der kinderfeindliche Aspekt einer Mutter für sich genommen noch keineswegs bedrohlich ist. Zum Problem wird er erst dadurch, daß er über den Lilithkomplex permanent weiter verdrängt und verleugnet wird. »Der Lilithmythos zeigt uns eine normale und unvermeidbare Seite der Weiblichkeit, die verständliche Ablehnung von Mutterschaft, weil damit die freie Ungebundenheit, die berufliche und soziale Gleichwertigkeit und oft genug auch für einige Zeit das sexuelle Interesse, die Lustfähigkeit wesentlich behindert werden. Die meisten Frauen wehren diese Tatsache durch eine Mütterlichkeit ab oder durch eine engagierte Emanzipation mit einem ideologisierten Kampf um Frauenrechte, in dem Kinder wenig Raum haben.«[4]

Eine in ihrem Selbst verunsicherte Frau, der die Gesellschaft Gleichwertigkeit und sexuelle Aktivität versagt, wird sich durch narzißtischen Mißbrauch an ihren Kindern »rächen«, wird – unter dem Deckmantel fürsorgender Mütterlichkeit – besitzergreifend, übergriffig, fordernd und aussaugend werden, dies aber im Bann des Lilithkomplexes nicht offen zugeben können. Heraus kommt eine falsche und verlogene Mütterlichkeit, in deren Mittelpunkt nicht die Bedürfnisse des Kindes, sondern die der Mutter stehen. Maaz spricht in diesem Zusammenhang gerne von »Muttervergiftung«, die er im letzten für Kriege und jeglichen Unfrieden verantwortlich macht. Ergo: neue Mütter braucht das Land!

Spätestens hier wird klar, daß es Maaz in seinem Buch über den Lilithkomplex im Grunde weniger um Lilith als vielmehr um die Bedingungen der Möglichkeit angemessener Mutterschaft geht. Sein Anliegen ist es, »die Ursachen und Folgen der Mutterstörungen zu beschreiben«,[5] nicht aber, Lilith in irgendeiner Weise gerecht zu werden. Sonst hätte ihm zumindest aufgehen müssen, daß er mit der von ihm postulierten Kinderfeindlichkeit bei Lilith an der falschen Adresse gelandet ist. Lilith lehnt weder Schwangerschaft noch Mutterschaft ab und ist schon gar nicht kinderfeindlich. Auch verzichtet sie keineswegs (wie Maaz im Klappentext unterstellt) auf eigene Kinder. Im Gegenteil befindet sie sich, nach der Trennung von Adam, sogar in beinahe permanenter Schwangerschaft. Sie ist ausgesprochen kreativ und geht mit ihren Kindern nicht nur schwanger, sondern bringt sie auch zur Welt. Täglich hundert Kinder! (Das kann eigentlich nur eine Göttin!) Daß es sich dabei, entsprechend ihrem luftigen und nächtlichen Wesen, vor allem um geistige Kinder handelt, um Ideen und Träume, wer möchte das bestreiten? Aber auch die wollen erst mal geboren, sprich ins Leben verwirklicht werden. Daneben gebiert sie auch leibhaftige Kinder, wie ihre Tochter Naama. Zusätzlich sorgt sie noch für die Kinder der Menschen, denen sie so etwas wie eine Schutzpatronin wird. Sie sorgt dafür, daß sie dem bereits sicheren Tod entgehen, den Gott wegen der Sünden ihrer Eltern über sie verhängt hat. Anstatt sie, wie »von oben« befohlen, zu töten, behütet und heilt sie vor allem die Neugeborenen. Weil Lilith nach dem talmudischen Glauben diese Macht über Kinder gegeben ist, hält der Sexualwissenschaftler Ernest Bornemann sie sogar für eine ursprünglich mütterliche Fruchtbarkeitsgöttin.[6]

Göttin Lilith, Engel des Lichts?

Nach dem Sohar, dem heiligen Buch der jüdischen Kabbala, hat Lilith »Macht über die Tiere des Feldes. Man kann sie zu jeder der drei Nachtwachen für sie singen hören.«[7] Singen aber ist – religionsphänomenologisch betrachtet, eine genuin schöpferische (schamanische) Tätigkeit. Große Göttinnen bspw. erschaffen Lebewesen, indem sie sie regelrecht ins Leben hinein singen. Bestimmte SchamanInnen heilen allein durch die Kraft ihrer Lieder. Im Gesang wird eine Macht gesehen, auf Gegebenes einzuwirken, es zu verändern und also Neues erstehen zu lassen. Diesen spirituellen Aspekt des Weiblichen, der eben in der Gestalt(ung) der Lilith auch durchscheint, und den ich persönlich für außerordentlich wichtig halte, läßt Maaz in seiner Untersuchung ganz unberücksichtigt.

Daß Lilith in ihrem Wesen von spirituellem Charakter ist, legt bereits ihr Name nahe, der sie gleich mit zwei »offenbarungsträchtigen« Phänomenen verbindet: der Nacht und dem Wind. Die Nacht gilt allgemein als ideale Voraussetzung zur Begegnung mit dem Göttlichen, und der Wind ist in den meisten Religionen geradezu ein Synonym für Geist und Leben – nicht zuletzt im Judentum selber. Das Wort *ruach*, das in der biblischen Schöpfungsgeschichte den Geist Gottes bezeichnet, bedeutet ursprünglich Wind und Lufthauch. Der Herr erscheint bei Elija »im Säuseln des Windes«, hierzulande offenbart sich »Frau Holle« als guter Geist im Sturm der »Klöpfelnächte«, jagen »Windsbräute« wie Schutzengel durch die Lüfte. Die Flügel der Lilith verweisen eindeutig auf ihre geistigen Kapazitäten. Von einer gewissen Warte aus könnte man Lilith sogar als erste Schamanin begreifen, eine Mittlerin zwischen Himmel und Erde (wie sie im Gedicht von Isolde Kurz gedeutet wird) und zudem ein Hinweis auf ihre eigene Göttlichkeit. So sieht sie im übrigen auch der Theaterintendant Walter Weyers, der das Textbuch zu der Rockoper Lilith geschrieben hat:

> »Das Fliegen steht ja hier dafür, daß Lilith ein Wesen ist, das reflektierendes Bewußtsein hat. Also mit der Eigenschaft, daß sie fliegen kann, daß sie aufgrund ihrer Erkenntnisfähigkeit frei ist, werden ihr quasi auch gottähnliche Eigenschaften

zuteil. Und dieser Gott, den wir kennen, ist ein männlicher Gott. Das heißt, jeder Mann ist dann irgendwie der Spiegel des männlichen Gottes. Lilith aber ist der Spiegel des weiblichen Gottes.«[8]

Tatsächlich haben ja auch die jüdischen Mystiker im Sohar Lilith als den weiblichen Teil des göttlichen Selbst interpretiert, hervorgegangen allerdings aus seinem machtvollen und richtenden Aspekt (*gevurah*). Dabei ist interessant, daß die Kabbalisten sagen, nur Gleiches könne Gleiches erkennen und beeinflussen.[9] Da von Lilith in den Texten mehrfach betont wird, sie wisse den magischen, geheimen Namen Gottes, legt sich selbst aus innerjüdischem Verständnis der Schluß nahe, mit Lilith sei viel eher eine Göttin als ein Mensch gemeint. So etwas wie eine erste Gott-Mutter, die als – gleichwertige – Gefährtin weniger an Adams als vielmehr an die Seite des Schöpfergottes gehört hätte. Es sieht so aus, als sollte hier eine Göttin – via Vermenschlichung – vom Thron gestürzt und verteufelt werden, verbunden mit der Warnung an die Menschen, sich nur ja nicht mit einer solchen Hure und Teufelin einzulassen. Hören wir noch einmal Walter Weyers:

> »Also in gewisser Weise bedeutet das Fliegen: alle Attribute, die dem männlichen Gott zuteil werden, sind auch Attribute Liliths, und das bedeutet, sie tritt in direkte Konkurrenz zum Vatergott. Und das ist natürlich (natürlich?) etwas, was Vatergott nicht verkraften kann in der Mythologie, und deshalb muß sie aus dem Paradies verschwinden.« *(Privates Interwiew)*

Wie die Quellen zu erkennen geben, versucht Lilith immer wieder, sich den Engeln anzuschließen (weil sie sich ihnen wesensverwandt fühlt), doch wird sie vom Allerhöchsten stets mit Gewalt zurück in die Tiefe gestürzt. Schlimmer noch: Sie muß ihrer geistigen Potenzen, symbolisiert in ihren »Kindern«, beraubt werden, die dann natürlich die gleiche Dämonisierung erfahren wie sie selbst. Nein, eine kinderfeindliche Frau ist Lilith nicht. Vielmehr erscheint sie als Mutter, die ihren Nachwuchs nicht behalten darf, deren Kinder, kaum daß sie auf der Welt sind, bereits umgebracht werden. Aber nicht aufgrund eines blindwütigen Geschicks, sondern wegen eines abgefeimten Rachefeldzugs von seiten des »Allerhöchsten«. Und das aus keinem einzigen und anderen Grund, als daß sie sich traute, eine eigene Meinung zu haben und für diese auch noch Recht bekommen wollte, daß sie der Gewalt, mit der Adam sie gefügig machen wollte, ihren eigenen Willen und Lebensmut entgegen zu setzen wußte. Wer *das* nicht *ungeheuer*-lich findet, dem ist nicht zu helfen. Mord auf Mord, täglich hundert Kinder, das macht im Jahr 36 500, in zehn Jahren 365 000 ..., ersparen wir uns den Rest. Er ist unerträglich, selbst wenn wir uns zugestehen, die Zahl 100 »nur« symbolisch aufzufassen. Symbol für die Fülle an Fruchtbarkeit und Schöpfertum, die von Lilith ausgeht und die hier in einem Streich niedergemäht wird, kaum daß sie ans Licht der Welt getreten ist. Wer solches verursacht, ist ein ... Das Wort, das man/frau hier einsetzen will, sei jedem/jeder selbst überlassen. Doch sehen wir endlich genauer hin, was uns, einer ganzen Kultur, mit einer solchen Geschichte zugemutet werden soll, wenn auch »nur« auf der Symbolebene. In einer derartigen Brutalität zeigt sich nicht der liebende Vater, den uns die Religion vermitteln möchte. Ist das der Grund, warum wir lieber wegsehen und Lilith für ihr Aufbegehren verteufeln, als den Gott und Vater anzuklagen, der die Tötung der Neugeborenen im Großmaßstab veranlaßt? Ihre Taten, selbst wenn sie wirklich die kindermordende Furie wäre, als die sie in die Religions- und Kulturgeschichte eingegangen ist, wären doch nichts weiter als die Reaktion auf ein viel schlimmeres Verbrechen: Daß nämlich die Macht des Allerhöchsten, »gebenedeit sei er«, einen Vernichtungskrieg gegen seine eigenen Geschöpfe führt, zuallererst dabei gegen weibliche Kreativität zu Felde zieht. Vor diesem Vater, der kein Schöpferisch-Weibliches neben sich dulden will, sollte uns grauen, nicht vor seinem ersten und berühmtesten Opfer. Lilith, obwohl sie täglich hundert eigene Kinder verliert, verharrt und erstarrt nicht in ihrem eigenen Schmerz, sondern hat es sich zur Aufgabe gemacht, die Neugeborenen vor der Ermordung durch einen unerbittlich strafenden Vater in Schutz zu nehmen.

Hier liegt im Grunde das wahre Tabu unserer Kultur: Die tödliche Aggression des Vaters, seine Tendenz zur Auslöschung dessen, was er selbst geschaffen hat, soll nicht gesehen werden. Der Lilithkomplex, so wie Maaz ihn versteht, lenkt in bewährter Manier den Blick vom Verursacher auf das Opfer ab, macht das Opfer zum Moloch und hilft, den wahren Täter unbewußt zu halten. Dazu noch einmal Weyers:

> »Für mich ist Lilith eine der Frauenfiguren, an deren Anfang eine ganz positive Göttin im Matriarchat stand, die mit allem ausgestattet war, was dem Menschen so an positiven Fähigkeiten zu eigen ist: Denken, Fühlen, Handeln, um das mal auf die philosophischen Kernbegriffe zu bringen. Und um so mehr man nun die Herrschaft des Patriarchats, also der Männer, etabliert hat, um so gefährlicher wurde dann eine Frauenfigur, die ja eigentlich der Gegenbeweis dafür war, daß Frauen angeblich schwächer sind. Also mußte dieses Starke, Kraftvolle der ursprünglichen Göttin umgedeutet werden in eine negative Kraft, gegen die man sich zur Wehr setzen mußte, und das bot zugleich auch eine wunderbare Projektionsfläche für das eigene verdrängte aggressive Potential. Was natürlich dann in der Darstellung der Lilith immer mehr herauskommt, sind ihre eigenen aggressiven Züge, womit sie sich gegen die männliche Bevormundung zu Wehr setzt. Wie anders soll sich das darstellen, als auch destruktiv? Und das Tragische ist, wenn die Frau dann die Aufgabe der – auch destruktiven – Opposition gegen die momentan von ihr erfahrene Destruktivität übernimmt, daß sie sich damit natürlich gleichzeitig selber schädigt. Das ist so eine Art Opfergang der Lilithfigur.
> Eigentlich nimmt sie damit die Schuld auf sich, die letztlich die Männer zu vertreten haben. Denn die Ursprungsaggression geht aus von den Männern. Also eine weibliche Christusfigur unter diesem Aspekt. Sie trägt das Kreuz, Kinder dafür abzustrafen, daß ihre Väter sich versündigt haben.«[10]

In Mythologie und Religionsgeschichte tauchen sie immer wieder auf: jene mörderischen Väter, deren Eitelkeiten ihre Kinder (und Frauen) das Leben kosten. Obwohl gegen ihren Vernichtungswillen, die sog. »verschlingenden Mütter« beinahe wie ein Sanatorium wirken, werden sie psychoanalytisch bisher kaum thematisiert. Auch Maaz macht da keine Ausnahme. Indem er ein an sich bei Lilith sekundäres Phänomen – die Kinderfeindlichkeit – ins Spiel bringt und zum wichtigsten Teil des Lilithkomplexes hochstilisiert, lenkt er den Blick vom männlichen Machtaspekt weg und auf die Mutter und deren Defizite zurück. Man erhält den Eindruck als bestünde der Lilithkomplex im Kern überhaupt nur aus Mütterlichkeitsstörungen. Wie schon andere vor ihm, übersieht er geflissentlich, von wem die Bedrohung in dieser (und ähnlich gelagerten) Geschichte(n) in Wirklichkeit ausgeht. Nicht Adams erste Frau erweist sich als kinderfeindlich, sondern ein Gott, der gnadenlos neugeborene Kinder wegen der Sünden ihrer Eltern tötet und Lilith dabei sogar noch zu seiner Komplizin und Erfüllungsgehilfin machen will. Nicht sie hat es auf das Leben dieser Kinder abgesehen, sondern zu allererst mordet der »Allmächtige, gebenedeit sei er« ihre eigenen Kinder. Und danach soll sie ihm willfährig zu Diensten sein. Doch selbst in dieser verzweifelten Lage leistet sie noch Widerstand, verwandelt den Fluch in einen Segen. Anstatt die Neugeborenen auf Befehl des Allerhöchsten von der Erde zu tilgen, trifft sie Abkommen, um sie wirksam vor der drohenden Hinrichtung zu retten. Ja, es heißt sogar von ihr, daß sie die kleinen Kinder, während sie schlafen, zum Lachen bringt! Angesichts des Willens zur Vernichtung, dem sie sich gegenüber sieht, ein mehr als heroisches Verhalten. Allein für diese Gehorsamsverweigerung sollten wir sie in den höchsten Himmel und zum allgemeinen Vorbild erheben!

Sehen wir sie uns doch an, diese mythologischen Väter – menschliche wie göttliche –, die es auf das Leben ihrer Kinder abgesehen haben. Im folgenden eine kleine, längst nicht erschöpfende Auswahl:

Als einer der ältesten Kindermörder wäre hier *Apsu* zu nennen, der in der babylonischen Schöpfungsgeschichte des *Enuma Elisch* (die auch die jüngere Schöpfungsgeschichte der Bibel, Gen 1,1 ff beeinflußt hat) am liebsten sämtlichen Nachwuchs von der Erde tilgen würde, den er zuvor mit seiner göttlichen Gemahlin *Tiamat* erschaffen hat. Und dies aus keinem wichtigeren Grund, als daß ihm seine Kinder zu laut werden: »Ich will sie vernichten, um ihrem Treiben ein Ende zu machen. Stille soll herrschen, damit wir endlich schlafen können!«

Tiamat aber, die Urmutter hält dagegen: »Was? Vernichten sollen wir, was wir geschaffen haben? Gewiß, ihr Verhalten ist peinlich, doch wollen wir uns mit Sanftmut gedulden«[11] – und so bleiben die Kinder vorerst am Leben.

Die griechische Mythologie erzählt, daß der Himmelsvater *Uranos* Kinder, die er ablehnte, einfach in den Leib ihrer Mutter, der Erdgöttin *Gaia*, zurückstieß, ohne Rücksicht darauf, daß er ihr damit unerträgliche Schmerzen zufügte. Gewalttaten, die dazu führen, daß er zu guter Letzt von seinem Sohn *Kronos* entmannt wird (was, nebenbei gesagt, die Geburtsstunde von Aphrodite ist). Zeus, der die ersten Menschen als Kugelmenschen erschaffen hatte, fürchtete, daß sie ihm eines Tages über den Kopf wachsen könnten und zerschnitt sie einfach in zwei Hälften. So verloren sie ihre Ganzheit und konnten ihm fortan nichts mehr anhaben. Auch vom biblischen Gott wird erzählt, er habe die Konkurrenz zu Adam nicht aushalten können. Nachdem selbst die Engel den ersten Mann immer wieder mit dem Schöpfer verwechselt hatten, entschloß er sich dazu, Adam zu verkleinern, indem er »unzählige Schichten von seinem Fleisch abschnitt«[12].

Im Trojanischen Krieg opfert Agamemnon seine Tochter Iphigenie an *Poseidon*, um günstige Winde für seine Kriegsflotte zu erhalten. Laios, König von Theben wiederum, nimmt seinen eigenen und einzigen Sohn (den berühmten Ödipus) gleich nach dessen

Geburt heimlich von der Mutter weg und setzt ihn dem sicheren Tod in der Wildnis aus, nur weil er glaubt, dieser Sohn werde ihn eines Tages umbringen. Von Herodes wissen wir, daß ihn eine ähnliche Vorstellung zum flächendeckenden Kindermörder machte. Auch er konnte den Gedanken nicht ertragen, durch den eben neugeborenen »König der Juden« eines Tages entthront zu werden.

Und wer glaubt, der Gott der Bibel sei von derlei mörderischen Anwandlungen frei, sollte sich die folgenden Dinge vor Augen halten: Vor dem von Israel noch heute im Pessachfest gefeierten Auszug aus Ägypten vernichtete Jahwe alle Erstgeborenen im Lande des Feindes, Tiere wie Menschen. Nur unsere positive Voreingenommenheit für den späteren Sieger verhindert wohl, daß wir uns das ganze Ausmaß dieses brutalen Gemetzels vor Augen führen. »Es gab kein Haus, in dem nicht ein Toter lag«, berichtet uns Ex 12,30. Die von ihm selbst in letzter Minute vereitelte »Opferung Isaaks« wird immer wieder als leuchtendes Beispiel für die Gnade Jahwes herangezogen, die Kinderopfer ein für allemal abgeschafft habe. Doch aus Ri 11, 29–40 erfahren wir etwas ganz anderes. Hier verspricht der weise Richter Jiphtach (andere Lesart: Jephta), seinem Gott Jahwe, er werde ihm den Menschen opfern, der ihm nach seinem Sieg über die Feinde zuerst aus der Tür seines Hauses entgegenkomme. Es ist ausgerechnet seine Tochter, sein einziges Kind, das ihm tanzend vor Freude über seine Heimkehr entgegenspringt. Und diesmal stellt Jahwe kein Tier als Ersatz für das menschliche Brandopfer zur Verfügung. Die Tochter, im Unterschied zu Isaak namenlos, muß ihr Leben lassen.

Schließlich geht auch dieser Gott so weit, seinen eigenen Sohn an den Tod auszuliefern. Ohne emotionale Regung. Mag der Sohn auch noch so um Gnade flehen. Und hier hakt auch H.-J. Maaz ein:

> »Daß mit dem gekreuzigten Jesus das Abbild einer furchtbaren Tötung zum Symbol unserer Kultur gemacht wurde, kann ich heute als das passende Sinnbild für das Schicksal eines mutterlosen Kindes verstehen. Der Muttermangel wird in der Liebesreligion als Sehnsucht und Hoffnung zum Ausdruck gebracht und zugleich als individuelles Problem abgewehrt. (…) Und daß das Horrorbild einer Marter- und Hinrichtungsanlage

> zum anbetungswürdigen Symbol pervertiert, bringt zwar die Tötung der Liebe in permanente Erinnerung, läßt aber den notwendigen Schmerzensschrei in stiller Andacht und im Gebet ersticken.«[13]

Maaz legt damit den Finger auf ein in unserer Kultur unbewußt gehaltenes Defizit: Die mutterlose Erschaffung der ersten Menschen, ja im Grunde der gesamten Welt:

> »Mit der Herausbildung eines patriarchalen Gottesbildes, mit der Herrschaft eines Vater-Gottes, der Menschen ohne eine Mutter zur Welt bringen kann und später auch Gottes Sohn von einer ›Jungfrau Maria‹ gebären läßt, die als Mutter keine Bedeutung erlangt (Jesus zu seiner Mutter: ›Weib, was habe ich mit dir zu schaffen?‹ Jh. 2,4), symbolisiert das christliche Menschenbild ein Mutterdefizit von Anfang an.«[14]

Es ist jedoch nicht nur ein Mutterdefizit, das sich hier zeigt, sondern im selben Maße auch ein Vaterdefizit, das von Maaz in seiner einseitigen Fixierung auf das Mütterliche und seine Störungen allerdings nicht thematisiert wird. Ein früher inflationärer Komplex auf seiten des Vaters, der sich plötzlich aufbläht und nur noch allein als »Eltern« fungiert bzw., um es noch prägnanter zu sagen: den Part der Mutter fortan selbst mitübernehmen will. Vorerst verleibt er sie sich dazu noch ein, so haben wir uns, wie die jüdischen Quellen bestätigen, das Weibliche als im Männlichen enthalten vorzustellen (vgl. S. 37f. in diesem Buch). Auch Zeus hat schließlich zu diesem Zweck dereinst die Weisheitsgöttin *Metis* verschluckt, um dann *Athene* aus seinem Kopf hervorgehen zu lassen. Ein Defizit (oder sollen wir sagen: eine »Sünde«?) kann schließlich auch darin liegen, wenn sich einer zuviel zumutet oder etwas, das im Grunde gar nicht in seiner Natur liegt, ihn mithin permanent überfordert. Ein Vater, der alles allein und ohne weibliche Hilfe schaffen will, krankt entschieden an übermäßigem Egoismus, Hochmut und Selbstüberschätzung. Auch einer, der sich eine zuvor eigenständige »Göttin« als »weibliche Seite« appliziert und damit vorgibt, androgyn zu sein, ist da nicht besser. Was unterschlagen wird, ist in jedem Fall die »andere Seite« als Korrektiv. Der mögliche Dialog gefriert zum Monolog. So was nennt man dann – auf der Seite der Betroffenen – Gehorsam.

Stellen wir uns vor, Maria, die Mutter Jesu hätte nein gesagt! Zu dieser Art von körperlos-unsinnlicher Empfängnis und erst recht zum Tod ihres doch immerhin von ihr geliebten Sohnes! Oder zumindest ihre Qual laut herausgeschrien, als er auf so grausame Weise gefoltert wurde! Doch außer bei Johannes wird sie als Jesu Mutter in den Evangelien noch nicht einmal gewürdigt, ihrem Sohn in diesen letzten Stunden beizustehen. Als hätte sie nichts zu seinem Trost beizutragen. Diese Mutter hat jedenfalls nicht mehr die Macht, einem solchen Vater das Leben ihres Kindes abzutrotzen. Ganz im Unterschied zu den mythologisch-mütterlichen Vorbildern des Vorderen Orients, allen voran die großen Göttinnen *Demeter* und *Isis*, die (jede auf ihre Art) einen furiosen Kampf gegen männliche Gottesmacht ausfechten, um ihre Kinder vor dem Verderben zu retten. Beide kämpfen leidenschaftlich für ihre und ihrer Kinder Rechte und beide tragen sie am Ende den Sieg davon. Und beide richten zu ihrem Gedächtnis Mysterienfeiern und Kultstätten ein, damit das Wissen um ihre Leiden und ihre Triumphe nicht verloren gehe, weder bei den Göttern noch bei den Menschen. Aus der indischen Mythologie kennen wir *Savitri*, die den Gott des Todes so lange in eine theologische Debatte verwickelt, bis er am Ende nicht mehr anders kann, als ihr den geliebten Ehemann lebend zurückzugeben, mit dem sie in der Folge »100 Söhne« zeugen soll. Eine Phalanx kämpferischer und zugleich fürsorglicher Göttinnen, in die wir Lilith ohne weiteres einreihen könnten. Denn die kämpferische, für ihre und die Belange ihrer Schutzbefohlenen streitende Frau/Göttin war in der antiken Welt durchaus mit Mütterlichkeit zu vereinen. (Von Isis wurde gar behauptet, sie sei zu Zweidrittel männlich, ohne daß dies ihrer Mütterlichkeit im geringsten Abbruch getan hätte!) In diesem Kontext wäre Lilith weder als Bedrohung noch als unmütterlich oder gar kinderfeindlich empfunden worden.

Der Lilith-Komplex oder: Vorsicht Falle!

Maaz bindet das gesellschaftlich durchgängig erfahrbare Mutterdefizit zurück an dessen religiöse Fundierung. Das Fehlen einer »guten« Mutter am oder im »Himmel« bewirkt via Projektion indirekt auch ihre Abwesenheit in der Gesellschaft. Doch was hat das mit Lilith zu tun? – Den Frauen, so Maaz, fehlt es hier an religiös inspirierten Vorbildern für gute und adäquate Mütterlichkeit, und deshalb werden sie unbewußt anfällig für den Lilith-Komplex. Und das etwa sieht dann so aus:

> »Die nicht gelebte sexuelle Begierde wird aufreizend, doch distanziert ins Bild gesetzt. Die leibhaftige Lust reduziert sich auf voyeuristische und exhibitionistische Akte. Der junge, noch kinderlose Körper wird zum Fetisch einer ganzen Kultur. Die Attribute der Lilith als sexuelle Verführerin und ihre Kinderfeindlichkeit werden so vermarktet und die Mütterlichkeit abgewertet.«[15]

Gute Mütterlichkeit, wie dieser Therapeut sie versteht, zeigt und bewährt sich vor allem in den drei Hauptfunktionen von Gebären, Ernähren und Gewähren. Exemplarisch für seine Argumentation scheinen mir folgende Ausführungen zum Stichwort »Ernähren«:

> »Aus der Sicht des Kindes kann es nur eine Erwartung an die Mutter geben: freien Zugang zur Brust! (…) Die energiespendende mütterliche Fähigkeit, die im Ernähren liegt, kann bei Muttermangel dem Kind traumatische Verluste beibringen, aber auch mit einer bedrängenden Brust Muttervergiftung transportieren. Mutter gibt sich dann mit ihrer Milch übermäßige Wichtigkeit und Bedeutung, sie erdrückt ihr Kind mit ihrer Mächtigkeit, sie drängt sich auf und mißbraucht den Hunger des Kindes, um eigene Bedürfnisse erfüllen zu wollen.«[16]

In gewisser Weise stellt auch dieses Buch nur wieder einen neuen und ermüdenden Versuch dar, die Frau für das »Böse« in der Welt verantwortlich zu machen. Seite auf Seite muß frau sich anlesen, wie die optimale Mütterlichkeit auszusehen hätte. Wenn es hingegen darum geht, den Vater ins konkrete Geschehen einzubeziehen, wird die Luft plötzlich dünn. Vater ist »mann« offensichtlich nur am Rande. Zwar gibt Maaz zu, »daß das Ringen um eine bessere Mütterlichkeit nicht allein Aufgabe der Frauen wäre, sondern ebenso der Männer«,[17] doch verweist er zur Sicherstellung der »basalen Mütterlichkeit« vorsichtshalber lieber auf die Sozialpolitik, anstatt Modelle verbesserter Väterlichkeit auszuarbeiten. Der Lilith-Komplex, so wie Maaz ihn versteht, hat jedenfalls vorrangig mit Mütterlichkeitsstörungen zu tun. Daß Frauen auch noch etwas anderes sein können als Mütter, findet bei ihm weder Raum noch Verständnis, noch schenkt er dieser Seite des weiblichen Lebens nur den Schimmer einer Vision.

Und die Frau – was hat sie nun durch die Auseinandersetzung mit dem Lilith-Komplex gewonnen? – Als Mutter darf sie endlich die zeitweilige Ablehnung ihres Nachwuchses offen eingestehen und bis zu einem gewissen Grad auch ausleben. Dann wird, wie von Zauberhand, der so mit Mütterlichkeit gesättigte Junge kein Macho mehr werden, der es nötig hätte, seine Selbstunsicherheit gegen die Frauen auszuspielen. Infolge davon kann er der Frau endlich Gleichwertigkeit und aktive sexuelle Lust zugestehen, denn er hat nun keine Angst mehr vor ihr. Was wiederum die Frau davon befreit, eine lediglich verlogene Mütterlichkeit zur Schau zu stellen. Ansonsten sieht sie sich durch Maaz' Entwurf von nicht defizitärer, nicht vergiftender, »guter« Mütterlichkeit wirksamer an Heim und Herd zurückgebunden als je zuvor. Keine Rede davon, ob und wie der Vater sich mit ihr in die Aufgabe des »Sich-24-Stunden-zur-Verfügung-Stellens, die Bereitschaft permanenter Präsenz gegenüber einem grenzenlosen Gefordert-Werden«[18] teilen könnte (was ja immerhin schon eine ganze Reihe von Vätern tut!), ob er durch Erziehungsurlaub, Teilzeitarbeit u. ä. seinen Part am »Bemuttern« übernehmen könnte. Doch Vorsicht! Die Mutter sollte während der ersten drei Jahre, wenn möglich, überhaupt nicht ohne Not vom Kind getrennt werden![19] Da könnten sich Männer/Väter nur Schaden bringend dazwischen mischen. Und das wollen wir doch nun wirklich nicht: den Mann als Zerstörer dieser Idylle! Nein, »diese Mütterlichkeitsanforderungen sollten angemessen sozial beschützt und unterstützt werden, damit sie auch gelebt werden können.«[20] Nicht der Vater persönlich ist hier in die Pflicht genommen, sondern die Gesellschaft als ganze.

Der Verdacht schleicht sich ein, daß hier, auf Umwegen über den dafür eigens zu konstruierenden Lilith-Komplex, neue Wege gesucht werden, um die Frauen zumindest für die Zeit der Kinderbetreuung wirksam vom öffentlichen Leben und jeder Form von Berufstätigkeit (weil sie den Kindern unweigerlich ein Mutterdefizit bescheren würde) fern zu halten. In bewährter Form wird dazu die ideale Mutter beschworen, und der ideale Vater bleibt bescheiden im Hintergrund. Um des Wohles der Gesellschaft willen muß die Frau dazu gebracht werden, dieses Ideal freiwillig auszufüllen. Tut sie es nicht, winkt man ihr nun mit dem Damoklesschwert des Lilith-Komplexes. »Freiheit ist Sklaverei«, das wissen wir spätestens seit Orwells futuristischem Roman »1984«. Die mythologisch wie psychologisch hochbrisante Figur der Lilith, die Freiheit verheißt, wird so unter der Hand ihrem Gegenteil dienstbar gemacht. Wahrlich ein Geniestreich!

Frauen, in unserem Kulturkreis ohnehin schon arm an religiös verankerten Vorbildern, in denen die Vielfalt weiblichen Lebens einen Ausdruck finden könnte, bekommen durch Maaz, der zudem noch mit der Autorität des Psychologen und Therapeuten spricht, eine weitere Mogelpackung aufgetischt. Sein halbherziger Rückgriff auf die Mythologie landet bei den Müttern und hört da auch schon auf. Dabei könnte gerade hier eine Quelle der Inspiration erschlossen werden: »Man muß die Vielfalt der Frauenseele erkennen und anerkennen!« Belauschen wir ein fiktives Gespräch zwischen Diotima, Aspasia, Saphho und Xanthippe, aufgezeichnet von drei Autorinnen, die unter dem Pseudonym »Delphica« ein »Gastmahl der Xanthippe« beschrieben und – in den fünfziger Jahren wohlgemerkt! – veröffentlichten. (Neuauflage Zürich 1991)

»›Wie vielgestaltig und unterschiedlich im Wesen waren unsere Göttinnen! Die Heutigen belächeln den niedrigen sittlichen Stand, der durch unsere Gottheiten offenbart würde – wir hätten den Menschen die Tugenden und Laster abgeguckt, sagen sie, und entsprechend unsere Götter geschaffen. Wohlan – so wäre immerhin festzustellen, daß wir nicht nur eine Göttin

> der Schönheit und Liebe hatten, sondern auch eine Göttin der Weisheit. Die Göttin der Jagd wurde nicht als Entartung neben der Göttin des Herdes empfunden. *Wir* wußten um die verschiedenen Eigenschaften und Nuancierungen der weiblichen Seele!‹ Diotima hatte sich hoch aufgerichtet, Stolz sprach aus ihren Zügen. ›Mag sein, daß der Mann, wenn er sich der Frau als Liebender nahte, in ihr nicht immer das erkannte, was sie war (…) Wenn aber der Mann im Geistigen, in der Abstraktion bedrängt war von der gewaltigen Vorstellung *Frau*, sie zu gestalten versuchte, ihr göttliche Züge verlieh, da sah er sie in ihrem blühenden Farbreichtum. Da unterschied er die Hingebende von der Begehrenden, die Fordernde von der Gewährenden, die Schweifende von der Festverwurzelten. Die Jagende war ihm so vertraut wie die Erhaltende und Bewahrende, und die Kämpferische nicht weniger verehrungswürdig wie die Weise und Sinnende. Er erkannte ihre verschiedenen Charaktere und achtete und liebte sie gleichermaßen.‹«[21]

Ich habe mich während des Lesens von Maaz' Buch immer wieder gefragt, wie lange sich Frauen das eigentlich noch gefallen lassen? Daß sie sich von Männern, die selbst nie Mütter werden können und keine Ahnung haben, wie es sich in einem weiblichen Körper lebt, in Länge und Breite erklären lassen müssen, wie eine »richtige« Frau und »verbesserte« Mutter zu sein hat, und wie nicht. Vielleicht wäre das die andere Seite der Aufarbeitung des Lilith-Komplexes: Frauen, laßt euch von den Männern nicht für dumm verschleißen, selbst wenn sie im Gewand des (sich allwissend gebenden) Therapeuten daherkommen. Bewahrt euch – wie Lilith – das Recht, euren eigenen Kopf, euer eigenes Herz zu gebrauchen, selbst und gerade wenn es unbequem wird. Herrad Schenk z. B. (promovierte Sozialpsychologin) kommt in ihrem Buch »Wieviel Mutter braucht der Mensch? Der Mythos von der guten Mutter« zu diametral anderen Schlußfolgerungen als ihr männlicher Kollege:

> »Es wäre gut, wenn immer mehr Mütter, gerade weil sie ihre Kinder lieben, andere Menschen in den Erziehungsprozeß einbezögen, nicht nur den Vater, sondern mehrere andere

Personen, ohne diese ständig in ihrem Kontakt zum Kind kontrollieren zu wollen. So geben sie ihrem Kind die Möglichkeit, sich an verschiedenen Stellen die vielen verschiedenen Dinge zu holen, die es braucht, und so verhindern sie selbst ihre Verstrickung in Omnipotenz- und Ohnmachtsgefühle.

Es wäre gut, wenn Frauen sich nicht mehr unter Druck setzen ließen von all den ständig wechselnden, wissenschaftlich verbrämten Ideologien, die ihnen vorschreiben, wie sie als »gute« Mütter zu sein haben. Wenn es ihnen gelänge, ihre eigene Bedeutung für das Lebensglück und den Lebenserfolg ihrer Kinder etwas zu relativieren. (…)

Frauen können nicht nur Mutter und zugleich etwas anderes sein, sie müssen es sogar. (…) Vielleicht sollten Frauen überhaupt nur Mütter werden, wenn sie zugleich auch anderes bleiben, sein und werden können.«[22] Außerdem sollten »Frauen – Mütter und Nicht-Mütter – an ihren individuell verschiedenen Lebensplänen basteln können, ohne sich gegenseitig Konkurrenz zu machen: Wer ist die bessere Mutter? Wer lebt das richtige Frauenleben?«[23]

Frauen, die sich in einer Welt, in der Männer den Ton angeben wollen, das Recht auf eine eigene Meinung herausnehmen und diese auch noch durchsetzen wollen, werden selbst heute noch nur zu oft »in die Wüste geschickt«. Erst kürzlich hat es wieder eine Umfrage unter 25–40jährigen Männern an den Tag gebracht: 89 % dieser hoffnungsvollen Generation fürchten eine Powerfrau mehr als die eigene Impotenz! Lilith ist, so scheint es, immer noch kein gefragtes Modell. Doch Frauen können von ihr lernen: Lieber die Verbannung in Kauf nehmen, als sich mit unhaltbaren (Gewalt befördernden) Zuständen zufrieden geben. Lieber in den sauren Apfel zeitweiliger Unbeliebtheit beißen als (unter Verleugnung des eigenen Potentials) »everybody's darling« spielen zu wollen. Die mythische Lilith verweigert selbst dem Allerhöchsten ihren Gehorsam. Nichts ist ihr heilig, wenn und sofern es sich als lebensfeindlich erweist. Unter ihrer Regie wird Gehorsamsverweigerung zur ersten BürgerInnenpflicht. Daß Lilith, trotz Ablehnung und Verbannung von seiten des »Höchsten«, nicht müde wird, ihre eigenen Kinder in die Welt zu setzen, kann uns zu denken geben und allen Respekt abringen. Daß diese Kinder vom herrschenden Bewußtsein aus immer als Dämonenkinder empfunden werden, sollte uns nicht schrecken. Viele Ideen und Erfindungen, die zunächst als »Teufelswerk« galten, sind heute aus unserer Kultur nicht mehr wegzudenken.

Das, was mit Lilith symbolisch in die Welt gekommen ist, hat sicher noch mit anderen Kindern zu tun, als nur den biologischen. Hier tut sich für Frauen die Möglichkeit auf, »fliegen« zu lernen, sprich ihre eigene Geistigkeit und Spiritualität zu entwickeln, die ihr in unserer Kulturgeschichte nur zu gerne abgesprochen wurde. Während Eva »mit Adam geht«, hält Lilith sich frei von herrschenden Meinungen. So eröffnet sie Frauen – und Männern – Wahlmöglichkeiten. Es wird Zeit, daß Adam *diese* schöpferische Herausforderung endlich annimmt.

Da Lilith ihrem Namen und Wesen nach zum Element der Luft gehört, ist sie auch im Reich der Phantasie zu Hause. Die Gedanken sind frei, und in der Phantasie wird alles möglich; auch – und damit soll dieser Artikel schließen – die Vorstellung, daß Maria, dieses Symbol totaler weiblicher Hingabe, »nein« gesagt haben könnte an jenem ominösen Tag, oder die Gegenforderung aufgestellt hätte, die der folgenden von mir verfaßten Satire den Titel gibt.

»Nicht ohne eine Tochter«

Miriam, Bat Shoshanah, war gerade dabei, die Türen des Thorah-Schreines in der Synagoge von Nazareth zu schließen, als ein eisiger Windhauch sie erschauern ließ. Ein Mann, den sie noch niemals zuvor im Gotteshaus gesehen hatte, stand plötzlich am Eingang der Synagoge und schritt gemächlich auf sie zu.

»Salve, Regina!«

»Entschuldige bitte, aber ich bin Miriam, Bat Shoshanah. Wir haben keine Ausländerinnen in unserer Gemeinde. Du sprichst wohl kein Aramäisch oder Hebräisch?«

»Sehr wohl«, fuhr der rätselhafte Fremde fort, »sehr wohl, meine Tochter. – Du bist gesegnet unter den Frauen, und gesegnet ist die Frucht deines Leibes.«

»Wovon redest du? Ich bin nicht schwanger. Das weiß ich zufällig genau.«

»Aber du bist noch Jungfrau?«

»Willst du etwa mit mir schlafen?«

»Nicht so direkt. Ich habe Auftrag ...«

»Dann beeile dich. Ich möchte mich noch auf die Pessach-Haggadah vorbereiten. Zu Pessach will ich eine neue Auslegung der Schrift versuchen.«

»Also, man hat mich hierher geschickt ...«

»Welcher Mann?«

»Gott-Vater allerhöchstpersönlich will in deine bescheidene Hütte einkehren.«

»Was du nicht sagst! – Ich bete schon seit Jahren zu einer Göttin!«

»Du wirst ein Kind empfangen, und dieses Kind wird Sohn des Allerhöchsten heißen.«

»Und wenn ich nicht will?«

»Er befiehlt es ...«

»... und ich soll gehorchen!«

»Geboren aus der Jungfrau Miriam, der reinen und gehorsamen Magd des Herrn ...«

»Göttin!«

»Es gibt keine Göttinnen!«

»Woher willst du das wissen?«
»Weil es nur einen Gott gibt.«
»Und der soll ausgerechnet männlich sein?«
»Weil das Göttliche überhaupt weder Mann noch Frau … eben gleichsam überpersönlich, äh, reiner Geist, – eben jenseits ist.«
»Nun, wenn es weder noch ist, warum sprichst du dann von Gott-Vater? Und warum braucht der unbedingt eine Frau?«
»Er braucht keine Frau. Da sei Gott davor.«
»Moment mal, er braucht doch mich!«
»Nicht, daß ich wüßte!«
»Eben hast du noch gesagt, ich soll ein Kind von ihm bekommen. Das hört sich gar nicht so jenseitig an.«
»Der Herr, unser Gott hat dich auserkoren, sein Kind unter dem jungfräulichen Busen zu tragen.«
»Also muß er doch ein Mann sein!«
»Selbstverständlich ist er ein Mann!«
»Wie kann er dann reiner Geist sein, weder weiblich noch männlich?!«
»Suche nicht Göttliches zu erforschen, das dein schwacher Verstand ohnehin nicht zu fassen vermag! Deine Aufgabe, Miriam, ist es vor allem, »ja« zu sagen –, und »amen«!
»Wozu?«
»Zu diesem Kind.«
»Nur, wenn es ein Mädchen wird.«
»Läutere dich, meine Tochter, denn der Versucher ist nicht fern! Das Neugeborene soll König der Juden werden und auf dem Thron Davids sitzen.«
»Dann wird meine Tochter Königin!!«
»Das ist vermessen! Warum willst du keinen Sohn?«
»Weil Mädchen schöner sind; und klüger; und auch schneller selbständig. – Vor allem aber wegen der ausgleichenden Gerechtigkeit.«
»Wegen welcher Gerechtigkeit?«
»Wenn das Göttliche weder Vater noch Mutter, weder männlich noch weiblich ist, jetzt aber plötzlich doch als Mann-Vater erscheint, dann wäre doch als nächstes ein weibliches Wesen an der Reihe. Sonst glaub ich dir nicht, daß dein Gott wirklich unparteiisch ist!«

»Wie sollte eine Tochter das vollkommene Wesen des himmlischen Vaters vollkommen zum Ausdruck bringen können?«
»Das ist sein Problem! – Aber soll ich dir ein bißchen auf die Sprünge helfen? Nehmen wir an, er ist wirklich androgyn, beim Wort genommen: ein Mannweib. Dann ist eine Tochter so gut wie ein Sohn.«
»Eben. Deshalb will er ja einen Sohn!«
»Und ich will eine Tochter!«
»Dem Göttlichen gegenüber sind die Wünsche der Sterblichen nicht viel mehr als Schall und Rauch.«
»Du meinst, mein Wunsch zählt also nicht!«
»Endlich hast du's begriffen!«
»Und wenn ich mir das nicht gefallen lasse?«
»Oh, laß ein Weib an dich heran!«
»Das verstehe ich nicht.«
»Das ist auch aus einer anderen Zeit. Ich habe vorausgegriffen.«
»Jetzt wirst du inkonsequent. Dein Gott-Vater will doch gerade ein Weib an sich heranlassen, wenn ich dich und ihn recht verstehe. Ist doch sein sehnlichster Wunsch. Und dazu braucht ihr mich.«
»Irrtum, meine Tochter. Gott braucht niemanden. Am allerwenigsten eine Frau. Vor Gott zählt ganz allein die freie Entscheidung, das reine ›Ja‹, in vollkommener Hingabe.«
»Davon allein kommen aber noch keine Kinder in die Welt! – Überhaupt: warum nimmt er eigentlich nicht eine Mutter, die schon Kinder hat? Bei der hättest du's sicherlich leichter.«
»Mein Herr will eine reine Jungfrau. Jetzt und immerdar. Vorher – und auch nachher.«
»Was, nachher auch?! – Ich will aber kein Einzelkind. Einzelkinder haben es schwer, sich in die Gemeinschaft einzuordnen.«
»Unser Herr soll ja auch etwas ganz Besonderes werden, etwas einmalig Einmaliges sozusagen, unüberbietbar in seiner Einzigartigkeit.«
»Welcher Herr denn schon wieder? Hier wimmelt es ja nur so von Männern!«
»Jehoschua, der Retter der Menschheit!«
»Und wann kommt der?«
»Er ist schon so gut wie da. Warte nur balde, ... bald wird er in deinem Schoß heranwachsen und reifen wie das Korn für den Schnitter.«

»Nur über meine Leiche!«
»Damit warte bitte bis nach der Geburt! Vorerst brauchen wir dich noch lebendig.«
»Notfalls mit künstlicher Beatmungsmaschine.«
»Davon ist mir nichts bekannt.«
»Jetzt habe *ich* unserer Zeit vorausgegriffen. Ich sehe schon, worauf die ganze Operation hinausläuft ...«
»Dann siehst du mehr als ich. Mir läuft es gerade weder raus noch rein. – Nun sag doch endlich ›ja‹.«
»Nein! Nicht ohne eine Tochter!«
»Die steht aber nicht im Heilsplan! Gott Vater braucht einen Sohn. Um sich in ihm vollkommen selbst aussagen zu können.«
»Und was soll dann aus dem Prachtkerl werden?«
»Er wird ans Kreuz genagelt werden. Zu unser aller Heil. In der Blüte seiner Jahre dahingerafft wie eine Pusteblume im Frühsommer.«
»Ohne mich!«
»Und deine Seele, Miriam, wird ein Schwert durchbohren.«
»Auch das noch! Also geht es mal wieder um nackte Gewalt. Und dafür soll ich Körper und Seele hinhalten. Wirklich göttlich!«
»Nur das Schwert des Schmerzes ist gemeint. Warum müssen Frauen nur immer alles wörtlich nehmen? Könnt ihr denn gar nicht symbolisch denken?«
»Nicht solange unser Unterleib im Spiel ist!«
»Dir zu Ehren, Miriam, wird man dereinst den schmerzensreichen Rosenkranz beten.«
»Rosen, Blumen der Isis, Duft der Liebeswonnen. – Dein Gott ist reichlich abgeschmackt.«
»Er will auch dein Gott werden. Direkt unter deinem Herzen. Wenn du nur endlich ›ja‹ sagst!«
»Dabei hat er die Rechnung aber ohne die Wirtin gemacht! – Ich will keinen Sohn, der früh stirbt. Ich will eine Tochter, die lange lebt und Glück und Segen um sich herum verströmt – und den Duft der Rosen.«
»Du bist den irdischen Wonnen noch zu sehr verhaftet, meine Tochter.«
»Ich wüßte nicht, daß du mich auf die Welt gebracht hättest.«
»Ich auch nicht.«

»Dann laß die faule Anrede!«
»Wie du willst.«
»Endlich geht es doch mal nach meinem Willen!«
»Wenn du nur sonst noch willst, Miriam. Alles sollst du haben, wenn du nur endlich ›ja‹ zu ihm sagst.«
»Zu wem denn noch?«
»Eben zu ihm, deinem Vater im Himmel, der dich schmerzlich liebt.«
»Ihm die Liebe und mir die Schmerzen, das nenne ich Arbeitsteilung! – Außerdem ist Inzest zwischen Vater und Tochter verboten. Und auf uneheliche Empfängnis steht bei Frauen Steinigung. Das sollte dein Gott eigentlich wissen. So hat er es selber angeordnet.«
»Kleingläubige! Glaubst du nicht, daß Gott imstande ist, seine eigenen Gesetze zu umgehen? Wenn doch schon die Menschen darin groß sind, um wieviel mehr dann Er, den sie sich zum Vorbild nehmen?«
»Ich weiß, warum ich keinen Vater anbete; weder im Himmel, noch auch auf Erden.«
»Und von einer Mutter würdest du den Sohn annehmen?«
»Seit wann können Frauen in Frauen zeugen?«
»Bei Gott ist kein Ding unmöglich, meine To … Wenn du nur endlich ›ja‹ und ›amen‹ sagen wolltest. Mir geht schon bald die Luft aus. Engel schweben sonst nur in höheren Sphären.«
»Ja, von der Göttin nehme ich meine Tochter an, die neugeborene Königin der Juden, was sage ich, des Universums. Ich werde sie zu einer vortrefflichen Thealogin erziehen. Mit zehn Jahren wird sie bereits im Tempel lehren, das verspreche ich, beim Namen der Isis.«
»Nein! Der Heilsplan verlangt einen Sohn!«
»Für einen Engel hast du eine ausgesprochen negative Aura. Von mir verlangst du immerfort, ›ja‹ zu sagen, und selber antwortest du immer nur mit ›nein‹. Ein bißchen ein Zugeständnis darf ich doch wohl auch von dir erwarten. Schließlich ist es mein Leib, den ihr benutzen wollt! – Handeln wir doch einen heiligen Kompromiß aus: Dafür daß Gott-Vater mit mir, seiner Tochter, das Inzestverbot bricht, verlange ich, daß der Heilsplan zugunsten einer Tochter Gottes umgeschrieben wird.«
»*Das* also will das Weib?!«

»Erraten. Und drunter mach ich's nicht!«
»Ist das dein letztes Wort?«
»Mein allerletztes! – Sagst du nun endlich ›ja‹ – und ›amen‹?«

Der Erzengel Gabriel wischte sich Perlenketten von Schweiß aus der Stirn. In letzter Zeit hatte er öfter solche Alpträume gehabt.
»Mir schwant nichts Gutes«, orakelte er zum Erzengel Michael hinüber: »In drei Wochen siebenmal hintereinander derselbe Traum. Wenn das nichts zu bedeuten hat!«
»Komm mit mir zum Drachenstechen«, ermunterte ihn der Erzengel Michael, »es wird Zeit, daß du auf andere Gedanken kommst. Und Drachenstechen ist dazu der ideale Ausgleichssport. Einen Spieß aus meinen Beständen kann ich dir ausleihen. Was du brauchst, ist mal wieder ein positives Erlebnis, das dich aufbaut.«
Doch der einzige Drache, den sie auftreiben konnten, bestand aus aufblasbarem Gummi und sank nach dem ersten Stich des Erzengels Michael klaglos in sich zusammen.
»Unsere Zeit ist um«, sagte darauf der Erzengel Gabriel und stellte resigniert den Spieß in die Ecke. »Ich glaube, im nächsten Leben komme ich als Frau auf die Welt!«

Anmerkungen

1 Maaz 2003, S. 36
2 ebd. S. 16 f.
3 ebd. S. 36
4 Maaz 2001, S. 48
5 Maaz 2003, S. 36
6 Pielow, S. 179
7 S. 39 in diesem Buch
8 bei v. Lüpke, S. 10
9 Cohen-Alloro in: Wodtke, S. 78 f.
10 bei v. Lüpke, S. 11 u. priv. Interwiew
11 Stamer/Zingsem, S. 135
12 vgl. v. Ranke-Graves/Patai, S. 75 ff.
13 Maaz 2003, S. 37
14 ebd. S. 36

15 ebd. S. 179
16 ebd. S. 180
17 ebd. S. 198
18 ebd. S. 187
19 vgl. ebd. S. 198 f.
20 ebd. S. 187
21 Delphica, S. 69 f.
22 Schenk, S. 227 f.
23 ebd. S. 226

Lilith und Aphrodite – Schwestern?

»Das Leben war noch jung und zart, als Aphrodite aus dem *Meer* stieg. Sanfte, laue Winde aus dem Osten trugen sie zu den Gestaden der Insel Zypern. So anmutig und verführerisch war die Göttin, daß die Jahreszeiten herbeieilten, sie zu sehen, und, bezaubert von ihrer *Schönheit,* sie anflehten, für immer zu bleiben. Aphrodite lächelte, wohl wissend, daß sie für immer bleiben werde, da ihr Werk niemals vollendet sein würde. Sie schritt über die Kiesel des Strandes, wandelte über Hügel und Ebenen, betrachtete alle Lebewesen voller Interesse. *Süßes Verlangen* erweckte ihre Berührung in allen, und *freudig* vereinten sich die Paare. Sie segnete den Schoß der Frauen und schützte das Leben, das in ihnen wuchs. Bei der Geburt milderte sie die Schmerzen, die aus der Liebe entstanden. Alles erweckte sie zum Leben. Jeden Morgen wurde die Erde unter ihrem Kusse feucht von Tau. Ihre Wanderungen führten die Göttin weit weg, doch brachten ihre Tauben sie jedes Frühjahr zurück nach Zypern, zu ihrem heiligen Bad an der Küste von Paphos. Dabei wurde sie von ihren *Grazien* bedient, von Blüte, Wachstum, Schönheit, Freude und Glanz. Sie krönten Aphrodite mit *Myrte* und bestreuten den Weg vor ihren Füßen mit *Rosenblättern.* Die Göttin glitt ins *Meer* und erneuerte, im Pulsschlag der *Wellen* schaukelnd, ihren Geist, wie der *blühende Frühling.* Und alle Kreatur fühlte die *Freude* der Göttin.

Durch alle Jahreszeiten, Zeitalter hindurch blieb Aphrodites Mysterium unverletzbar, denn sie allein hütet das Geheimnis der liebenden Vereinigung, dieses Ursprungs des Lebens.«

Charlene Spretnak

In deinen schwarzen Augen sehe ich meinen Tod.
Hab Mitleid und rette mich, meine große, dunkle Schönheit!
Zerstückle mein Herz, aber denke daran,
jedes Stück meines Herzens
ist ein Stück von deinem Herzen.

(griech. Volkslied)

Lilith, dunkle Schwester der Aphrodite

Auf den ersten Blick scheinen sie zwei unvereinbare Gegensätze: die golden im Lichte thronende Aphrodite und die dunkle Lilith der Nacht und ihrer Geheimnisse. Doch die folgende Untersuchung soll zeigen, daß – wie so oft – der Schein auch diesmal trügt. Vergessen wir nicht, daß auch Lilith ihre strahlenden Seiten hat. Sie hat lange rote, rotgoldene, offene Haare, die wie ein Kometenschweif hinter ihr fliegen, während sie durch die Nacht jagt. Und sie wird vom Nabel abwärts als gleißendes Feuer phantasiert, Sinnbild für die Flamme von Liebe und Leidenschaft, die sie erweckt, doch auch – wer möchte das bestreiten – für das Licht der Erkenntnis, das sie (dabei) schenkt. »Ihr Haar ist lang und rot wie eine Rose«, heißt es im Sohar, und sie ist »in Gewänder aus flammendem Feuer gekleidet«, ihre Lippen sind rot wie eine Rose und süß von aller Süße der Welt«[1]. Und die Rose ist ja nun wie keine andere Pflanze symbolisch untrennbar mit dem Reich der Liebe verbunden. Ebenso wie die Spielarten von Sexualität und Verführung, die sowohl zu Aphrodites wie auch zu Liliths »schönen Künsten« gehören. Beide leben zudem bevorzugt am Meer, was bedeutet, daß die Liebe mit der Vorstellung vom Rhythmus der Wellen und den Untiefen des Wassers zu tun hat.

Der Unterschied zwischen Lilith und Aphrodite, soviel wird jetzt schon deutlich, liegt vor allem darin, daß sie in zwei verschiedenen Kulturen heranwuchsen, die mit der Liebe so ganz anders umgingen, und so wurde die eine beinahe vom Tag ihrer Entstehung an verteufelt und die andere quasi von Geburt an (solange sie in ihrem Kulturkreis blieb) als Sinnbild höchster Freude vergöttert. Von Lilith müssen wir daher ein bißchen den Dreck abkratzen, den die Jahrhunderte auf sie gehäuft haben. Wie ein Bild, das zu lange im Keller gestanden hat, müssen wir sie von Staub und Spinnweben und sonstigen Ablagerungen befreien, wenn wir an die echten Farben herankommen wollen. Und dann sind sie sich plötzlich gar nicht mehr so unähnlich, diese beiden Schwestern, die schon in der ältesten schriftlich erhalten gebliebenen Schöpfungsgeschichte der Welt, der Geschichte vom *Huluppu*-Baum, gemeinsam ins Bild gerückt werden.[2] Und dabei fällt u. a. auf, daß beide als junge Frauen bzw. »Jungfrauen« erscheinen. Aphrodite gibt es zu dieser Zeit dem Namen nach noch gar nicht. Sie ist eine von den Griechen erst verhältnismäßig spät adoptierte Göttin, die in Mesopotamien von den Sumerern zuerst Inanna (»Himmelskönigin«), später dann im Vorderen Orient unter den Namen Ischtar, Astarte, Aschtoreth, Aschera verehrt wurde. Göttin der Liebe und des Kampfes von Anfang an, strahlend von Jugend und Leben, und von ihrer Mutter »jubelnd zur Freude geboren«. Als »erste Tochter des Mondes« ist sie gekrönt mit den »großen Hörnern« des zu- und abnehmenden Mondes. Als »leuchtende Fackel« von Himmel und Erde, »Strahlenglanz aller Weltgegenden« erhellt sie das dunkle Firmament durch das Licht des Morgen- und Abendsterns, *ihr* Stern, den wir noch heute Venus-Stern nennen (der lat. Name für Aphrodite).[3]

Gemessen an dieser begnadeten Erscheinung könnte man Lilith, die im Stamm des Huluppu-Baumes haust, durchaus als die dunkle Seite der Liebe(sgöttin) verstehen, was man allerdings nicht leichtfertig mit deren zerstörerischer Seite verwechseln sollte. Bäume, auch von Gärten umgebene, galten zur damaligen Zeit im Vorderen Orient, einschließlich Ägypten, als beliebte Symbole großer Göttinnen. Unter diesem Gesichtspunkt ist es sicher nicht verfehlt, im Huluppu-Baum auch ein Abbild von Inannas Selbst zu sehen, ihr Inneres, sozusagen in eine äußere Form projiziert. Wie ja auch der »heilige Garten«, in dessen Schutz die Göttin diesen Baum großzieht, ein kulturübergreifend bekanntes Symbol für weibliche Sexualität darstellt (weshalb umgekehrt die christliche Jungfrau Maria als »verschlossener Garten« gefeiert werden konnte). Die Schlange im Baum ist ein altes Symbol für Weisheit und Wiedergeburt und auf diese Weise auch mit Sexualität (und ihrer geistigen Seite) verknüpft. Der Baum selbst aber wächst, wie jeder Baum und letztlich auch jeder Mensch, aus der Dunkelheit im Schoß der Erde ins Licht und dem Himmel entgegen. Ein treffliches Symbol für die Liebesgöttin, die sich anschickt, durch ihr Dasein Himmel, Erde und Unterwelt miteinander zu verbinden.

Die ebenso dunkle wie junge Lilith, die sich zu Inannas Verzweiflung im Stamm des Baumes niederläßt, sieht aus wie die noch unentwickelte und daher unbewußte Seite der jungen Liebesgöttin, die zum Zeitpunkt dieser Geschichte noch gar keine Ahnung von der Liebe hat. Sehnsüchtig wartet sie auf »das erste Mal« und hofft, daß sie dieser Stunde durch das »leuchtende Bett«, das sie sich aus dem Stamm des Baumes zimmern lassen will, ein gutes Stück näher kommen wird. Auf dieses Vorhaben wirken die drei Ungeheuer im Baum äußerst blockierend. So könnte die dunkle Lilith auch Inannas Angst vor der unbekannten – und auch unberechenbaren – Liebe spiegeln, die sich bei ihr zunächst als seelische Blockade äußert. Im Fortgang des Mythos muß die Göttin zuerst noch die Weisheit der Wassertiefe (die sieben *me*-Kräfte) erlangen, bevor sie sich voll und ganz der Liebe hingeben kann.

Der Name Lilith kann sich, wie zu Eingang dieses Buches bemerkt, auch von dem sumerisch-babylonischen Wort *lilu* für Lotus ableiten. Und Lotus wiederum ist – wie die Lilie – ein altehrwürdiges Bild für das weibliche Geschlechtsteil, das auch als Tor zur Unterwelt gedeutet werden konnte. Entsprechend wurde der Einlaß in die Unterwelt oft als sexuelle Vereinigung interpretiert. Auch Inannas ureigenes Emblem ist die achtblättrige Rosette, einem Lotus nicht unähnlich. Und so verwundert es nicht, daß der »Abstieg in die Unterwelt« *das* zentrale Thema in den Geschichten um die Göttin der Liebe ist. Ihr Abstieg in das sog. »Land ohne Wiederkehr« ist vom Bewußtsein aus ein Gang in die Tiefe der Liebe, ein Ausloten der »Unterwelt« von Gefühl und Sinnlichkeit, im äußersten Ausgeliefertsein an die Einsamkeit. Niemand zunächst, der ihr dort unten beisteht. In jeder tiefen Liebe sind alle Wege neu, zumindest für die, die sie gerade durchleben: »Jede wirkliche Liebesbegegnung wird als erst- und einmalig erlebt, mögen die Gesten auch immer die gleichen sein. Wir mögen vieltausendmal im Leben Liebe machen – und doch gleicht keine Begegnung der anderen. Die Gnade Aphrodites erneuert unsere Unschuld und unsere psychologische Jungfräulichkeit: Sie stellt die Einmaligkeit des ersten Males wieder her.«[4]

Diese Erfahrung schließt eine gewisse Einsamkeit mit ein, wie in den ältesten Geschichten um die Liebesgöttin bereits deutlich wird. Allein sucht sie Wege in dieses dunkle und unbekannte Land, von dem sie weiß, daß es vor ihr noch niemand so betreten hat wie sie, und daß niemand es je so verlassen wird, wie er/sie vorher war. Damit einher geht ein Verlieren des Bewußtseins und der Kontrolle, die Angst machen. Die Liebe, ein »Land ohne Wiederkehr«, die keine/n unverwandelt wieder »herauf« läßt, vorausgesetzt er/

sie läßt sich tief genug auf das Geschehen ein. Wer das zuwege bringt, ist nachher nicht mehr der/dieselbe wie vorher und also in gewisser Weise tatsächlich gestorben! Zurück kommt ein anderer Mensch als der, der vorher war. Wer das nicht will, hat von der Liebe nichts verstanden.

> »Scheinen will mir, das er den Göttern gleich ist,
> jener Mann, der neben mir sitzt, dir nah
> auf den süßen Klang deiner Stimme lauscht und,
> wie du voll Liebreiz
>
> ihm entgegenlachst: doch, fürwahr, in meiner
> Brust hat dies die Ruhe geraubt dem Herzen.
> Wenn ich dich erblicke, geschieht's mit einmal,
> daß ich verstumme.
>
> Denn bewegungslos liegt die Zunge, feines
> Feuer hat im Nu meine Haut durchrieselt,
> mit den Augen sehe ich nichts, ein Dröhnen
> braust in den Ohren,
>
> und der Schweiß bricht aus, mich befällt ein Zittern
> aller Glieder, bleicher als dürre Gräser
> bin ich, bald schon bin einer Toten gleich ich
> anzusehen …
>
> Aber alles muß man ertragen …«[5]

Angst (*Phobos*) und Schrecken (*Deimos*) gelten nicht umsonst als die Söhne der Aphrodite, sind sie doch durchaus mit dem zu vergleichen, was uns die Liebe bisweilen spüren läßt.

> »Die Angst vor der Liebe ist nämlich ebenso weit verbreitet wie die Angst vor dem Kampf. Wer noch nie Angst und Schrecken verspürt hat, wenn er verliebt war, kennt weder die ganze Reichweite von Aphrodites Macht, noch was es heißt, das eigene Gefühlsleben aufs Spiel zu setzen. (…), es ist gar nicht so abnormal, vor der Liebe Angst zu haben. Im Gegenteil

kann es das erste Anzeichen von Mut zur Liebe sein, wenn wir diese Angst ohne Schuldgefühle zu erkennen vermögen. Die moderne, weitverbreitete Attitüde, ›cool‹ zu bleiben und gleichgültig zu wirken, wenn es um Sexualität geht, ist meist eine Form der Verleugnung von Angst: Man tut so, als wäre die ganze Angelegenheit banal und risikolos.«[6]

Liebe und Sexualität im Geist der Aphrodite bleibt ein heiliges und numinoses Geschehen, das uns bis ins Mark erschüttern kann; es wirkt im besten Sinne grenzüberschreitend und macht uns genau deshalb Angst. Weil wir fürchten, den Verstand zu verlieren, und genau das auch tatsächlich (wenn auch nur vorübergehend) passiert. Für eine Weile wird es dunkel um uns und wir müssen kämpfen, nicht unterzugehen. Was andererseits eine wunderbare, (er)lösende Erfahrung sein kann. Es kommt auf unsere Bewertung an, und wieweit wir die damit verbundene Bewußtseinsauflösung an uns herankommen lassen. Die Griechen hatten ein Wort dafür, das wir heute in ganz anderen Zusammenhängen benutzen: *Koma*! Das bezog sich nicht auf einen totenähnlichen Zustand auf der Intensivstation eines Krankenhauses, sondern auf die Beseligung und Ekstase, die ein Paar in der Liebesbegegnung fand! Ein Ineinander-Eintauchen und gegenseitiges Beglücken, das durchaus nicht als krankhaft, sondern als höchste Lust und Seligkeit empfunden wurde.

Tochter des Himmels – aus der Tiefe geboren

Zeitlos im Sand
am wellenschlagenden Wasser
tief in den Himmel schauen,
meine Herkunft: Das Meer.

Der warme Sand
und dein atmender Schoß.
Lilith, kleine Lilith
mit dem zerbrechlichen Flügel.

Wie immer du heißt,
woher du auch kommst,
ob es dich gestern schon gab,
ob ich dir morgen begegne:

Vielleicht
sind wir einander vertraut
seit sehr vielen Jahren,
seit dem Anfang der Zeit.
Wolf Peter Schnetz

Aphrodite wie auch Lilith wohnen »im Wogenschwall des Meeres«. Und das Meer hatte schon immer mit bewußtseinsauflösenden Eigenschaften zu tun. Wobei die Wörter für Meer und das alte sumerische Wort *mar* für »Mutterschoß« zusammenhängen. Auch das Meer, ein Ort der Unterwelt, Symbol für das Untertauchen des Bewußtseins ebenso wie für die Frische der (Wieder-)Geburt. Gleich welcher Art die Mythen sind, die von Aphrodites Entstehung erzählen: sie sind alle mit dem Meer verbunden. Nach einer Version entstand sie sogar aus dem Schaum, der sich um die abgeschnittenen Geschlechtsteile des Himmelsgottes *Uranos* bildete, nachdem sein Sohn *Kronos* sie ins Meer geworfen hatte. Als wenn auf diese Weise seine rohe Geilheit zivilisiert und menschlich annehmbar gemacht worden wäre. Seine Tochter aber trug fortan den Beinamen »die Genitalien-Liebende« (*Philomedes*). Wo sie an Land ging, wuchs ringsumher das Gras unter ihren schlanken Füßen.

Tochter des Himmels – vom Meer geboren: Das sind die zwei Energiepole Aphrodites, wie im übrigen auch Liliths. Die Flügel weisen letztere als zum Himmel gehörend aus, und am Meer bringt sie ihre Kinder zur Welt. Doch welch ein Unterschied in der Darstellung! Während um Aphrodite alles licht und golden und blumig und verspielt ist, wird im Judentum des Meer zum Sitz des Teufels, die Flamme der Begeisterung zum Höllenfeuer. Am Meer wird der Höllenfürst Liliths Liebhaber. Die beflügelnde Kraft der Liebe, die von Lilith ausgehen könnte, wird zum Teufelswerk erklärt. Die Botschaft hört man noch, allein ihr fehlt der Zauber. Die Flut, im Bild des Drachen, trägt nicht mehr. Statt sich dem Wellengang zu überlassen, greift Angst vor Untergang und Verderben um sich. Den Kopf über Wasser zu halten, wird zur Devise, statt ihn – oh welche Erlösung – zu verlieren! Lilith am Meer weckt kein Vertrauen, nur Grauen vor Kontrollverlust. So kann sie Adam nichts mehr lehren. Im Unterschied zu Inanna/Ischtar/Aphrodite die ihre Liebsten in die Kunst der Liebe einzuweihen wußten, wehrt Adam sich auf der ganzen Linie gegen seinen »Untergang«, vor dem, was man nicht umsonst Gefühlsüberschwemmung nennt. Was Walter Weyers in seinem Libretto zur Rockoper exzellent herausgearbeitet hat:

> *Adam (mit geschlossenen Augen):*
> in der weite des meeres fand ich mich, ein spielball der wellen. und sehnsucht verzehrte mich nach meiner heimat, eden. meine sinne verwirrt nach den vielen stunden in der salzigen see. und die angst zu ertrinken brannte in meinen eingeweiden. da erkannte ich mein schicksal. nur solange ich herr meiner gedanken blieb, war gott bei mir. wenn ich meinen leib aufgab an die fluten, war es um mich geschehen. denn gott ist der geist über den wassern. nie durften sie mich verschlingen. ich mußte stark sein. also versuchte ich, mich an alles zu erinnern, was mir lieb und teuer war. das hielt mich am leben.
>
> *Lilith:*
> doch keiner kann ewig so treiben. was geschah dann?

Adam:
ich sehe eine insel im aufgewühlten meer. dort erhebt sich eine regungslose gestalt. unter zusammengekniffenen lidern spähe ich sie aus. Lilith. zum ersten mal gewahre ich, dass ihre beine behaart sind, die wie zwei säulen wachsen aus dem grauen gestein. ihr antlitz gleicht dem eines dämons. warum schreckt mich das nicht? weit spannen sich ihre flügel vor dem gläsernen horizont. eine gewaltige woge wirft mich an das felsige ufer. meine augen brennen unter der gleißenden sonne am endlos gewölbten himmel. da wirft sie ihren kühlenden schatten über mich. ich wende den blick ab, denn ich schäme mich meiner nacktheit.

Lilith:
sie aber hat schon lange auf dich gewartet. und es verlangt sie nach der süße deines körpers. deine schüchternheit spornt sie an. unendliche freude will sie dir bereiten.

Adam:
ich sehe ihr dunkel atmendes geschlecht, ihr lächeln voll lust. und namenlose erregung befällt mich. – wie kann ich entrinnen?

Lilith:
du willst auf dein glück verzichten?

Adam:
wie kann das glück sein, das mir den verstand raubt und mich zwingt, eva zu vergessen, mein weib, das mir treu ergeben ist? das frage ich mich, und während ich versuche, an sie zu denken, wächst meine gier. ich weiß, daß eva mich ruft, doch ich höre ihre stimme nicht. – lilith – o lilith, warum lachst du jetzt?

Lilith:
nun weiß ich daß du mir gehörst. Ich kenne dein geheimnis. dein schlechtes gewissen stachelt nur deine lust an. und dein verzückter schrei wird evas tod begleiten.

Adam:
ahhh – was ist das?

Lilith:
nichts, mein geliebter, nur die erlösung.

Lilith und die Angst vor der Liebe

Lilith trägt schwer an dem gespaltenen Verhältnis zur Liebe, das (in mehr oder minderem Maße) alle drei aus dem Nährboden des Judentums erwachsenen monotheistischen Religionen durchzieht, die nur einen Gott und Vater kennen, dem die liebende Gefährtin und sexuelle Gespielin fehlt. Sexualität um der Fortpflanzung willen ist gut (»Eva«), um der reinen Lust, der Liebe und des Lachens wegen ist sie jedoch des Teufels (»Lilith«). Deshalb empfehlen alle drei Religionen in schöner Einmütigkeit die klassische »Missionarsstellung« (»verflucht sei der Mann, der die Frau zum Himmel und sich selbst zur Erde macht«) für die sexuelle Vereinigung und predigen das Recht auf wechselseitige Nutzung des Körpers in der Ehe (und nur da), der in der Realität vor allem die Frau zwingen sollte, ihrem Mann, wo immer er es »brauchte«, sexuell zur Verfügung zu stehen, und sei es auf dem Sattel eines Kamels (wie der Islam vorschreibt).

Da Gott nichts damit zu tun haben wollte, konnte es auch für den Menschen nicht gut sein, sich länger mit dieser zweifelhaften Gabe zu beschäftigen als unbedingt nötig. Angezogen und im Dunkeln, so sollte nicht nur nach dem Sohar der eheliche Akt vollzogen werden. So freudlos wie möglich und mit soviel Kleidern an als nötig, damit nur ja kein Hautkontakt die Seele erbeben ließe. Alles aus Angst vor Lilith, die es nicht lassen konnte an den Gitterstäben dieser Gefängnismauern zu rütteln. Unter Aphrodites Regie war dagegen das Licht essentieller Bestandteil des Liebesspiels, wie es in Apuleius' antikem Roman »Der goldene Esel« anklingt:

> »Sieh hier, der Venus Ermunterer und Waffenträger, Bacchus, ist auch schon da. Schonen wir heute seiner nicht, auf daß er in uns alle träge Scham ertränke und rüstige Wollust herbeischaffe! Denn frisch segelt das Schiffchen der Venus die Nacht hindurch, wenn nicht in der Lampe das Öl noch im Becher der Wein versiegt.«[7]

Auch in dem – im selben Roman erzählten – Märchen von »Amor und Psyche«, wird Liebe erst möglich, nachdem Licht auf das wahre Wesen des Geliebten gefallen ist! Das Licht an zu lassen, bedeutet, sich das Bewußtsein dessen zu erhalten, was man tut und mit wem man es tut: Ein Mysterium, das den ganzen Körper umfaßt und ergreift. Wohingegen die Sitte, das Licht zu löschen, die Sexualität eher im Halbbewußten und Animalischen ihr tristes Dasein fristen läßt. Wie jede Begabung, die nicht zur freien Entfaltung kommen darf, blieb so auch die Fähigkeit, durch Lust Liebe zu schenken, roh und niveaulos und im eigentlichen Sinne unkultiviert. Sie zu den schönen, gar noch spirituell erhebenden Künsten zu zählen, die wie jede Kunst jahrzehntelange Übung und Verfeinerung beanspruchte, wäre einer Gotteslästerung gleichgekommen. Sappho und ihre Schule der Liebe, wurde samt der von ihr verehrten Aphrodite von den Christen zum Abschaum der Menschheit erklärt, ihre Schriften erbittert ausgerottet.

Sexualität, Erotik wurde zu etwas Schmutzigem, das den Menschen von Gott trennte, eine Sünde, die nur mit schlechtem Gewissen »genossen« werden durfte. Schönheit und Anmut, Poesie und Gnade, Reinheit und Sittsamkeit, Phantasie und Inspiration, Transzendenz und Ekstase, all das, was mit Aphrodites Gaben mitgegeben sein kann, wurde zum puren »Fleischeskitzel« herabgewürdigt. Die Vorstellung, etwas Sündhaftes zu tun, mag zwar für den Augenblick durchaus lustfördernd sein (weil es Menschen immer reizt, etwas Verbotenes zu tun), doch läßt der Katzenjammer meist nicht lange auf sich warten. Schlimmer noch: Das prickelnde Gefühl, ein Tabu zu brechen, kann leicht zum Selbstzweck werden. Es ist schick, sich immer härtere Pornos reinzuziehen, Sex immer brutaler anzugehen, doch zu »Aphrodites heiligem Hain« gelangen wir auf diese Weise immer weniger. Die Lust am Verbotenen ist noch längst nicht gleichzusetzen mit den blühenden Gärten der Liebe. Eher ist es so, daß »diese düsteren Helden, die sich durch Verbotenes erregen lassen, noch immer in einer Reaktion gegen die herrschende Religion befangen sind; ihre Perversion ist die konsequente Folge einer religiösen Einstellung, die sexuelle Lust mit dem Bösen«[8] und das Böse mit der Frau gleichsetzt, der ungestraft Gewalt angetan werden kann. Das Prinzip, Sexualität wie Erotik mit dem Bösen und Niedrigen und Heimlichen (Voyeuristischen) in Verbindung zu bringen, wird auf diese Weise nicht durchbrochen, sondern gerade noch verstärkt. Sex ist etwas, das man »cool« betreibt, das einen kalt läßt. Die Flamme der Leidenschaft, die noch

Lilith bewegt, hat ausgedient. Ein später Sieg ihrer Vertreibung aus der Gegenwart Gottes?

Wo Aphrodite fehlt, da geht es auf Erden bald drunter und drüber: Im Märchen von Amor und Psyche beklagt eine Seemöwe die Abwesenheit der Göttin mit folgenden Worten:

> »Lust, Witz und Grazie seien entflohen. Alles sei wild, rauh, ungesittet. Man kenne gar Ehe, Freundschaft und kindliche Liebe nicht mehr. Die abscheulichsten Ausschweifungen und die gräßlichsten Lüste herrschten überall.«[9]

Ihr Fehlen bekommt weder der Ehe noch irgendeiner anderen Art von Liebe. Wobei Aphrodite mit der (patriarchalen) Ehe im Grunde so wenig zu tun hat wie Lilith. Die Ehe stellt sogar vor Lilith und ihren Verführungskünsten den wirksamsten Schutz dar. Gefährlich wird es nur für den Mann, der alleine schläft! Hier dient Adam als warnendes Beispiel: Als er nach der Vertreibung aus dem Paradies versuchte, 130 Jahre lang sexuell enthaltsam zu leben, machte sich Lilith an ihn heran (angeblich nur zu ihrem eigenen Vergnügen!), um Kinder mit ihm zu zeugen. Lilith, die über die Welt fliegt, um einsame Männer zu beglücken, mit wallenden rotblonden Haaren und Feuer im Bauch, strahlend im Schmuck ihrer Reize und umweht vom Duft der Rosen –, welcher Mann würde da nicht schwach? Dagegen gibt es nur ein Heilmittel: die Ehefrau im Bett vertreibt den Spuk. Wie bei Paulus wird die Ehe hier zum Mittel gegen verbotene Lüste. Lilith aber, die sich nicht mit *einem* Mann begnügen kann, wird als Schreckgespenst an die Wand gemalt.

Auch Aphrodite bindet sich auf Dauer an keinen ihrer Geliebten ausschließlich. Das konnte schon Gilgamesch nicht verkraften, der die Liebe der Göttin Ischtar aus eben diesem Grund zurückwies. Für die Griechen bedeutete dies allerdings nicht, daß Aphrodite in der Ehe, die prinzipiell dem Schutz der Göttin Hera unterstand, gänzlich fehlen sollte. Ganz im Gegenteil, sobald sich Hera mit Aphrodite zusammentut, entfesseln beide zusammen eine Liebeskraft, die alles in den Schatten stellt. Eine Ehe ohne die Gaben der Liebesgöttin galt als kalt und unfruchtbar. Aphrodite verstärkt das Band, das zwei Menschen in freudvoller Lust zusammen bleiben läßt. Und sie schwört Rache, wenn man ihren Beitrag zur ehelichen

Harmonie mißachtet. »Ein solches Bild der körperlich leidenschaftlichen Ehefrau fehlt in den meisten der heutigen Weltreligionen und normativen Systeme gänzlich«, bedauert Ginette Paris.[10]

Wo es allerdings in der Ehe nur noch um die rigide Durchsetzung patriarchaler Besitzansprüche geht, flieht die Liebe an einsame Orte: Lieber ohne PartnerIn bleiben als in freudlosen Beziehungen ausharren, die der Tod der Liebe längst schon geschieden hat. Von Menschen mit venusischen Anlagen (solchen, die etwa an einem Freitag geboren wurden) erzählte man sich in früheren Zeiten, daß sie sich lieber in die Einsamkeit zurückzogen, als sich mit den erstbesten PartnerInnen zufrieden zu geben. Auch von Lilith hören wir, daß sie sich in die Wildnis, in die Wüste zurückzieht, weil in der Gesellschaft kein Platz für sie ist. Doch muß man sich die Wüste beileibe nicht als einen liebeleeren Ort vorstellen. Die altarabische Dichtungstradition macht die Wüste geradezu zum Ort der Liebessehnsucht. Die Legende von Laylâ und Madschnûn ist hier beispielgebend: Danach verliebte sich der junge Qays, Sohn eines arabischen Stammesfürsten, in Laylâ, die Tochter einer angesehenen Beduinensippe. Der Vater des Mädchens jedoch zerstört diese Liebe aus eher rationalen Erwägungen. Der junge Mann, verstört durch die erzwungene Trennung von der Geliebten, wird zum *Madschnûn*, zum »Wahnsinnigen«, gleichzeitig jedoch erst dadurch zum Dichter. Immer häufiger zieht es ihn in die Einöde, wo er sich von Wurzeln, Kräutern und Früchten ernährt und wilde Tiere seine einzigen Gefährten sind. Interessant ist dabei die Gestalt des Madschnûn. Das Wort *madschnûn* bedeutet nämlich in der altarabischen Tradition »Von Dschinn-Geistern besessen«. »Vor allem Dichtern sagte man nach, daß sie in ihrer Kunst durch die Dschinn inspiriert seien«, von denen man glaubte, daß sie aus rauchlosem Feuer erschaffen seien.[11]

In diesem Zusammenhang sollten wir auch beachten, daß dem (Wüsten-)Sand ähnlich reinigende Wirkungen zugeschrieben werden wie dem Wasser, was insbesondere im Islam deutlich wird, wo die rituellen Waschungen vor den Gebeten statt mit Wasser auch mit feinem Sand vorgenommen werden können.

Gehört nicht die »Wüste«, im übertragenen Sinn, zu jeder tief empfundenen Liebe dazu? Ist nicht der »Aufenthalt in der Wildnis« nur ein anderes Bild für den »Gang in die Unterwelt« und die damit verbundene Zeit der Trauer, wenn alles leblos und grau erscheint? Solange Inanna in der Unterwelt blieb, verschwand mit ihr auch die Freude und das Liebesverlangen aus der Welt, die dadurch »öd und leer« wurde. Doch in dieser Zeit des äußersten Rückzugs wurde auch die Sehnsucht nach der Liebe neu entfacht. Wie der Rhythmus der Meeresbrandung, der sich in Zeiten der Ebbe zurückzieht, wie der Rhythmus der Jahreszeiten, der nach jedem Winter einen neuen Frühling erwartet, so bedarf auch die Liebe Zeiten des Rückzugs, so sie nicht in ein zwanghaftes Einander-in-Besitz-nehmen ausarten soll. Nur so kann auch die Sehnsucht nach dem geliebten Menschen neu entfacht, die Flamme der Liebe wieder zum Lodern gebracht werden. Vergessen wir nicht, daß Überschwang und Sehnsucht, Reichtum und Armut als die Eltern des Eros galten, und der war einer anderen Tradition zufolge: Aphrodites Sohn.

Liebe kennt nicht nur schöne Stunden, sie läßt uns unsere (seelische) Armut genauso empfinden wie unseren Reichtum, und es bleibt auch nicht aus, daß sie uns in die Nähe von Erfahrungen bringt, die wir Sterben nennen. Liebe ist nicht nur stärker als der Tod, sie bringt in gewisser Hinsicht auch den Tod, eine »Umkehr« all dessen, was bisher für uns von Wert war. Wir stehen kopf! Nur so werden Neuanfänge möglich.

Auch Lilith macht im übrigen ihren »Abstieg« durch. Sie, die geboren scheint für Höheres, als an Adams Seite ein unterworfenes Dasein zu fristen, die sich den Engeln im Himmel wesensverwandt fühlt, wird vom Allerhöchsten in die tiefsten Tiefen des Meeres gestürzt. Ihr Geschick erinnert an den gnostischen Mythos vom einsamen Sturz der lichten Seele in die dichte Materie, was in der Seele die Sehnsucht nach ihrer himmlischen Heimat wachruft. »Die Lilith ist, indem sie sich in die Wildnis zurückzieht, auch eine Figur, die den Menschen an seinen Ursprung zurückführt und ihm eine tiefere Kenntnis von sich selber gibt«, meint Walter Weyers.[12]

»Und ihre Locken waren rotes Gold«

Es heißt, daß von allen griechischen Göttinnen allein Aphrodite eine dem Wesen nach strahlende Gestalt gewesen sei. Ihr Beiname, die Goldene, bringt sie mit dem Licht in Verbindung, denn Gold ist auch die Farbe der Sonne, die Freude in den Herzen der Menschen erweckt, weil sie – wie die Liebe – dem Leben Farbe und Schönheit verleiht (die »güldene Sonne« schenkt »Leben und Wonne«, heißt es in einem alten deutschen Volkslied). Ein goldenes Halsband als Darstellung eines stilisierten Sonnenkreises gehörte zum Wahrzeichen sämtlicher Aphroditestatuen in allen Kulturen.[13] In diesen Vorstellungsbereich gehören auch die gold- oder rotblonden Haare der Liebesgöttin, als Zeichen des Sonnenglanzes, der ihr Haupt wie einen Energiekranz umstrahlt. Unschwer zu sehen, daß auch die leuchtende Haarpracht der Lilith in diesen Bedeutungszusammenhang hinein gehört! Das sog. »Venuszeichen« hat ebenfalls mit dieser lichten Seite der Göttin zu tun: den Stab mit einem Querbalken und oben von einem Kreis gekrönt, deutete man als »einen stehenden Menschen mit ausgebreiteten Händen, der bereit ist, allen Segen der Welt zu empfangen. Der Kreis oben wäre eine Art Heiligenschein um sein Haupt, also die Fähigkeit, die Freuden der göttlichen Schöpfung zu erkennen und zu genießen. – Sonst wird das alte Zeichen auch als Spiegel gesehen, den die Göttin Venus auf vielen ihrer Bilder in den Händen hält.« Dieser Spiegel gilt – wie der glatte Wasserspiegel auf den Seen ihres heiligen Gartens – »als Sinnbild der Selbstbetrachtung, des Erkennens seines tiefsten Seelenwesens. Er ist seit jeher, genau wie die Kugeln aus Bergkristall, ein Mittel, durch Meditation den Sinn der Welt zu erkennen.«[14]

A propos Spiegel: Der Spiegel gilt natürlich als das klassische Requisit einer Göttin der Schönheit und der Liebeswonnen und so sehen wir ihn gleichermaßen in den Händen der Aphrodite wie auch der Lilith. Bei beiden wurde er oft einseitig für ein Zeichen ihrer Eitelkeit gehalten. Ursprünglich verstand man ihn allerdings wohl eher als einen Spiegel der Selbsterkenntnis, Ausdruck eines reflektierenden Bewußtseins, das die Liebe begleitet. Und sicherlich spiegelte er auch die Erkenntnis, daß die Liebe schön macht, was und wen immer sie berührt. Dabei ist zu bedenken, daß die ersten

Spiegel, die unsere Vorfahren kannten, die glatten Flächen von Teichen und Seen waren. Und die eröffneten wunderbare Möglichkeiten, Himmel und Erde zu vereinen: Liebliche Quellen, blühende Gärten, ruhige Gewässer, in denen sich der blaue Himmel spiegelt, so daß wir kaum erkennen, ob der Himmel über oder unter uns ist. Durch einen solchen Spiegel kann man leicht »hinübertreten« in die andere, jenseitige Welt, die Welt der Träume, der Feen, der »Anderswelt«. Sergius Golowin, der sich viel mit dem alten Wissen fahrender Völker beschäftigt hat, bemerkt dazu: »Man hat mir gesagt, daß Venusträume auch häufig mit entsprechenden Venussymbolen beginnen: Man geht durch eine Höhle aus Lazurstein, wandert durch einen Blumengarten, tritt durch einen Spiegel ›wie durch eine Türe‹.«[15]

Nach altem Glauben konnte jeder Spiegel den Übergang in die jenseitige Welt markieren. Wohin man durch den Blick in einen Spiegel gelangte, kam allerdings ganz auf den Kontext der Erfahrung an. Während in den religiösen Vorstellungen der Antike der Spiegel der Aphrodite Zutritt in die Welt der Himmlischen gewährt, wird der Spiegel der Lilith im Monotheismus zur Höllenpforte. Hier erwartet uns nicht die Glut der Liebe, sondern das Brennen ewiger Verdammnis. Lilith, so erzählt die jüdische Legende schließlich, sei in jedem Spiegel zu Hause. Jungen Mädchen wurde empfohlen, ja nicht zu oft und zu tief in den Spiegel zu schauen, wenn sie nicht unrettbar an Lilith und ihre Teufel verlorengehen wollten. Schmuck und alles, was schön machen konnte, war ebenfalls zu meiden. Im Sohar wird Lilith als eine Frau geschildert, deren äußerlich makellose Schale eine innerlich verfaulte Frucht überdeckt. Wer es ihr gleichtun will, wird auch wie sie enden: als eine Hure, die nichts als Verachtung verdient.

Nach R. Salomon Luria soll Lilith jeden Mittwoch und Freitag zur Nacht mit einem riesigen Heer von 18 000 Dämonen durch die Lüfte schwärmen und die Menschen schädigen, weshalb es gefährlich ist, in dieser Zeit aus dem Haus zu gehen.[16] Vor allem der Freitag, den man früher hierzulande und bis nach Rußland auch »Heilige Frau Freitag« oder »Lichtstrahlende Kaiserin« nannte,[17] ist natürlich *der* heilige Tag der Aphrodite von Anbeginn! An einem solchen Tag war es üblich, daß Frauen sich nicht nur mit sinnlichen Genüssen aller Art beschäftigten, sondern – vor allem zur

Nacht – gemeinsam mit anderen Frauen das Haus verließen, um zu »fliegen«, d. h. auf eine spirituelle Seelenreise zu gehen, wovon die Märchen und Sagen voll sind. Mit von der Partie war dabei auch unsere wohlbekannte »Frau Holle«, als eher volkstümliche Verkörperung der Liebesgöttin, die in Nordeuropa unter dem Namen Freyja verehrt wurde; Göttinnen mit wehenden, goldblonden Haaren auch diese beiden. Von Freyja ging die Sage um, daß die Tränen, die sie um ihren fernen Geliebten weinte, »rotes Gold« oder Bernstein gewesen seien. Und auch Frau Holle, der man unverhofft begegnen konnte, wenn sie – als junge Frau – ihr blondes Haar in der Mittagssonne strählte, beschenkte zuweilen Glückskinder mit Goldstücken. Auch zog sie nächtens mit großem Gefolge durch die Lüfte, um überall nach dem Rechten zu sehen. Die Seelen aller Kinder, der gestorbenen wie der noch nicht geborenen, nahm sie unter ihre Fittiche und sorgte für sie wie eine irdische Mutter, oder sogar noch besser. Kein Wunder, daß man anfing, Lilith im Norden Europas mit Frau Holle gleichzusetzen, galten in gewisser Weise doch beide als Schutzpatroninnen der Kinder, den leibhaftigen Folgen der Liebe. »Gott hat mir befohlen, alle neugeborenen Kinder in meine Obhut zu nehmen«, heißt es in den rabbinischen Texten von Lilith.[18] Das ist – auch wenn damit der frühe Tod dieser Kinder umschrieben ist – zunächst einmal etwas anderes als Fressen und Verschlingen!

Im Unterschied zu Frau Holle, die mitunter auch als alte Frau und Großmutter erscheinen kann, sind von Lilith keine derartigen Alterungsprozesse überliefert. Von Lilith anzunehmen, sie sei alt geworden, verbietet sich genauso wie bei Aphrodite. Die Göttinnen der Liebe werden nicht alt, prinzipiell nicht. Weil es nicht zu ihrem Charakter paßt und nicht zum Wesen der Liebe als solcher gehört. Selbst bei Frau Holle ist das Alter wie eine Haut, die sie nach Belieben wieder abstreifen kann. »Die alte Erde sieht sie ewig jung«, diese Zeile aus dem Lilith-Gedicht von Dante Gabriel Rosetti trifft im Grunde auf alle Liebesgöttinnen zu. Aphrodite trug den Beinamen »Jungfrau«, lange bevor die Christen diesem Begriff seine biologistisch verkorkste Note aufsetzten. Ursprünglich war mit diesem Wort eine Frau gemeint, die einerseits sich selbst gehört und also frei ist, und der andererseits die ungebändigte Kraft der Jugend zur Verfügung steht. »Machtvoll, majestätisch, strahlend und allzeit jugendlich«, fassen die Hymnen ihr Loblied auf Inanna zusammen.[19] Und das sagt auch etwas über das innere Wesen der Liebe aus: Jedes Frühjahr reinigt Aphrodite sich und erneuert im heiligen Bad ihre Keuschheit und Jungfräulichkeit. Dieses Bad und die damit wiederhergestellte – kindliche – Unschuld »entspringen einer seelischen Jungfräulichkeit, die sie zur Hüterin eines psychologischen Wunders macht«:[20] daß nämlich auch wir Menschen uns bei jeder tiefen Liebesbegegnung fühlen, als liebten wir zum ersten Mal. Die Liebe macht uns jung, unabhängig davon, wie alt wir wirklich sind. Wie ein Jungbrunnen, in dem wir unsere Energie erneuern dürfen, werden wir strahlend vor Lebendigkeit. Wir sind im – soundsovielten – »Frühling«!

Adam aber – einsam der einsame – überlebte
ein wrack in der wüste
jede nacht jedoch
erscheint ihm lilith im traum
lächelnd mit dem gesicht evas spricht sie ihm zu
er wartet seither voll hoffnung
sie kehre zurück
gott ließ es zu
denn einmal wird frühling sein in Eden *(lilith erscheint, sehr hell)*

Walter Weyers, letzte Szene der Rockoper

»Lilith im Paradies« – ein Schöpfungsmärchen

Lilith saß im wonnevollen Garten des Paradieses, das sie mit Adam zusammen bewohnen sollte, und machte sich schön für ihre erste Liebesbegegnung. Gerade hatte sie ein Bad in duftenden Rosenblättern genommen, das ihre Haut seidig schimmern ließ, eine Doppelgirlande aus Lotus- und Jasminblüten lag um ihren zart gebogenen Schwanenhals und eine karmesinrote Hibiskusblüte zierte ihr langes goldenes Haar. Auf dem Nabel saß ihr ein Schmetterling, der dort ruhig sitzen blieb, weil sie ihr Nabelrund mit Nektar gesalbt hatte, an dem er begierig schlürfte. Ja, kein Zweifel, sie verstand sich auf die himmlische Kunst des Liebens. Das war auch der Grund, warum sie diesem Abenteuer überhaupt zugestimmt hatte.

»Laß uns den Menschen machen, nach unserem Bilde, uns ähnlich«, hatte ihr göttlicher Gemahl, Adonus, eines Tages zu ihr gesagt, und sie hatte begeistert zugestimmt. Alles, was sie bisher erschaffen hatten, atmete den Geist der Liebe und Schönheit und war deshalb vortrefflich geraten. Und der Mensch sollte die krönende Vollendung dieses grandiosen Schöpfungswerkes darstellen. Dann eines Tages war ihr himmlischer Gemahl mit einem verlegenen Lächeln zu ihr gekommen:

»Lilith, Liebste«, hatte er geflüstert, »sieh dir das an! Ich war wohl ein bißchen voreilig und konnte es gar nicht erwarten, endlich den ersten Menschen leibhaftig vor mir zu sehen, doch es ist nur ein einzelner Mann geworden, und nun klagt er ohne Unterlaß, daß er sich so alleine und zu nichts nutze fühlt. Denn er sieht ja, daß es bei den Tieren auch anders ist als bei ihm. Und da dachte ich, bitte, versteh mich nicht falsch, aber könntest nicht vielleicht du vom Himmel herabsteigen und dich in seine erste Frau verwandeln? Ich meine, ehe wir jetzt noch eine Frau dazu erschaffen, wollen wir zuerst einmal sehen, wie der erste Mensch sich entwickelt und ob es überhaupt gut geht mit ihm. Ich habe da so meine Zweifel.«

»Mit anderen Worten, du willst mich hier oben für eine Weile los sein«, hatte Lilith mit einem Augenzwinkern bemerkt. »Du weißt, daß es für mich ein Leichtes wäre, deinem ersten Mann eine passende Gefährtin zu erschaffen, doch, ehrlich gesagt, kommt mir dein Ansinnen gerade recht. Ich bin immer gerne für Abwechslung zu haben, und das Zusammenleben mit dem ersten Menschen verspricht ein großes Abenteuer zu werden. So will ich dir deinen Wunsch erfüllen, auch wenn ich geheime Ränke dahinter wittere. Du mußt mir aber versprechen, mich in den Himmel zurückzunehmen, sollte da unten etwas schiefgehen und ich am Ende gar fliehen müssen.«

»Versprochen«, nickte Adonus, und so waren sie auseinandergegangen.

Alles hatte sich so erfüllt, wie zwischen den beiden Himmlischen besprochen, und nun wartete Lilith im Paradiesesgarten auf Adam, und hatte sich so schön für ihn gemacht, wie es die Regeln der göttlichen Liebeskunst verlangten, die sie seit langen Jahren mit Adonus verfeinert hatte. Ob der Mensch wohl dafür empfänglich sein würde? Ihr Herz tat unwillkürlich einen Satz, als sie Adam jetzt von weitem kommen sah, nackt, so wie sein Schöpfer ihn geformt. Keine Blumengirlande schmückte seine Brust, ja er hielt nicht einmal eine Blume in der Hand, im ganzen sah er überhaupt so aus, als ob er ein Bad dringend nötig hätte. Nun, wenigstens hier konnte sie ihm direkt weiterhelfen.

»Du bist also Bein von meinem Bein und Fleisch von meinem Fleisch«, stammelte Adam zur Begrüßung.

Wie kam er nur auf diesen seltsamen Vergleich? Lilith war erstaunt. Dann bot sie ihm als erstes einen rotwangigen Apfel zur Erfrischung an und fragte ihn, ob er nicht ein Bad nehmen wolle. Adam nahm dankend an. Der Arme war völlig verschwitzt und zerzaust. Offensichtlich hatte das Alleinsein ihm bereits Schaden zugefügt. Sie würde ihn behutsam anfassen müssen.

Als Lilith Adam nach dem Bad mit frischen Kokospalmblättern abtrocknen und seinen verspannten Rücken mit Nachtkerzenöl salben wollte, geschah es: Ohne Vorwarnung warf Adam sich über sie und wollte sie zu Boden zwingen.

»Was fällt dir ein«, schrie Lilith, außer sich vor Wut. »Sind wir denn Tiere, daß wir es nicht besser wüßten? Du bist ein Mensch und hast ganz andere Möglichkeiten. Laß dich von mir als Spielgefährtin deiner Sinnenfreude leiten, so findest du schon bald zur höchsten Liebesseligkeit!«

Doch Adam ließ sich nicht beirren: »Herunter mußt du, Frau, denn Herr auf dieser Erde bin nur ich allein. Neben mir auf gleicher Höhe kann niemand anderes sein. Der Frau gebührt der unterlegene Platz, so hat mein Schöpfer mir bestimmt. Und diesem nur gehorche ich. Nicht einer Frau, die nichts zu sagen hat und nach des Schöpfers Willen nur meine Grillen zu vertreiben hat. Hör zu, du bist geschaffen, um schön und lieblich, immer lächelnd neben mir zu sein. Bei der Arbeit sollst du mir zur Hand gehen, mein Essen kochen, meine Kleider weben, meine Kinder gebären, waschen, putzen, aufräumen ...«

›Wie soll ich bei all dem schön und lieblich bleiben?‹ dachte Lilith. ›Da muß etwas schief gelaufen sein. Adam hat alles verdreht. Oder sollte gar Adonus selbst ihm diese Flausen in den Kopf gesetzt haben? Ich muß mir Gewißheit verschaffen.‹

Sie sagte den himmlischen Spruch, nannte Adonus bei seinem allergeheimsten Kosenamen, und stracks erhob sie sich vor Adam in die Lüfte, dem vor Staunen kein einziges Wort mehr einfiel. Nicht einmal »komm sofort zurück!« konnte er brüllen.

Lilith stürmte durch die Gemächer des himmlischen Palastes, bis sie Adonus traf, der ihr stirnrunzelnd entgegenkam.

»Du bist zurück? So war es aber nicht besprochen!«

»Dein erster Mann ist eine Mißgeburt«, Lilith konnte nicht mehr an sich halten. »Sieh, was er mit mir machen wollte! Noch ganz zerkratzt bin ich von seinen ›Liebesspielen‹! Ein tumber Tölpel ist er und nichts weiter. Und eingebildet noch dazu. Meint, daß du ihn allein zum Herrn der Erde eingesetzt hast, die Frau dagegen nur seine Dienerin sei. – Das kann doch wohl nicht wahr sein, daß ausgerechnet du ihm das eingeflüstert hast. Das ist doch gegen jede Regel, die wir Himmlischen hier oben pflegen!«

»Nur nicht so stürmisch, meine Beste«, versuchte Adonus seine Gemahlin zu beschwichtigen. »Ich gebe zu, Adam war eine Frühgeburt, doch mit ein bißchen Nachhilfe von deiner Seite wird er sich bestimmt entwickeln. Darum befehle ich dir, zu ihm zurück zu fliegen und deinen Auftrag zu erfüllen!«

»Vergiß nicht, daß ich freiwillig zu Adam abgestiegen bin. Und freiwillig bringst du mich dort nicht wieder hin. Du selbst kannst ja, als Frau verkleidet, deinem ersten Mann schöntun, wenn dir so viel daran liegt, ihn zu erziehen. Mich aber laß aus diesem Spiel! Gewalt ist in der Liebe nicht, zumindest nicht, solange Frauen noch ein Wörtchen mitzureden haben.«

Und Lilith flog davon.

Was blieb dem Schöpfer anderes übrig, als selbst zur Erde abzusteigen? Er traf auf Adam, der, erschöpft von seinen Kämpfen mit der ersten Frau, an der Quelle in tiefen Schlaf gesunken war. Da kam Adonus ein Geistesblitz: Wenn er die Frau aus Adam selbst erschaffte, dann wäre sie auch seines Geistes Kind! – Schnell träufelte er noch etwas Schlafmohn zwischen Adams halb geöffnete Lippen, damit der Mensch nur ja nicht vor der Zeit erwache. Dann fing er an, behutsam seine Bauchdecke aufzuschneiden. Eine Rippe hatte er flugs entnommen, und schon war Adams Leib wieder so straff und glatt wie zuvor, denn Adonus mußte nur auf die Ränder der Wunde blasen, schon war sie geheilt.

Mit der Rippe wollte es allerdings nicht so recht voran. Adonus gab sich alle Mühe, doch blieb sie puppenhaft vorerst. Der Seelenfunke fehlte ihr, die Flamme der Begeisterung, doch plapperte sie immerhin schon nach, was man ihr vorsprach; für Adam vielleicht gerade recht. Erschöpft war Adonus neben seinem zweiten Menschenwerk in Schlaf gesunken, als Lilith des Weges kam. Es hatte sie nicht im Himmel gehalten, seit sie wußte, was Adonus vorhatte. Die erste Frau, da vorne lag sie ja! Ein Püppchen noch, dem offensichtlich etwas fehlte. Schnell sah sich Lilith um: Der Schöpfer, tief in Schlaf versunken, Adam nicht minder schnarchte, daß die Äste bebten. Doch gut, so konnte niemand sie bei ihrem Tun beobachten. Lilith beugte sich zu dem Püppchen und flüsterte ihr etwas ins Ohr:

»Du sollst Eva heißen, Mutter allen Lebens«, vernahmen die Papageien, die ergriffen auf den Balsabäumen lauschten. Was sonst sie ihr noch alles einflüsterte, war selbst für Vogelohren zu leise.

Dann beugte sich Lilith zur Quelle und besprengte ihr Werk mit frischen Tropfen vom Wasser des Lebens. Zwei winzig kleine Flüglein hatte sie der ersten Frau noch auf den Rücken geklebt. Die waren so hauchzart, daß Adam sie übersehen würde, Adonus aber würde sie, wenn er sie überhaupt entdeckte, für seine eigene Idee halten und unendlich stolz darauf sein.

Als Adam und Adonus wach wurden, rollten ihnen beinahe die Augäpfel aus dem Kopf. Vor sich sahen sie ein frühlingshaft üppiges, schmetterlingsverwegenes Geschöpf, das sich in einem anmutigen Tanz um die Quelle drehte. Sie sang ein Lied aus Zaubertönen, mit Worten, die Gedichte wurden.

»Das ist meine Frau!« riefen Adam und sein Schöpfer wie aus einem Mund, und meinten doch jeder etwas anderes damit.

»Ich will sie Eva nennen«, rief Adam, »denn wie das Leben selbst erscheint sie mir!«

Und während Adam und Eva tanzend und scherzend im Garten verschwanden, beschlichen den Schöpfer so seine Zweifel, ob diese Eva nicht noch ganz schön für Wirbel sorgen würde.

Eva im Paradies hatte mit Adam einiges zu tun. Doch war er im großen und ganzen willig, mit ihr auszukommen, denn er wollte seine Frau nicht noch einmal verlieren. Zwar war auch diese Frau nicht unterzukriegen, was Adam manchmal die Ehe etwas verleidete, doch sie schaffte es immer, ihn mit ihren Ideen so zu beflügeln, daß es am Ende egal war, wer von ihnen beiden zuerst darauf gekommen war. So hatte er auch gelernt, daß »oben sein« nicht automatisch gut ist, und das Leben wie die Liebe noch ganz andere Seiten für ihn bereit hielten als nur oben und unten. Bis eines Tages Adonus dem ersten Menschenpaar eine Prüfung auferlegte: Einen Baum mit besonders leuchtenden und saftigen Früchten erklärte er zum »Baum der Erkenntnis«. Er setzte eine Schlange als Wächterin in seinen Stamm und rief die Menschen zu sich:

»Von allen Bäumen des Gartens dürft ihr essen, nur von diesen Früchten nicht«, hatte er ihnen streng befohlen, »und wenn sie noch so verlockend aussehen, Hände weg oder es ist euer Untergang!«

»Was ist denn mit diesen Früchten?« Eva wollte sich so schnell nicht einschüchtern lassen. »Sind sie giftig?«

»Wer davon ißt, wird wissen, was gut und böse ist, und das ist für Menschen gefährlich.«

»Ich dachte immer, in diesem Garten gibt es nur Dinge, die uns guttun«, ließ Eva nicht locker. »Die ganze Zeit über haben wir uns schon auf diese Früchte gefreut. Sie haben am längsten gebraucht, um reif zu werden, und deshalb sind sie sicher besonders schmackhaft. Ist es nicht so, Adam?«

Adam aber sagte gar nichts. Wenn der Schöpfer es so befahl, dann mußte es wohl stimmen. »Laß gut sein«, wandte er sich an Eva. »Es gibt ja noch genügend anderes Obst, das wir essen können.«

Kaum hatte der Schöpfer sich entfernt, begann die Schlange am Baum ihnen Zeichen zu geben. Als sie näher heran traten, bemerkten sie, daß die Schlange mit dem Kopf einer Frau zu ihnen sprach, und Eva kam es vor, als hätte sie dieses Gesicht schon irgendwo gesehen.

»Müssen wir wirklich sterben, sobald wir von den Früchten essen?« fragte Eva.

»Kommt darauf an«, orakelte die Schlange. »Nichts wird danach mehr so sein wie vorher, aber heißt das schon ›sterben‹? – Gut und Böse werdet ihr erkennen, wenn ihr von den Früchten eßt. Dann wißt ihr mindestens so viel, wie wir Götter wissen. Vielleicht ist das noch zu früh für euch, weil ihr mit diesem Wissen noch nicht umgehen könnt. Ich vermute allerdings, daß mein lieber Herr Gemahl euch das Verbot nur gegeben hat, damit ihr nicht so weise werdet wie er selbst.«

»Ja, bist du denn auch eine Göttin?« entfuhr es Adam. »Mir hat mein Schöpfer immer erzählt, er wäre ganz alleine Herr im Himmel.«

»Sieht ihm ähnlich«, wisperte die Schlange mit dem Frauenkopf. »Dabei bin ich seit je seine Gemahlin, nur manchmal möchte er das vergessen. Dann will er ganz alleine überall zu sagen haben.«

»Was ist nun mit den Früchten?« platzte Eva dazwischen, »sie sehen gar zu lecker aus.«

»Die Früchte könnt ihr ruhig essen. Sie sind so schmackhaft wie alles hier im Paradies. Da nimm und koste!«

Eva nahm und brach die Schale der Frucht auf, die lauter rosige saftige Kerne enthielt. Sie aß und gab auch Adam davon ab.

»Granatapfel nennt man dieses Obst«, säuselte die Schlange. »Während die Frucht noch reift, kommt schon die neue Blüte; Anfang und Ende, Leben und Tod am selben Zweig.«

Adam und Eva leckten sich die Finger und wollten schon einen weiteren Apfel brechen, als Blitze und Donnergrollen sie zurückfahren ließen. Adonus kam über sie wie ein Augustgewitter, und Adam entdeckte, daß er bereit war, sie mit seinen Hagelschlägen zu zermalmen. Und Eva sah das Gleiche. So war das also, wenn man Gut und Böse erkannte! Schnell versteckten sich die beiden hinter den Bäumen und hofften, Adonus werde sie in seiner blinden Wut übersehen. Der aber rastete und ruhte nicht eher, als bis er sie fand:

»Kommt heraus, ihr nichtsnutzigen Menschen. Auflehnen gegen mein Gebot, das könnt ihr euch wohl, nicht jedoch mir ins Gesicht sehen, dazu seid ihr zu feige!«

Adam wollte das nicht auf sich sitzen lassen, doch Eva hielt ihn zurück. »Erst muß er sich austoben, danach können wir vielleicht ernsthaft mit ihm sprechen.«

Und in der Tat, die Blitze zuckten langsam zurück, die Hagelkörner wurden zu Regentropfen, und die Wolken lichteten sich. Ein wunderschöner Regenbogen erschien am Firmament. Adonus lächelte besänftigt, als er das erste Menschenpaar erblickte, wie es ehrfürchtig zu diesem Kunstwerk aufsah. Vor allem Eva konnte ihre Mutter immer weniger verleugnen, und irgendwie stimmte ihn das milde, denn er dachte an die Zeiten der Liebe und der Lust, die Lilith ihm immer wieder neu bereitete und die ihn auf ewig mit ihr verbinden würden.

Trotzdem: »Strafe muß sein!« donnerte er los. »In diesem Paradies kann eures Bleibens nicht länger sein!«

»Das habe ich mir auch schon gedacht, gestrenger Herr«, hörte er Eva zu seinem Erstaunen antworten. »Jetzt, wo wir Gut und Böse erkennen und überhaupt so manches mehr, haben wir auch gemerkt, daß dieser Garten viel zu klein für uns ist, wenn wir erst Kinder und Kindeskinder haben werden. Wir wollten dich sowieso schon bitten, uns gehen zu lassen, damit wir woanders eine neue Bleibe finden.«

Nun war es heraus. Adam war froh, daß Eva für sie beide geredet hatte. Er selbst nickte nur mit Entschiedenheit und Nachdruck dazu. Da war dem Schöpfer der Wind aus den Segeln genommen, so daß er vor Überraschung alle anderen Strafen vergaß, die er seinem ersten Menschenpaar noch androhen wollte.

Hoch droben aber, auf der kleinen weißen Wolke direkt neben dem höchsten Punkt des Regenbogens, segelte Lilith und lachte ihr perlendes Sommerregenlachen. Wissen, was gut und böse war, das taten nicht einmal die Gottheiten zu allen Zeiten. Warum sollten sie dann die Menschen darunter leiden lassen? Und mitleidig schickte sie eine kleine Wolke vom Himmel, die Evas und Adams Hirn ein kleines bißchen umnebeln sollte. Nicht viel, nur gerade soviel, daß in jeden ihrer Gedanken und Gefühle ein kleines Nebelwölkchen seinen gnädigen Schleier weben würde, von jetzt an bis in alle Ewigkeit. Nun waren sie wieder gottgleich, die Menschen, und das war doch der Sinn ihrer Erschaffung gewesen …

Anmerkungen

1 S. 44 in diesem Buch
2 S. 13–16 in diesem Buch
3 Für alle dazugehörigen Texte verweise ich auf Zingsem 1995, zur Zeit lieferbar bei dtv unter dem Titel »Göttinnen großer Kulturen«, München 1999
4 Paris, S. 43
5 Sappho, hg. Von Max Treu, München 1954, bei Paris, S. 58
6 ebd. S. 103
7 Apuleius, 2. Buch
8 Paris, S. 38
9 Apuleius, 5. Buch
10 Paris, S. 76
11 vgl. Franke, S. 9 f.
12 privates Interwiew
13 vgl. Zingsem 1995, S. 111
14 Golowin, S. 225
15 ebd. S. 235
16 Pielow, S. 116
17 Golowin, S. 19
18 S. 29 in diesem Buch
19 Zingsem 1995, S. 80
20 Paris, S. 43

Anhang

Literatur

Aischylos: Tragödien und Fragmente (Übers. v. Oskar Werner), München 1969

Alder, Doris: Die Wurzel der Polaritäten. Geschlechtertheorie zwischen Naturrecht und Natur der Frau, Frankfurt 1992

Apuleius: Der goldene Esel (Übers. v. August Rode), Leipzig 1975

Bachmann, Ingeborg: Malina, Frankfurt 1971

Dies.: Undine geht. Erzählung, in: Moog (s. u.), S. 292–301

Barz, Helmut: Männersache. Kritischer Beifall für den Feminismus, Zürich 1984

Bergman, Jan: Ich bin Isis, Lund 1968

Breitling, Gisela: Der verborgene Eros. Weiblichkeit und Männlichkeit im Zerrspiegel der Künste, Frankfurt 1990

Bührer, Emil M. (Hg.): Große Frauen der Bibel in Bild und Text, Freiburg 1993

Cohen-Alloro, Dorit: Wer ist die »schöne Maid«, die ihr Gesicht mit Schleiern verhüllt – Die Weisheit in der jüdischen Kabbala, in: Wodtke, Verena (Hg.): Auf den Spuren der Weisheit. Sophia – Wegweiserin für ein weibliches Gottesbild, Freiburg 1991, S. 55–81

Delphica (Vera Prill, Margarethe Rudorff, Erika Slawinski): Das Gastmahl der Xanthippe, Zürich 1991 (Erstausgabe 1958)

Diotima (Philosophinnengruppe aus Verona): Der Mensch ist zwei. Das Denken der Geschlechterdifferenz, Wien 1989

Du Ry, Carel J.: Völker des Alten Orient. Kunst im Bild, Baden-Baden 1969

Dworkin, Andrea: Pornographie. Männer beherrschen Frauen, 1990

Egli, Hans: Das Schlangensymbol. Geschichte, Märchen, Mythos, Olten 1982

Fester, Richard / König, Marie / Jonas, Doris F. / Jonas David A.: Weib und Macht. Fünf Millionen Jahre Urgeschichte der Frau, Frankfurt 1986

Franke, Patrick: Wohnort der Dschinn und Ghûl-Geister. Zu den Wüstenvorstellungen im Islam, in: Der Arabische Almanach. Zeitschrift für orientalische Kultur, 13. Jg. 2002/03, S. 8–13

Freedman, Rita: Die Opfer der Venus. Vom Zwang, schön zu sein, Zürich 1989

Giegerich, Wolfgang: Die Neurose der Psychologie, in: Zeitschrift für Analytische Psychologie 1978
Gilgamesch-Epos (Übers. von Albert Schott / Wolfram v. Soden), Stuttgart (Reclam) 1988
Götter, Pharaonen, Ausstellungskatalog, Mainz 1978
Goldschmidt, Lazarus: Der Babylonische Talmud, Königstein 1980
Golowin, Sergius: Edelsteine – Kristallpforten zur Seele, Freiburg 1986
Grigson, Geoffrey: Aphrodite – Göttin der Liebe. Bergisch-Gladbach 1978
Grimm, Jacob: Deutsche Mythologie, Bde. I–III, Wiesbaden 1992
Grünert, Heinz: Zur Bedeutung und zum Bild der Frau in den keltischen und germanischen Stammesgesellschaften, in: Frühe Völker in Mitteleuropa, Berlin 1988
Guter, Josef (Hg.): Chinesische Märchen, Frankfurt 1974

Hasler, Eveline: Die Wachsflügelfrau, München 1998
Hillman, James: First Adam, Then Eve. Fantasies Of Female Inferiority In Changing Consciousness, in: Eranos-Jahrbuch 1969, Zürich 1972
Ders.: Pan und die natürliche Angst. Über die Notwendigkeit der Alpträume für die Seele, Zürich 1981
Hodel-Hoenes, Sigrid: Leben und Tod im Alten Ägypten, Darmstadt 1991
Hurwitz, Siegmund: Lilith, die erste Eva. Eine Studie über dunkle Aspekte des Weiblichen, Zürich 1980

Jerusalemer Bibel, Herder Verlag Freiburg
Johnson, Buffie: Die große Mutter in ihren Tieren. Göttinnen alter Kulturen, Olten 1990
Johnston, Basil: Ojibway Heritage. The ceremonies, rituals, songs, dances, prayers and legends of the Ojibway, Toronto 1994
Jung, Carl Gustav: Von den Wurzeln des Bewußtseins, Zürich 1954
Ders.: Gesammelte Werke
Bd. 6, Psychologische Typen, Stuttgart 1960
Bd. 7, Zwei Schriften über Analytische Psychologie, Olten 1974
Bd. 9.1, Die Archetypen und das Kollektive Unbewußte, Olten 1976
Jung, Emma: Animus und Anima, Fellbach 1983

Kanner, Israel Zwi (Hg.): Jüdische Märchen, Frankfurt 1976
Kappeler, Susanne: Pornographie – Die Macht der Darstellung, München 1988
Kawai, Hayao: Alt und Jung, Mann und Frau als Archetypen, in: Gorgo. Zeitschrift für archetypische Psychologie und bildhaftes Denken 11/1986
Keller, Catherine, Der Ich-Wahn. Abkehr von einem lebensfeindlichen Ideal, Zürich 1989

Kleßmann, Eckhart: Christiane. Goethes Geliebte und Gefährtin, Zürich 1993
Koltuv, Barbara Black: Das Geheimnis Lilith: oder die verteufelte Göttin. Auf der Spur eines Mythos, München 1988
Korff, Friedrich Wilhelm: Der Philosoph und die Frau. Zur Geschichte einer Mesalliance, Tübingen 1994 (3. Aufl. 1999)
Kubes-Hofman, Ursula: Das unbewußte Erbe. Weibliche Geschichtslosigkeit zwischen Aufklärung und Frühromantik, Wien 1993
Kurz, Isolde: Die Kinder der Lilith, Gesammelte Werke Bd. 1, München 1925

Lao-tse: Führung und Kraft aus der Ewigkeit. Das »Tao-te-king« in der Übertragung von Erwin Rousselle, Frankfurt 1985
Lind, Jakov: Lilith and Eve, in: Imperial Messages, hg. von Howard Schwartz, New York 1976
Lloyd, Genevieve: Das Patriarchat der Vernunft. »Männlich« und »weiblich« in der westlichen Philosophie, Bielefeld 1985
Lüpke, Geseko von: Lilith – Adams erste Frau. Ein vergessener Mythos, Manuskript einer Sendung des Bayr. Rundfunks, Okt. 2002
Luther-Bibel, Württembergische Verlagsanstalt Stuttgart

Maaz, Hans-Joachim: Der Lilithkomplex. Die Nachtseite des Weiblichen, in: Psychologie heute, März 2001, S. 44–51
Ders.: Der Lilith-Komplex. Die dunklen Seiten der Mütterlichkeit, München 2003
Magli, Ida: Die Madonna. Die Entstehung eines weiblichen Idols aus der männlichen Phantasie, München 1990
Mann, Thomas: Der Zauberberg Bd. 1, Frankfurt (Fischer TB) 1975
Meier, C. A.: Der Traum als Medizin. Antike Inkubation und moderne Psychotherapie, Zürich 1985
Moog, Hanna (Hg.): Die Wasserfrau. Von geheimen Kräften, Sehnsüchten und Ungheuern mit Namen Hans, München 1987
Morgner, Irmtraud: Leben und Abenteuer der Trobadora Beatriz nach Zeugnissen ihrer Spielfrau Laura, Hamburg 1991
Mühlmann, Wilhelm E.: Die Metamorphose der Frau. Weiblicher Schamanismus und Dichtung, Berlin 1984
Müller, Ernst (Hg.): Der Sohar. Das Heilige Buch der Kabbala, nach dem Urtext ausgewählt und übertragen, auf der Grundlage der Ausgabe Wien 1932, Köln 1986
Mulack, Christa: Und wieder fühle ich mich schuldig. Ursachen und Lösung eines weiblichen Problems, Stuttgart 1997

Neumann, Erich: Die Große Mutter, Olten 1974
Ders.: Ursprungsgeschichte des Bewußtseins, München 1974
Ders.: Das Kind. Struktur und Dynamik der werdenden Persönlichkeit, Fellbach 1980
Ders.: Zur Psychologie des Weiblichen, Frankfurt 1983
Ders.: Tiefenpsychologie und neue Ethik, Frankfurt 1984
Niethammer, Carolyn: Töchter der Erde. Legende und Wirklichkeit der Indianerinnen, Bornheim-Merten 1985
Nitzschke, Bernd: Über Sabina Spielrein »... denn die wilde Sehnsucht macht mich fiebernd, in: Gorgo. Zeitschrift für archetypische Psychologie und bildhaftes Denken 18/1990

Ovid(ius), P. Naso: Die Fasten, Bd. I (Hg. u. übers. v. Franz Bömer), Heidelberg 1957
Ders.: Metamorphosen (Übers. v. Michael v. Albrecht), München 1981

Paris, Ginette: Aphrodites Wiedergeburt. Plädoyer für eine lustvolle Spiritualität, Zürich 1990
Pielow, Dorothee: Lilith und ihre Schwestern. Zur Dämonie des Weiblichen, Düsseldorf 1998
Plaskow, Judith: Das Kommen Liliths, in; Brooten / Greinacher, Frauen in der Männerkirche, München 1982
Pusch, Luise F.: Zwei Gleichnisse von der Gleichstellung, in: Willkop, Lydia (Hg.), Die Hüter der Ordnung. Aus den Einrichtungen des Patriarchats, München 1988

Ranke-Graves, Robert v.: Griechische Mythologie. Quellen und Deutung, Bd. I, Reinbek 1982
Ders. / Patai, Raphael: Hebräische Mythologie. Über die Schöpfungsgeschichte und andere Mythen aus dem Alten Testament, Reinbek 1986
Rinne, Olga (Hg.): Wie Aua den Geistern geweiht wurde. Geschichten, Märchen und Mythen der Schamanen, Darmstadt 1983
Rousselle, Erwin, Drache und Stute. Gestalten der mythischen Welt chinesischer Urzeit, in: Eranos-Jahrbuch 1934, Zürich 1935, S. 11–33

Salles, Carlos Alberto: Eros, die psychische Funktion von Beziehung, Schöpfung, Entwicklung, in: Zeitschrift für Analytische Psychologie 4/1990
Sappho: Muse des äolischen Eresos. Übersetzung und Kommentar von Stefanie Preiswerk-Zum Stein, Frankfurt 1990
Schenk, Herrad: Wieviel Mutter braucht der Mensch. Der Mythos von der guten Mutter, Reinbek 1999
Schirmer, Eva: Mystik und Minne. Frauen im Mittelalter, Wiesbaden 1992
Schnetz, Wolf Peter: Das vergessene Meer. Erzählungen und neue Gedichte, München 2002

Schwartz, Howard (Hg.): Liliths Cave: Jewish tales of the supernatural, San Francisco 1988
Schwikart, Georg: Kinderlexikon der Religionen, Düsseldorf 1997
Shuttle, Penelope / Redgrove, Peter: Die weise Wunde Menstruation, Frankfurt 1982
Sloterdijk, Peter / Thomas H. Macho (Hg.): Weltrevolution der Seele. Ein Lese- und Arbeitsbuch zur Gnosis, Zürich 1993
Sprenger, Jakob / Institoris, Heinrich: Der Hexenhammer, München 1987
Stamer, Barbara / Zingsem, Vera: Schlangenfrau und Chaosdrache. In Märchen, Mythos und Kunst, Stuttgart 2001
Steinbrecher, Sigrid: Funkstille in der Liebe. Warum Männer und Frauen aneinander vorbeilieben, Stuttgart 1990

Theweleit, Klaus: Männerphantasien Bd. 1, Frankfurt 1982
Traugott, Hannelore: Lilith. Eros des schwarzen Mondes, Wettswil 1998

Vogelsang, Ethel W.: Die Konfrontation zwischen Lilith und Adam: Die fünfte Runde, in: Zeitschrift für Analytische Psychologie 18 (1987), S. 204–222

Walker, Barbara G.: Die Geheimnisse des Tarot. Mythen, Geschichte und Symbolik, Südergellersen 1985
Dies.: Die geheimen Symbole der Frauen. Lexikon der weiblichen Spiritualität, München 1997
Dies.: Die spirituellen Rituale der Frauen. Zeremonien und Meditationen für eine neue Weiblichkeit, München 1998
Walters, Anna L. (Hg.): Schönheit strömt aus von der Schwelle meines Hogans. Aufsätze, Erzählungen, Gedichte indianischer Frauen, München 1983
Westendorf, Wolfhart: Das Alte Ägypten. Kunst im Bild, Baden-Baden 1968
Weyers, Walter: Lilith. Textbuch zur gleichnamigen Rockoper, uraufgeführt am Landestheater Schwaben in Memmingen am 24. 6. 2003
Wilhelm, Richard (Hg.): Chinesische Märchen, Köln 1987
Ders. (Hg.): I Ging. Das Buch der Wandlungen, Köln 1984
Wolf, Christa: Lesen und Schreiben. Neue Sammlung, Darmstadt 1984
Wolf, Naomi: Der Mythos Schönheit, Reinbek 1991
Wolf, Ursula: Mein Name ist, ich lebe. Indianische Frauen in Nordamerika, München 1983
Wolkstein, Diane / Kramer, Samuel Noah: Inanna, Queen Of Heaven And Earth. Her Stories and Hymns from Sumer, New York 1983

Zimmer, Heinrich: Maya. Der indische Mythos, Frankfurt 1978
Ders.: Indische Mythen und Symbole, Köln 1981

Ders.: Abenteuer und Fahrten der Seele. Ein Schlüssel zu indogermanischen Mythen, Köln 1987

Zingsem, Vera: Im Schatten des Olivenbaums. Erzählungen, Hildesheim 1992

Dies.: Der Himmel ist mein, die Erde ist mein. Göttinnen großer Kulturen im Wandel der Zeiten, Tübingen 1995 (2. Aufl. 1997, vergriffen), zur Zeit bei dtv unter dem Titel: Göttinnen großer Kulturen, München 1999

Dies.: Erläuterungen zum Ursprung des Wortes »Schaman«, In: »Schlangenbrut«. Streitschrift für feministisch und religiös interessierte Frauen, Nr. 57/1997

Zolbrod, Paul G. (Hg.): Auf dem Weg des Regenbogens. Das Buch vom Ursprung der Navajo, München 1988

Bildnachweise

Seite 24 Vermeintlich erste bildliche Darstellung der Lilith (Terrakotta-Relief aus Sumer, um 2000 v. Chr.; aus: Du Ry, Völker des Alten Orient, Baden-Baden 1969, S. 79

Seite 44 Dante Gabriel Rossetti (1828–1882) »Lady Lilith«, aus Bührer (Hg.), Große Frauen der Bibel in Bild und Text, Freiburg 1993, S. 28

Seite 88 Gorgo (Sammlung Frauenmuseum Wiesbaden)

Seite 124 Hugo van der Goes (1440–1482), »Sündenfall«, aus: Traugott, Lilith. Eros des Schwarzen Mondes, Wettswil 1995, S. 161

Seite 164 Weihrelief der Isis-Thermutis, Alexandria, 2. Jh. n. Chr., aus: Götter, Pharaonen, Mainz 1978, Abb. 143